Stephanie Faber

Das neue Rezeptbuch der Naturkosmetik

Stephanie Faber

Das neue Rezeptbuch der Naturkosmetik

318 Rezepte zum Selbermachen

Wilhelm Goldmann Verlag

Illustrationen von Inge Haux

Völlig neu überarbeitete Ausgabe

1. Auflage November 1983· 1.– 8. Tsd.
2. Auflage Mai 1984   · 9.–13. Tsd.

Made in Germany
© 1983 by Wilhelm Goldmann Verlag, München
Umschlaggestaltung: Claudia Seitz, München
unter Verwendung einer Zeichnung von Irmgard Meissner (Jugendstilblüte)
Umschlagillustration: Inge Haux, München
Satz: IBV Lichtsatz KG, Berlin
Druck: Mohndruck Graphische Betriebe GmbH, Gütersloh
Verlagsnummer: 30502
Lektorat: Renate Richter · Herstellung: Gisela Ernst
ISBN 3-442-30502-0

Inhalt

Vorwort

Als 1974 das »Rezeptbuch« erstmals erschien, gab es noch keine Biowelle, und das Buch wurde innerhalb der Thematik Kosmetik und Körperpflege zum ideellen Vorreiter der Bewegung. Mein Vorschlag, Kosmetika aus naturbelassenen Mitteln selbst zuzubereiten oder in der Apotheke herstellen zu lassen, erfüllte den Wunsch vieler Verbraucher nach Klarheit und Überschaubarkeit. Das betraf die Kenntnis der Inhaltsstoffe, das Wissen über die Wirkungen naturreiner Rohstoffe, die unverfälschte Zubereitung kosmetischer Mittel und den niedrigen Preis für erstklassige Qualität.

Das Buch knüpfte ideell an die alte Tradition der Salbenherstellung an, einer Fertigkeit, die früher zur Allgemeinbildung gehörte und die mit der Einführung industriell gefertigter Kosmetikprodukte ihre kulturelle und ideelle Zäsur hinnehmen mußte. Etwa seit der Jahrhundertwende verschwanden allmählich die Kenntnisse über Rohstoffe und ihre Anwendungsmöglichkeiten, und mit der zunehmenden Unwissenheit des Verbrauchers kam die Anspruchslosigkeit. Mühelos wurde der unmündige Verbraucher Opfer der Mysterien industriell gefertigter Kosmetika. Obwohl er über Rohstoffe nur das weiß, was Werbeprospekte ihm verraten, fasziniert ihn die Verpackung mehr als der Inhalt, und er ist bereit, einen hohen Preis dafür zu zahlen.

So mußte mit der Rückbesinnung auf eine kulturgeschichtliche Tradition im »Rezeptbuch« auch die Kritik an der Selbstdarstellung der kosmetischen Industrie einsetzen. Der Wunsch nach Klarheit umfaßte auch den Versuch, einige Praktiken dieses Industriezweigs durchschaubar zu machen. Meine Anklage von damals richtete sich vor allem gegen minderwertige Rohstoffe, überhöhte Preise und falsche Versprechungen im Hinblick auf die Wirksamkeit der Produkte. Heute, nach weiteren zehn Jahren Beschäftigung mit der Materie, vermischen sich Kritik und Grauen. Denn der massive Einbruch der Giftstoffe in die kosmetische Fertigung ist eine Selbstverständlichkeit geworden und bildet keine Ausnahme mehr.

Von den Fußnägeln bis zu den Haarspitzen kommt heute der Konsument mit etwa 4000 biologisch gefährlichen und giftigen Chemikalien in Berührung, und das in einer Sparte, die Verjüngung und Schönheit propagiert. Die Spitze des Eisbergs zeichnete sich 1976 ab, als es in der norditalienischen Stadt Seveso zu jener verheerenden Katastrophe kam. Aus den Kesseln einer Chemiefabrik entwich unkontrolliert Dioxin, eine Substanz, die Chemiker zu den giftigsten Verbindungen schlechthin zählen. Die Folgen dieses »Betriebsunfalls« waren apokalyptisch. Seveso war nicht nur ein schreckliches Szenario der chemischen Industrie. Es bewirkte einen Schock. Die Beschäftigung mit jenen Stoffen, die Seveso produzierte, deckte ganz klar auf, daß ein wesentlicher Teil für die Herstellung kosmetischer Präparate verwendet wurde, wie etwa das giftige Desinfektionsmittel Hexachlorophen. Aber auch von der weiteren Sevesoproduktion sind wir nicht verschont geblieben, sie fand vor allem in der Landwirtschaft Verwendung. Auf die Haut gebracht, eingeatmet und im Nahrungsmittelkreislauf aufgegessen – wie auch immer, wir sind in vieler Hinsicht Konsumopfer.

Wer ist so naiv und glaubt, daß nach dem gewaltsamen Ende von Seveso die Produktion von Giften für den Tagesbedarf der kosmetischen Industrie eingestellt sei? Seveso hat viele Namen, und ein Blick in die Patentanmeldungen der Kosmetikhersteller kann einen das Fürchten lehren.

Von der Zahncreme bis zum Gurgelwasser, vom Deodorant bis zum Intimspray, vom Lichtschutzfaktor bis zu den Konservierungsmitteln für Hautcremes, vom Haarspray bis zur Schminke, vom Haarfärbemittel bis zum Kopfwasser, nichts bleibt von giftigen Substanzen verschont. Aus der Patentliteratur ist zu erkennen, daß zwei chemische Stoffklassen zu einer echten Bedrohung für jedermann geworden sind: die quaternären Ammoniumbasen und die gechlorten und bromierten organischen Stoffe.

Statistisch ist inzwischen festgestellt, daß 60 000 Chemikalien in einer Million Zubereitungen im Handel sind, von denen nur einige Dutzend als ungefährlich bezeichnet werden können. Und die Kosmetik ist an der Verbreitung der giftigsten Stoffe ganz wesentlich beteiligt.

Nahrung, Luft und Wasser sind biologisch unzumutbar belastet, es verseucht uns eine unkontrollierbare Medikamentenschwemme, der man sich nur durch Boykott entziehen kann, und auch die zur Verschönerung angepriesenen Mittel enthalten äußerst giftige Chemikalien. Die Bündelung all dieser aggressiven Stoffe führt zwangsläufig zu gefährlichen Reaktionen des Körpers; alles beginnt mit der Sensibilisierung von Haut und Schleimhaut. Hinzu kommt, daß bereits über 70% der in Städten lebenden Menschen schon vorgeschädigte Schleimhäute in Nase, Rachen, den Atemwegen, im Verdauungstrakt und ebenso viele eine geschädigte, sensibilisierte oder allergisch-ekzementöse Haut haben. Der Mensch, umgeben und durchdrungen von chemisch gefährlichen Substanzen verschiedenster Art, ist körperlich und damit auch geistig geschwächt. Er reagiert mit Anfälligkeit gegen Infektionen, Allergien, Erkrankungen der Atmungs- und Verdauungsorgane, Herz- und Kreislaufbeschwerden, Depression, Apathie. All das kann durch die Schädigungen der Gifte hervorgerufen sein.

Bei der Anwendung kosmetischer Präparate, die Gifte enthalten, sind nicht nur Haut und Haar betroffen. Durch die übermäßige Ausbreitung der feinst pulverisierenden Sprays wird ein nicht unwesentlicher Teil der angewendeten Stoffe und Treibmittel inhaliert und gelangt bis in die Lungenalveolen. Durch gifthaltige Mund- und Zahnpflegemittel sind die Rachenschleimhäute und der Magen-Darm-Trakt betroffen. Giftige Haarfärbemittel und Lichtschutzcremes werden von der Haut resorbiert und können Schrittmacher und Noxen für organische Erkrankungen werden. Babys bekommen schon Allergien von Windeln, die mit Desinfektionsmitteln und Kunststoffen getränkt sind.

Es ist ein verhängnisvoller Irrtum zu glauben, Kosmetika seien generell Luxusartikel. Außer der Verpackung und der Werbung dürfte an den meisten Kosmetika kaum Luxus zu finden sein, wenn man die giftfreie Zusammensetzung eines Produkts als Maßstab für Luxus setzen will. Ja, es wird das nackte Gewinnstreben auf Kosten unserer Gesundheit nicht nur in Luxus verpackt, sondern auch noch wissenschaftlich verbrämt. Hier beruft sich die kosmetische Industrie gerne auf ihre Forschung. Auf der Suche nach der ewigen Jugend aus dem Creme- topf herrscht innerhalb der Branche ein erbitterter Konkurrenzkampf. Die Aufgabe der Forschung besteht m. E. vor allem darin, neue Werbegags für kosmetische Produkte zu finden, neue Käuferschichten anzuziehen und die Konkurrenz abzuschlagen. Dagegen wäre ja nichts einzuwenden, die freie Marktwirtschaft garantiert dem Hersteller die freie Handhabung seiner Geschäfte. Was mich stört, ist die Tatsache, daß die Rechnung für den Hersteller nur durch die Einbeziehung der Dummheit des Verbrauchers aufgeht. Und so werden neue Stoffe als Werbegags in Kosmetika »eingeschleust«, die weder der Gesundheit noch der Schönheit des Verbrauchers dienen. Ein Beispiel dafür ist das Kollagen, das die Haut zum Quellen bringt und der ahnungslosen Verbraucherin vorübergehend vorgaukelt, ihre Falten seien vertrieben. Oder die Einarbeitung embryonaler Frischzellen in Hautcremes, durch die man eine Revitalisierung alternder Haut verspricht und doch nur das Geschäft mit der Angst vor dem Altern macht.

Noch untersteht die Fertigung von Kosmetika dem Lebensmittelgesetz. Das bedeutet unter anderem, daß in Kosmetika keine pharmazeutisch wirksamen Stoffe eingearbeitet werden dürfen. Neuerdings gibt es innerhalb der Kosmetikhersteller eine Lobby, die versucht, die Kosmetikherstellung aus dem Lebensmittelgesetz herauszulösen, um sich einem eigenen Kosmetikgesetz einzugliedern, welches zunehmend die Addition von Arzneimitteln in Kosmetika erlaubt. Im Klartext: Es sollen noch mehr indifferente Substanzen in Kosmetika auf die Menschheit losgelassen werden, und zur Abwehr der Produzentenhaftung braucht man ein neues Gesetz, da das bisherige Lebensmittelgesetz pharmazeutisch wirksame Stoffe in Kosmetika nicht vorsieht. Sollte die kosmetische Industrie mit ihrer Forderung an den Gesetzgeber Erfolg haben, muß der aufgeklärte Verbraucher sein zu Recht bestehendes Mißtrauen gegenüber diesem Industriezweig voll bestätigt sehen und kann eigentlich nur noch mit Boykott reagieren. Ein weiterer Aspekt dieser neuen Gesetzesregelung ist die ansteigende Zahl der Tierversuche.

Und dies ist ein weiterer wunder Punkt in der Forschung der

kosmetischen Industrie. Bis jetzt schreibt der Gesetzgeber keine Tierversuche für die Herstellung von Kosmetika vor, er empfiehlt sie lediglich. Da jedoch die Produzenten zunehmend indifferente Substanzen in Kosmetika einarbeiten, greifen sie die Empfehlung des Gesetzgebers zur Abwehr der Haftung gerne auf. Die legalisierte Tierquälerei, der legalisierte Massenmord an Tieren, geschieht nicht im Interesse des Verbrauchers von Kosmetika, sondern im Interesse eines Industriezweigs, dessen gutes Ansehen längst abgetakelt ist, einer Industrie, die sich immer neue Werbegags einfallen lassen muß, die immer mehr Scheinargumente braucht, um ihren Profit mit gutgläubigen Verbrauchern zu machen. So gibt die kosmetische Industrie vor, der Tierversuch diene dem Schutz des Verbrauchers vor neuen Substanzen, und sie selbst ruft sogar dafür die Verbraucherschutzverbände auf den Plan. In Wahrheit soll aber der Verbraucher vor Stoffen geschützt werden, die er weder haben will noch benützen sollte, weil sie weder seiner Schönheit noch seiner Gesundheit dienen. Die Industrie legt also im Tierversuch nur die Dosis von suspekten Substanzen, Giften oder »Wirkstoffen« fest, die dem Verbraucher noch zuzumuten sind, und so kommen sie auch in den Handel.

Ich kann es Ihnen leider nicht ersparen, einen kleinen Blick in das Gruselkabinett der kosmetischen Forschung zu werfen, damit Sie das volle Ausmaß bestialischer Tierquälerei im Dienste der »Schönheit« erfahren. Täglich sterben Tausende von wehrlosen Tieren in den Folterkammern »ihrer Forscher«. Ein Beispiel: der LD-50-Test (LD = lethal dosis = tödliche Menge; 50 heißt 50%, das ist die Hälfte der Versuchstiere). Bei Giftigkeitsprüfungen nach der LD-50-Methode werden den Tieren Rohstoffe oder Fertigprodukte verabreicht, injiziert, zwangsweise verfüttert oder über die Atemwege zugeführt, bis die Hälfte von ihnen qualvoll stirbt.

Weiteres Beispiel: der Draize-Test. Diese sogenannten Haut-und-Augen-Irritationsversuche werden an Kaninchen, Meerschweinchen, Affen und Hunden vorgenommen. Den Tieren werden Chemikalien auf die künstlich irritierte Haut aufgetragen sowie in die Augen gespritzt oder geträufelt, um das Ausmaß der Verätzungen zu studieren. Die Augen der gefesselten Tiere werden mit Metallklammern auseinandergehalten, damit sie nicht blinzeln können. Diese Tests werden vor allem in den Laboratorien der Kosmetikindustrie vorgenommen, und die Branche beruft sich darauf, daß diese Tests zur Sicherheit des Verbrauchers vorgenommen würden. Aufgeklärte Käufer sind jedoch der Meinung, daß es bereits genügend Kosmetika auf dem Markt gibt, für die Millionen Tiere Gesundheit und Leben opfern mußten. Diese Menschen sind gerne bereit, auf neue Produkte zu verzichten, wenn sie nur um den Preis weiterer Tieropfer auf den Markt zu bringen sind, und werden Produkte solcher Firmen vorziehen, die sowohl bei Rohstoffen und Endprodukten auf Tierversuche verzichten. Adressen dieser Hersteller erfährt man beim Deutschen Tierschutzbund, Baumallee 15, 5300 Bonn.

Die Entwicklung der Industriekosmetik und die der Naturkosmetik gehen unterschiedliche Wege. In zehn Jahren Arbeit an der Naturkosmetik mußten sich zwangsläufig zahlreiche Verbesserungen am »Rezeptbuch« ergeben. Das betraf einmal die Verwendung von Rohstoffen oder auch den chemischen Aufbau einzelner Mittel. So verwendete ich früher, von der klassischen Schule der Salbenherstellung ausgehend, Walrat als Rohstoff für die Herstellung von Hautcremes. Unabhängig davon, daß seit dem Erlaß zum Schutze der Wale das Walrat nur noch in synthetischer Form im Handel erhältlich ist, bedaure ich es, überhaupt ein tierisches Produkt in meine Rezepturen aufgenommen zu haben, wo es auch Ersatzmöglichkeiten durch pflanzliche Produkte gegeben hätte. Eine weitere wichtige Änderung vollzog sich beim chemischen Aufbau der pflegenden Cremes. In den siebziger Jahren vertrat man allgemein die Ansicht, Hautmilchen, Feuchtigkeitsspender oder einfach Öl-in-Wasser-Emulsionen seien zur Pflege, vor allem der trockenen Haut, zu empfehlen. Heute ist klar, daß wasserbasierte Emulsionen für die Hautpflege viel weniger geeignet sind als klassische Fettcremes, die, aus wertvollen Pflanzenölen zubereitet und fein auf der Haut verteilt, als die wahren Feuchtigkeitsspender bezeichnet werden können.

Mehr Zurückhaltung hätte ich mir auch bei der Empfehlung von Fertigprodukten auferlegen sollen, vor allem bei Sonnenschutzcremes, die mit Lichtschutzfaktoren angereichert sind, über deren Langzeitwirkung nur negative Ergebnisse vorliegen.

Mit der Herausgabe der völlig neu bearbeiteten Ausgabe des »Rezeptbuchs« gilt deshalb mein Dank den zahlreichen Fachberatern, die mir bei der Entwicklung neuer Rezepturen geholfen haben, und dem Goldmann Verlag, der die Neuherausgabe des Rezeptbuchs ermöglicht hat.

Im Herbst 1983   St. F.

Einleitung

»Hausgemachte Kosmetika in einer Zeit, in der man ohnehin alles fertig kaufen kann?« Die Industrie bietet doch eine solche Vielfalt von Fertigprodukten an, warum sich also die Mühe machen, selbst Kosmetika herzustellen?

Wollte man ein Kochbuch schreiben und nicht ein Rezeptbuch für hausgemachte Kosmetika, müßte mein keinerlei Erklärung darüber abgeben, warum man das tut. Denn beim Essen und Trinken käme niemand auf die Idee, sich ausschließlich von vorfabrizierten, konservierten Erzeugnissen der Nahrungsmittelindustrie zu ernähren. Jedem wäre klar, daß dieses Essen gesundheitsschädigend wäre, obwohl man davon nicht unbedingt verhungern müßte. Für Kosmetika gelten im Prinzip die gleichen Voraussetzungen. Das mag zunächst unverständlich scheinen, denn durch die totale Industrialisierung heutiger Kosmetika ist uns die Idee, Pflegemittel für die Haut könnten aus einfachen, frischen Zutaten bestehen und selbst hergestellt werden, völlig abhanden gekommen. Wir sind zwar nach wie vor davon überzeugt, welch gute Wirkung natürliche Stoffe auf unsere Haut haben, aber wir kaufen nicht etwa die frischen Zutaten, um sie selbst für die Schönheitspflege zu verarbeiten, sondern die konservierte Fertigkosmetik, die lediglich auf natürliche Zusätze hinweist. Wir fragen uns nicht einmal, warum das angeblich mit natürlichen Zusätzen angereicherte Produkt trotz lang dauernder Lagerung nicht ranzig wird. Unser Vertrauen in das konservierte Schönheitsmittel ist so groß, daß wir nicht auf den Gedanken kommen, die vorfabrizierte Creme in der Parfumerie weiter schmoren zu lassen, um statt dessen für wenig Geld ein frisches Mittel selbst herzustellen.

Bevor ich auf den Gedanken kam, mich mit natürlicher Kosmetik zu beschäftigen, war ich eine Verbraucherin, wie die Kosmetikindustrie sie sich nur wünschen kann. Ich kaufte mit Begeisterung die teuersten Cremes und Lotionen, weil mir der Preis kostbarsten Inhalt zu garantieren schien, weil die Verpackung und die wohlklingenden Namen verheißend waren, weil die schönen Farben und Düfte zum Kauf verlockten. Mein damaliges Schönheitsproblem war eine trockene und empfindliche Haut. Viele Jahre lang kaufte ich Präparate für meine »Problemhaut«, ohne daß sich die geringste Verbesserung gezeigt hätte. Als stumme, kritiklose Verbraucherin erwartete ich diese Besserung allerdings auch nicht, ich gab mich schon zufrieden damit, daß meine Haut so blieb, wie sie war, und nicht noch trockener und empfindlicher wurde. Auf den Gedanken, Schönheitsmittel für Problemhaut nur so lange zu benützen, bis der Zustand der Haut sich verbessert, um dann auf weniger spezielle Mittel überzugehen, wäre ich niemals gekommen.

Eines Tages fand ich in einem Tagebuch aus Großmutters Zeiten zufällig das Rezept einer Hautcreme, in dem einige Zutaten genannt waren, welche die neueste Kosmetikwerbung als besonders schönheitsfördernd anpreist. Ich hätte es nicht für möglich gehalten, mit ein paar billigen Zutaten und einem Kochlöffel eine Creme produzieren zu können, die auch nur entfernteste Ähnlichkeit mit meinen teuren Schönheitsmitteln hatte. Doch zu meiner größten Überraschung war meine erste selbstgemachte Creme in Aussehen und Konsistenz nicht von den Fertigpräparaten zu unterscheiden.

Ich war mißtrauisch: eine Creme, deren Zutaten mich ganze DM 2,– gekostet hatten und die so leicht herzustellen war, konnte doch unmöglich die gleiche Wirkung haben wie eine teure Markencreme? Es erschien mir abenteuerlich, dieses Eigenprodukt an meinem Gesicht auszuprobieren. Erst als sich der Zustand meiner Haut durch die Benutzung der Creme wirklich besserte, die Trockenheit und Empfindlichkeit meiner »Problemhaut« verschwand, begann ich mich ernstlich mit hausgemachten, natürlichen Kosmetika zu beschäftigen.

Da ich mein erstes Cremerezept in einem alten Buch gefunden hatte, durchstöberte ich nun Bibliotheken nach brauchbaren Schönheitsrezepten. Zeitgeschmack und Schönheitsideal haben sich im Laufe der Geschichte ständig geändert, unverändert aber blieb zu allen Zeiten der Wunschtraum der Frauen, schön zu sein. Schon immer waren die Frauen bereit, alles Erdenkliche zur Erreichung dieses Ziels zu unternehmen. Der durch nichts zu erschütternde Glaube an die magische Kraft eines Schönheitsmittels mag – früher genau wie heute – größer gewesen sein als seine eigentliche Wirkung. Die Langwierigkeit der Herstellung und die teilweise teure und umständliche Beschaffung einiger geheimnisumwitterter Zutaten hatte den unschätzbaren Vorteil, den Glauben an die Wirksamkeit eines Mittels ins Uferlose zu steigern. Man stelle sich nur vor, wie aufregend es gewesen sein muß, monatelang auf ein seltenes, teures Öl aus Indien gewartet zu haben, das man unbedingt für die Fertigstellung einer vielverheißenden Creme brauchte. Unvorstellbar, daß diese Creme dann nicht eine wunderbare Wirkung gezeigt hätte!

Dieser ebenso erfolgreichen wie irrationalen Regeln der Magie bedient sich auch heute die Kosmetikindustrie. Transponiert auf moderne Verhältnisse, ist der hohe Preis für die Verbraucherin eine Garantie für die Schwierigkeit der Beschaffung und steigert den Wert des Schönheitsmittels ins Unerreichbare. Für welch magische Zutaten die Verbraucherin allerdings viel Geld ausgibt, das verrät die Verpackung nicht, im Gegenteil: die Produzenten der Fertigkosmetik erhöhen die magische Anziehungskraft ihrer Mittel, indem sie über seinen wirklichen Inhalt nichts aussagen, und statt dessen die faszinierende Wirkung der Produkte schildern. Was teuer ist, muß auch wirksam sein, das ist die Parole.

An diese geheimnisvollen, sehr teuren Zutaten der Fertigkosmetik glaubte ich noch, als ich meine ersten Cremes selbst herstellte. Um herauszufinden, wo ich diese teuren Zusätze kaufen könne, um sie meinen Cremes zuzusetzen, suchte ich einen Kosmetikchemiker auf. Er besah sich meine Rezeptsammlung und erklärte zu meinem größten Erstaunen, daß es kaum eine kommerziell gefertigte Creme geben dürfte, die so gute, hautverträgliche und vor allem unpräparierte Zutaten enthalten könne wie meine selbstgefertigten Cremes. Ich gewann bald Einblicke in die Produktion kommerzieller Kosmetika. Heute weiß ich, daß es keine industriell gefertigte Creme geben kann, deren Inhaltsstoffe in handelsüblicher Menge mehr als DM 5,– wert sind. Die kostspielige Werbung, die höchstens noch von der Waschmittelindustrie übertroffen wird, die aufwendige Verpackung und die Unterhaltung eines großen Vertriebsnetzes muß die Verbraucherin teuer bezahlen.

Zur Rechtfertigung ihrer hohen Preise präsentiert uns die Kosmetikindustrie heute hochwertige natürliche Inhaltsstoffe, die man aber in Wirklichkeit für wenig Geld in jeder Apotheke kaufen und mit pharmazeutischen Hilfsstoffen leicht selbst verarbeiten kann. So erfahren wir von der märchenhaften Wirkung des Avocadoöls, das schon seit erdenklichen Zeiten in der hausgemachten Kosmetik verwendet wird. 150 Gramm Avocadoöl kosten in der Apotheke DM 6,50, und man kann damit mindestens fünfmal soviel Creme herstellen wie die Menge einer fertigen Avocadocreme, die DM 34,– kostet, wobei man noch den Vorteil hat, sicher zu wissen, wieviel Avocadoöl die selbstgemachte Creme enthält. Es gibt noch viele andere Beispiele billiger und wirksamer Zusätze, deren Beschaffung und Verarbeitung keinerlei Mühe machen, auf die aber in der Werbung nachdrücklich als Besonderheit hingewiesen wird. Lanolin, Protein, Oliven- und Mandelöl, Ei, Zitrone oder Kräuterzusätze wie Kamille und Hamamelis gehören dazu.

Die Diskrepanz zwischen Ladenpreis und effektivem Wert fällt besonders bei Vitamin- und Hormoncremes auf. Die in einer Creme enthaltenen Vitamine werden heute für Pfennigbeträge synthetisch hergestellt, der hohe Preis ist also hierdurch nicht zu rechtfertigen. Abgesehen davon, daß man die Schönheit der Haut hauptsächlich durch vitaminreiche Ernährung beeinflußt, ist in der Fachwelt noch immer umstritten, welche Vitamine die Haut von außen resorbieren kann. Besonders gefragt ist derzeit das klassische Schönheitsvitamin A, das als Hautschutzvitamin in vielen kosmetischen Präparaten angeboten wird. Über seine Anwendung schreibt ein Fachbuch: »Es erhebt sich allerdings die Frage, ob das Provitamin, das bekanntermaßen ja erst in der Darmwand zu Vitamin A umgeformt und in der Leber gespeichert wird, in kosmetischen Präparaten überhaupt wirksam ist.« Und ein Fachwissenschaftler meint dazu: »Es gibt keine Arbeit, die beweist, daß Vitamin A durch die Haut geht.« Da Vitamine der Haut durch frische, natürliche Mittel zugeführt werden können, ist, unabhängig von der fragwürdigen Wirksamkeit, die Ausgabe für teure Vitamincremes durch nichts zu rechtfertigen.

Auch über die Wirkung von Hormonpräparaten erfährt der Verbraucher nur Mystisches. Der bekannte Frankfurter Internist Dr. Norbert Gerlich schrieb dazu in der Verbraucherzeitschrift »DM«: »Hormone werden in Kosmetika eingearbeitet, um den höheren Preis zu rechtfertigen. Hormone produziert der Körper selbst. Wenn der Hormonhaushalt nicht stimmt, muß der Arzt helfen. Nicht die Kosmetika. Nur bei kranker Haut verwenden Hautärzte Hormone. Auf gesunder Haut sind sie Humbug. Ich lege mir ja das Frühstück auch nicht auf den Bauch, um es einwirken zu lassen und damit satt zu werden.«

Im Gegensatz zu Vitaminen und Hormonen gibt es aber manche schönheitsfördernde Stoffe, deren Gewinnung sehr teuer ist und die wir auch kaum in den Apotheken kaufen könnten. Dazu gehört zum Beispiel Azulen, das aus Kamillenblüten gewonnen wird. Der Gehalt von Azulen wird auf der Verpackung mancher Kosmetika besonders hervorgehoben, obwohl man sicher sein kann, daß natürliches Azulen viel zu kostspielig wäre, um es wirkungsvoll in einer Creme zu verarbeiten. Das dunkelblaue Azulenöl ist in der Kamillenblüte nur in verschwindend kleiner Menge vorhanden, und seine Gewinnung ist unerschwinglich teuer. Die Kosmetikindustrie verarbeitet deshalb ein synthetisches Präparat, das billig in der Herstellung und dem natürlichen Azulen chemisch zwar ähnlich ist, die hohen Preise der Azulencremes aber keineswegs rechtfertigen kann.

In den Bereich der Preisrechtfertigungsversuche gehört auch jene Art der Werbung, in der man sich mit einem Flair medizinischen Wissens umgibt. Ärzte, Wissenschaftler, Forscher und vor allem Dermatologen haben nach jahrelanger Arbeit und nach vielen tausend Experimenten ein Produkt erfunden, das vollkommen neu und unschlagbar auf seinem Gebiet ist: es ist allergiegetestet! Die Motivforscher dieser Werbung müssen erkannt haben, wie wenig aufgeklärt die Verbraucherin ist, denn es ist ganz unmöglich, ein kosmetisches Produkt herzustellen, das von vielen tausend Abnehmerinnen gleichermaßen gut vertragen wird. Eine Allergie ist eine individuell auslösbare Hautreizung, sie kann auch durch völlig harmlose Schönheitsmittel hervorgerufen werden. Bietet der Hersteller eine »nicht Allergie auslösende« Ware an, so liegt der Verdacht nahe, daß das Mittel auch in positiver Hinsicht nur von schwacher Wirksamkeit ist.

Wenn man bedenkt, wie absurd es ist, daß uns die Werbung bereits als Vorteil eines Schönheitsmittels die Neuigkeit offeriert, es sei nicht schädlich, dann zeigt das, wie unverträglich

Mittel sein können. Man muß sich fragen, wie die Industrie dazu kommt, den Leuten für Präparate Geld abzunehmen, nur weil diese nicht schädlich sind. Das würde heißen, jeder, der seinem Nachbarn nichts Böses tut, ist bereits ein guter Mensch.

Es wäre ein Fehler, zu glauben, alle Mittel, welche die Kosmetikindustrie heute verarbeitet, seien von Grund auf gefährlich und suspekt. Es wäre auch falsch, anzunehmen, alle chemischen Zusätze der einzelnen Schönheitsmittel wären von vornherein von hautfeindlicher Beschaffenheit. Das Wort Chemie im Zusammenhang mit Kosmetika hat einen ebenso mißverständlichen Beigeschmack, wie die übertriebene Vorstellung, nur Mittel natürlicher Abstammung garantierten einen sichtbaren Erfolgsbeweis. Die Großchemie entwickelt auch Stoffe, die hautverträglich sind, und allein die Tatsache, daß sie chemischen statt natürlichen Ursprungs sind, spricht durchaus nicht gegen ihre Anwendbarkeit. Die Kritik sollte sich deshalb weniger gegen die industrielle Fertigung von Kosmetikprodukten generell richten, und auch nicht dagegen, daß chemische Substanzen in Kosmetika verwendet werden, sie sollte sich vielmehr gegen die Mißbräuche wenden, in die sich die Kosmetikindustrie selbst laviert hat. So muß sie sich heute auf einem überhöhten Preisniveau bewegen, da sie jahrelang der Verbraucherin eingehämmert hat, nur was teuer sei, könne auch wirksam sein. Auf der anderen Seite hat sie sich durch ein extrem erweitertes, festgelegtes Vertriebssystem der Möglichkeiten beraubt, natürliche Kosmetikprodukte frisch und schnell und damit ohne große Konservierung an die Verbraucherin weiterzugeben.

Die öffentlichen Forderungen richten sich deshalb in zunehmendem Maße auf eine Auszeichnungspflicht, weniger der Rohstoffe, als vielmehr der Art und Menge des enthaltenen Konservierungsmittels. Konservierungsstoffe sind nur in ganz geringen Mengen unschädlich. Diese geringe Menge würde aber nicht ausreichen, um kommerziell vertriebene Schönheitsmittel über einen langen Zeitraum hinweg frisch zu halten. Die Kosmetikindustrie verteidigt die Konservierung vor den Dermatologen mit dem Argument, Konservierung sei nicht nur nötig, um die Präparate haltbar zu machen, sondern auch um sie steril und keimfrei zu halten. Die Dermatologen sind aber der Meinung, chemische Konservierung sei schädlich, gerade weil die Konservierung auf der Haut eine keimtötende Wirkung hat. Diese Wirkung ist nur bei ganz gezielter Anwendung wünschenswert, nicht, wenn sie als unkontrollierte Nebenwirkung anfällt, wie das bei der Verwendung kommerzieller Kosmetika der Fall ist. Die Konservierungsmittel stören die natürlichen biologischen Vorgänge der Haut, und die Dauerberieselung mit antimikrobiellen Konservierungsstoffen führt als Folgeerscheinung zu einer übergroßen Sensibilisierung der Haut. Der natürliche Bakterienmantel der Haut schützt gegen Krankheitserreger von außen. Die durch Konservierungsmittel hervorgerufene Veränderung des Nährbodens für die Bakterienflora der Haut bewirkt die Reduzierung der natürlichen Abwehrkräfte, und sobald eine erhöhte Sensibilisierung durch diesen illegalen Eingriff stattgefunden hat, ist auch die Gefahr des Eintritts neuer Krankheitserreger gegeben.

Abgesehen von der schädigenden Wirkung übermäßiger Konservierung bleibt auch die Frage zu beantworten, wie weit Konservierungsstoffe in einem Fertigprodukt zu einer Schädigung der guten Inhaltsstoffe führen kann. Eine vollkommen schonende Konservierung ohne Denaturierung der wirksamen Zusätze wäre nur dann möglich, wenn man die Konservierung in allerkleinster Menge zufügen könnte. Das würde für den Hersteller bedeuten, sein fertiges Produkt wäre zu einem Verbrauch innerhalb von etwa vier bis sechs Wochen bestimmt. Man kann sich vorstellen, daß diese Ideallösung weder im Interesse des Herstellers noch des Einzelhändlers liegt.

Die Folgen industrieller Präparierung wie Konservierung und Anreicherung mit möglicherweise hautreizenden Duft- und Farbstoffen dokumentieren sich bei der Verbraucherin sichtbar auf der Haut: sie wird übersensibel. Manche Frauen halten ihre hochempfindliche Haut für ein natürliches Manko, ohne zu ahnen, daß sie sich diese Störung vielleicht durch den Gebrauch schädigender Kosmetika zugezogen haben. Durch die Unterbrechung der normalen Hautfunktionen nimmt die Haut immer weniger ihre natürlichen Aufgaben wahr, und die ratlose Verbraucherin greift in immer teurere Cremetöpfe, um den kränklichen Zustand der Haut zu verbessern. Der Circulus vitiosus hat begonnen, aus dem es nur den Ausweg geben kann, die Haut so lange in Ruhe zu lassen, bis sich die normalen Hautfunktionen von selbst wieder einstellen.

Seit der Konsum von Kosmetika für immer mehr Frauen eine Selbstverständlichkeit geworden ist, und auch Luxuspreise keine Exklusivität mehr bedeuten, wird die herkömmliche kommerzielle Kosmetik immer mehr zu etwas Alltäglichem. Die Reaktionen hierauf, nicht zuletzt unterstützt durch ein allgemeines Unbehagen an unserer synthetischen Welt, führen dazu, daß »Natur« wieder mehr ins Interesse einer chemieüberdrüssigen Gesellschaft rückt. Diese Tendenz, die sich scheinbar gegen die industriell gefertigte Kosmetik richtet, wird von der Industrie aber gar nicht erst zu bekämpfen versucht, sondern sofort auf ihre Weise absorbiert. Das Ergebnis davon ist, daß uns die Kosmetikindustrie mit ganzen Naturkosmetikserien überschwemmt. »Gönnen Sie Ihrem Gesicht einen Ausflug aufs Land!« sagen die Werbeslogans für »natürliche Kosmetik«. »Nichts ist für das Gesicht besser als die Natur!«

Das stimmt wirklich, es fragt sich nur, ob diese konservierten, präparierten und mit synthetischen Duft- und Farbstoffen angereicherten Kosmetika noch etwas mit der »Natur« zu tun haben. Die Sehnsucht nach frischer Landluft wird durch synthetisch hergestellten Erdbeer-, Heu-, Birken-, Kamillen- und vor allem Zitronenduft befriedigt. Der künstliche Duft echter Zitronen muß von der Rasierseife bis zum Spülmittel, vom Bohnerwachs bis zum Nagellack herhalten. In Amerika gibt es heute bereits zweitausend verschiedene Produkte, die mit Zitronensaft angereichert sind. Bei Zitronenduft, sagten amerikanische Motivforscher, denkt der Amerikaner an Florida, Sonne, Faulenzen, Gewichtabnahme und frühen Ruhestand.

Die Werbemanager schrecken aber nicht einmal davor zurück, in der Kosmetikerzeugung den Trend zurück zur Milchkanne zu fordern. Wieder einmal müssen sich die Chemiker den Kopf zerbrechen, und sie kommen zu dem Schluß, am sinnvollsten sei es, »dynamische« Produkte ins Leben zu rufen, die viel stärker »gewisse Reaktionen wie Kribbeln, Krabbeln, Streicheln oder Fühlen« erleben lassen. Sie meinen, man könne auch gewisse Produkte als Konzentrat anbieten, als Instant-Kosmetik, die mit einem speziell gelieferten Wasser aufgelöst und angerührt werden muß. Was für Stoffe die Kundin allerdings dabei anrührt und auflöst, das bleibt das Geheimnis des Herstellers.

Solange uns die Industrie Mittel verkauft, die wenig schaden und kaum nützen, kann man eigentlich ganz zufrieden sein. Viel ernster wird die Sache, wenn kosmetische Mittel angeboten werden, deren Anwendung zu gesundheitlichen Störungen führen kann. Die Anzahl der Produkte, von denen man nach Meinung der Ärzte besser die Finger lassen sollte, ist groß, trotzdem werden diese Mittel bedenkenlos in Anzeigen propagiert.

Mit Vorsicht zu behandeln sind vor allem die Sprays für und gegen alle Lebenslagen. Da die Hersteller nicht gezwungen sind, hautreizende Stoffe auf der Verpackung zu nennen, ist der Verbraucher von Deodoranten darauf angewiesen, sich selbst zum Versuchskaninchen zu machen, um herauszufinden, ob er ein Mittel verträgt oder nicht. Die wirkende Ingredienz der Deodorante ist häufig Aluminiumchlorhydrat, dessen antibakterielle Eigenschaften nicht von jedem gleichermaßen gut vertragen werden. Jucken, Hautreizung und Ekzeme sind häufige Begleiterscheinungen, die Sprays können nicht nur die Haut, sondern auch die Kleidung beschädigen. Auch bei der Verwendung von sogenannten Intimsprays können allergische Reaktionen oder Krankheiten auftreten.

Vorsicht ist auch bei Mitteln geboten, die die ganze Familie verwendet. Dazu gehören vor allem Schaumbäder und Zahncremes. Die Motivforscher der Industrie haben festgestellt, Badetabletten, Badesalz und Badeöl sind ein sterbender Markt. Die Leute wollen Schaum in der Wanne, möglichst stark parfümiert, das gibt ein Gefühl von Luxus. Bezeichnend ist, daß in einer Reklame für Schaumbäder begeistert gesagt wird, man müsse die Badewanne nach einem Bad mit diesem Mittel nicht mehr putzen, immer sei nun die Wanne blitzblank, und alles zusammen ergäbe eine herrliche Badefreude. Man fragt sich, wie der Fettfilm der Haut wohl auf dieses kombinierte Wasch- und Putzmittel reagiert, das die Fähigkeit besitzt, den Fettrand in der Wanne zu zerstören? Waschaktive Substanzen, wie sie in allen Schaumbädern verwendet werden, machen die Haut trocken, rissig und spröde, sie attackieren den natürlichen Schutzmantel der Haut und können als Folge Hautkrankheiten verursachen.

Wie schädlich die waschaktiven Substanzen in Schaumbädern sind, darüber streiten sich Ärzte und Kosmetiker seit Jahren. Einig scheint man sich darin zu sein, daß die Schaumbäder sogenannte rückfettende Substanzen enthalten sollen. Das heißt mit anderen Worten, Öle oder Fette, die der Haut während des Badens von außen wieder das Fett zuführen sollen, das man ihr durch das Bad in waschaktiven Substanzen entzogen hat. Wozu man dann allerdings überhaupt in duftenden Schaumbergen baden soll, bleibt ungeklärt.

Duftende Schaumberge im Mund sind ebenso beliebt wie in der Badewanne. Laut Werbetexten zerstört ein Mittel bis zu 80 Prozent der Mundbakterien, die Mundgeruch und Karies verursachen. Daß daneben auch die natürliche Mundflora in Mitleidenschaft gezogen wird, erfährt man nicht. Die Mundflora hat bakterizide Eigenschaften, die bestimmte Verdauungsvorgänge einleiten. Aus der Sicht des Zahnarztes gilt es bei der Zahnpflege lediglich, die Speisereste und den Zahnbelag mechanisch zu entfernen.

Manche verantwortungsbewußte Ärzte beanstanden den unbedachten Kauf kosmetischer Produkte. Dazu legte eine Hautklinik eine interessante Statistik vor: von 25 000 Hauterkrankungen, die innerhalb eines Jahrzehnts in der Klinik behandelt wurden, gab es 550 Fälle von Hautschädigungen durch Schönheitsmittel allgemeiner Art, 157 allein durch Hautcremes und 67 durch Lippenstifte. Ekzematöse Erkrankungen durch den Gebrauch von Gesichtspuder beliefen sich auf 57 Fälle und Nagellackschäden waren bei 13 Patienten nachweisbar. Der Landesverband der niedergelassenen Ärzte Deutschlands erklärte vor kurzem, daß immer mehr Patienten beim Arzt mit Hautkrankheiten erscheinen, die ganz offensichtlich durch Kosmetika hervorgerufen wurden. Der Verband verlangt künftig vom Gesetzgeber, so schnell wie möglich mit der Geheimniskrämerei aufzuhören, da sonst die Zahl der Hautkrankheiten weiter ansteigen wird. Nicht nur der Verbraucher, so stellt der Verband fest, auch die behandelnden Ärzte sind den Herstellern von Cremes, Sprays und Seifen wehrlos ausgeliefert, weil sie nichts über die Zusammensetzung der Verschönerungsprodukte erfahren.

Es wäre ein großer Fortschritt, wenn der Hersteller künftig auf der Verpackung den Herstellungsmonat des Produkts aufdrucken würde, die genaue Menge der verwendeten Stoffe, der Duft-, Farb- und Konservierungsmittel. Firmeneigene Phantasiebezeichnungen für einen angeblich neu entwickelten Wirkstoff sollten in aller Deutlichkeit erklärt oder vom Gesetzgeber verboten werden.

Die kritischen Stimmen aus dem Kreis der Ärzte werden leider nur in der Fachpresse laut. Man muß sich fragen, warum derartige Diskussionen nur in jener Presse geführt werden, die der Endverbraucherin kaum zugänglich ist. Das Thema würde gut in eine gängige Frauenzeitschrift passen, besonders in eine, die den Frauen immer wieder Hilfe in allen praktischen Lebensbereichen verspricht. Es dürfte kaum ein Geheimnis sein, warum diese angeblich hilfreichen Zeitschriften das heiße Eisen nicht anpacken wollen. Schließlich finanzieren die Anzeigen der Kosmetikindustrie einen Teil der Redaktionskosten, und wer möchte schon seinen besten Geldgeber verärgern? Statt dessen ziehen sich die Frauenzeitschriften geschickt aus der Affäre, indem sie mit einem Scheinprotest eine Pseudohilfe anbieten. Unter dem Titel »Der Hals verträgt's« liest man in einer der beliebtesten deutschen Frauenzeitschriften: »Manche Cremes, die extra für die empfindliche Hautpartie um die Augen gedacht (und gekauft) sind, werden nicht vertragen. Die Augen tränen oder bekommen rote Lidränder. Solche extrem fetthaltigen Cremes können Sie dann immer noch für die Halspartie verwenden.« Wodurch die tränenden Augen und die roten Lidränder hervorgerufen werden, was die Augencreme außer dem Fett noch enthalten haben mag, darüber schweigt sich der Ratgeber aus. Eine andere Leserin fragt in der gleichen Zeitschrift: »Atmet die Haut? Weil mein Gesicht oft glänzt, pudere ich es immer etwas ab. Jetzt habe ich Angst, daß ich dadurch die Hautatmung unterbinde.« Hier weiß die Frauenzeitschrift eine Antwort, die jedem Dermatologen die Haare zu Berge stehen lassen würde: »Die Haut atmet nicht. Sie gibt lediglich Schweiß, Talg und Kohlendioxyd ab.«

Jahrelang war das Sammeln alter Schönheitsrezepte mein Hobby. In Briefen, Chroniken, Tagebüchern, in alten Abhandlungen über Salbenherstellung und Pflanzenheilkunde fand ich viele brauchbare Rezepte und Anleitungen für die Verwendung einzelner, natürlicher Stoffe. Einfache und leicht anzuwendende Schönheitsmittel wie Mandel- und Olivenöl, Lanolin, Blüten- oder Kräuterextrakte werden seit zweitausend Jahren in der

Schönheitspflege verwendet und tauchen immer wieder in den alten Rezepten auf. Auch die ängstlich gehüteten Schönheitsgeheimnisse bestanden meist aus den einfachsten Zutaten: so benützte zum Beispiel Marie Antoinette als Schönheitsmittel frische Buttermilch auf Gesicht und Dekolleté.

Das Leben der Damen von Stand spielte sich fast immer in geschlossenen Räumen ab, insofern dienten ihre Kosmetika mehr der Hautpflege als dem Hautschutz. Frauen des unteren Standes dagegen, die schwere Arbeit in der freien Natur zu leisten hatten, benutzten Mittel zum Schutz gegen Wind und Wetter. Ihre Hausrezepte wurden meist mündlich überliefert. Erst im 19. Jahrhundert finden sich schriftliche Rezepte amerikanischer Einwanderinnen gegen rote, rissige Hände, Mittel gegen Hitze und Kälte. All diese Rezepte lassen sich noch heute herstellen, und mit kleinen Änderungen habe ich viele von ihnen in den Rezeptteil dieses Buches aufgenommen.

Nicht jedes hausgemachte Rezept, das man findet, ist gut; so manche sind umständlich herzustellen, andere enthalten Stoffe, von denen man heute weiß, daß sie der Haut nicht zuträglich sind, wie zum Beispiel Paraffin, Glyzerin, Teer, Borsäure oder Bleiweiß.

Gewiß, es bleibt jedem selbst überlassen, ob er sich größere Wirkungen von hausgemachter oder von Fertigkosmetik verspricht. Aber selbst wenn man sich dazu entschließt, weiterhin Fertigprodukte zu kaufen, so wird einem doch die Kenntnis über hausgemachte Kosmetik helfen, fertige Präparate mit etwas mehr kritischer Überlegung einzukaufen.

Die im folgenden Rezeptteil genannten Schönheitsmittel enthalten die seit erdenklichen Zeiten erprobten und anerkannten Mittel und ergänzen sie mit modernen, hautverträglichen Zutaten, die man auch in der Apotheke für die Herstellung von Heilsalben verwendet.

Alle Zutaten, die im Rezeptteil vorkommen, sind in Apotheken, in Reform- oder Kräutergeschäften erhältlich. Die Rezepte sind einfach herzustellen, die Zutaten sind preiswert, und die Mittel sind, wie ich meine, wirksamer als fertige Produkte. Alle Rezepte wurden von Dermatologen geprüft und als hautverträglich empfohlen.

Im Sommer 1974   St. F.

1.
Die Haut

Die Haut eines jeden Menschen ist von frühester Jugend bis ins hohe Alter laufend Veränderungen unterworfen. Die Beschaffenheit der Haut wird nicht nur von äußeren Einflüssen, sondern auch vom körperlichen und seelischen Gesamtzustand des einzelnen bestimmt. Die Haut spiegelt nicht nur Vorgänge unseres Organismus wider, sie ist auch ein selbständig arbeitendes Organ mit komplexen Funktionen. Um diese Funktionen besser zu verstehen und die Kenntnisse darüber in der praktischen Schönheitspflege anzuwenden, sollte man über den Aufbau der Haut Bescheid wissen.

Die Struktur der Haut

Vereinfacht dargestellt, kann man die Haut in drei Schichten unterteilen: die Oberhaut (Epidermis), die Lederhaut (Corium) und die Unterhaut (Subcutis). In jeder dieser Hautschichten finden sich verschiedene Zellagen, die höchst komplizierte Aufgaben wahrzunehmen haben. Was wir als äußere Körperdecke sehen und im allgemeinen Sprachgebrauch als Haut bezeichnen, stellt nur einen kleinen Teil der Oberhaut dar. Diese an der Oberfläche liegende sogenannte Hornschicht baut sich aus lamellar angeordneten toten Zellschüppchen auf, die in der Peripherie echtes Horn (Keratin) enthalten. Als nächste Zellage der Oberhaut folgt die Glanzschicht, auf die sich die Hornhaut stützt. Sie ist besonders kompakt und widerstandsfähig und enthält sowohl innerhalb wie außerhalb der Zellen Tropfen einer ölartigen Flüssigkeit, das Eleiden.

Zwischen der Glanzzellenschicht und der darunterliegenden Körnerschicht liegt eine dünne Membran aus Keratin, die man als schützende Barriere der Haut bezeichnen kann. Die Körnerschicht enthält die ersten lebenden Zellelemente der Oberhaut. In diesen Zellen entstehen die Keratohyalinkörner, die wahrscheinlich Vorläufer der Hornsubstanz sind. Eine noch tiefere Schicht besteht aus den sogenannten Stachelzellen und der von ihnen gebildeten Stachelzellschicht. Es folgt nun, in der Tiefe der Oberhaut, die Basal- oder Keimschicht. Die unterste Zellage der Keimschicht grenzt an die Lederhaut.

In den Zellagen der Epidermis findet ein reger Transport statt. Das ständige Absterben der Zellen in der Hornschicht wird durch einfache Zellteilung in der basalen Keimschicht kompensiert. Hier werden also ständig neue Zellen gebildet, die sich nach oben schieben und auf ihrer Wanderung in Richtung Oberfläche ständig verändern. An der Oberfläche schließlich sterben sie ab und werden abgestoßen.

Unter der vielschichtigen Epidermis liegt die Lederhaut. Es sind an ihr zwei Schichten zu unterscheiden, von denen die erste durch zapfenartige Papillen fest mit der Epidermis verankert ist. Je älter ein Mensch wird, desto lockerer werden diese verbindenden Zapfen, und desto mehr verliert die Oberhaut an Elastizität. Die Endgefäße der Haut werden hier an die Epidermis herangeführt, die selbst gefäßlos ist und deren Ernährung nur durch Diffusion erfolgt. In der Lederhaut liegen also jene feinen Blutgefäße, die für die Kosmetik von innen eine bedeutende Funktion erfüllen; durch ihre emsige Tätigkeit werden Sauerstoff und Nährstoffe aus dem Kreislauf in die oberen Hautschichten transportiert. In den Maschen der Lederhaut, dem produktivsten Teil der Haut, liegen ferner die Lymphgefäße, Haarfollikel, Talgdrüsen, die Ausführungsgänge der Schweißdrüsen und nicht zuletzt zahlreiche Nervenfasern mit ihren Endformationen.

Die Hauptschicht der Lederhaut besteht aus geflechtartigem Bindegewebe, charakterisiert durch dicke, gebündelte und elastische Fasernetze. Hier befindet sich der Teil der Haut, der ihr Festigkeit und Elastizität verleiht. Dies ist auch die Hautschicht, die man bei Tierhäuten zu Leder verarbeitet; demnach stammt die Bezeichnung Lederhaut aus dem Handwerk der Gerberei.

Die tiefste Schicht der äußeren Körperdecke ist die Unterhaut oder Subcutis. Sie repräsentiert das Bindeglied zwischen den oberflächlichen Schichten und der Hautunterlage, besteht aus lockerem Bindegewebe und geht ohne scharfe Grenze in die Lederhaut über. Die lockere Struktur der Unterhaut ermöglicht es, die Haut auf ihrer Unterlage zu verschieben und in Falten abzuheben. Die Subcutis dient vornehmlich als Fettpolster; etwa zwei Drittel unseres gesamten Körperfettes sind hier gelagert. Bei zu reichlicher Ernährung wächst sie zu einem beträchtlichen Fettpolster an. Nur in der Haut der Hohlhand und der Fußsohle ist das Fett der Unterhaut nicht Speicher, sondern Baufett.

Funktionen der Haut

Die Haut übt zahlreiche Funktionen aus, und trotz ihrer Variabilität dienen sie einem gemeinsamen Ziel: der Vermittlung zwischen unserem komplizierten Organismus und der Außenwelt.

Eine der wichtigsten Funktionen der Haut dürfte ihre schützende Fähigkeit sein. Sie fungiert als Barriere gegen Einwirkungen mechanischer, thermischer oder chemischer Art. Das Eindringen schädlicher Mikroorganismen, etwa Bakterien, mobilisiert beispielsweise ein zur »Müllabfuhr« befähigtes System in der Lederhaut. Auch rein passiv macht die strukturelle Beschaffenheit der Lederhaut unsere Haut widerstandsfähig. Durch die zahlreichen, vor allem elastischen Faserelemente, wird ein Verschieben der Haut gegenüber den darunterliegenden Schichten möglich.

Der Schutzmantel Haut hält schädliche Lichteinwirkungen von unseren Organen fern. Die Haut ist zur Melaninbildung befähigt: Das Melanin ist das Hauptpigment unserer Haut, eingelagert in körniger Form in die unterste Schicht der Epidermis, manchmal auch in darunterliegende Schichten. Dieses Pigment ist es, welches die Tönung der Haut bestimmt. Schwarze Haut ist mit Melanin überladen, Albinos mangelt es ganz. Die Synthese des dunklen Pigments wird durch UV-Strahlen und Wärme stimuliert. Je höher die Pigmentkörnchen in der Epidermis gelagert sind, desto dunkler treten sie nach außen sichtbar zutage.

Als Speicherorgan ist die Haut in der Lage, nicht nur lebensnotwendiges Fett auf Vorrat zu nehmen, sie kumuliert auch Wasser, Zucker und Mineralsalze. Bei Bedarf werden sie dem Organismus zugeführt.

Um den Wärmehaushalt unseres Körpers zu regulieren, paßt sich die Haut permanent den äußeren Gegebenheiten an. Diese thermoregulatorische Funktion der Haut entsteht durch die Verengung und Erweiterung der feinen Blutgefäße in den Papillen der Lederhaut, je nach Außentemperatur. Sinkt die Temperatur der Haut, so verengen sich die Gefäße und reduzieren so den Wärmeverlust. Der umgekehrte Vorgang findet bei warmer Außenluft statt. Auch die Behaarung trägt dazu bei, den Wärmeverlust zu vermeiden. Eine ebenfalls sehr wichtige Rolle spielen hier die Schweißdrüsen der Haut. Bei großer Hitze treten sie in aktivere Tätigkeit, und die Haut scheidet vermehrt Wasser aus. Durch die Verdunstung des Schweißes wird dem Organismus Wärmemenge entzogen. Neben der sichtbaren Transpiration erfolgt auch eine dauernde, unmerkliche Sekretion der Haut, die Perspiration, die normalerweise etwa 1 Liter am Tag beträgt. Bei großer Kälte dagegen treten die Talgdrüsen der Haut in verstärkte Aktion. Sie scheiden ausreichend Talg aus, bis sich ein schützender Fettfilm auf der Haut gebildet hat. Der oberflächliche Fettfilm wird nicht nur von den Talgdrüsen produziert und als Talg auf der Epidermis sichtbar, es handelt sich vielmehr um ein Gemisch wasser- und fettlöslicher Substanzen, das aus der Sekretion von Talg, dem Schweiß und den Hornlamellen der Haut entsteht. Überwiegt die wäßrige Phase, so bildet sich eine Emulsion vom Typ Öl-in-Wasser auf der Haut. Herrscht dagegen die Fettphase vor, so entsteht eine Wasser-in-Öl-Emulsion. Dies stellt einen Schutzmechanismus gegen das Austrocknen der Haut dar. Der Wasser-Fett-Film unserer Haut ist nicht konstant, sondern hängt von verschiedenen Faktoren ab, wie zum Beispiel von Alter und Geschlecht. Der hohe Gehalt des Hautmantels an bestimmten Fettsäuren hilft mit, das Wachstum von krankmachenden Mikroorganismen auf der Oberfläche der Haut zu bremsen: Die Fettsäuren greifen in bestimmten Fällen in den Stoffwechsel der Bakterien ein und bauen so zusammen mit dem Säuremantel der Haut eine Barriere gegen Krankheitserreger auf.

Die Haut entlastet auch die Tätigkeit der Nieren und des Darms, indem sie einen Teil des Abtransports durch den Schweiß übernimmt. Mit der Sekretion der Schweißdrüsen scheidet der Organismus Elektrolyte, vor allem Natrium sowie schwefelsaure und phosphorhaltige Stoffe aus. Auch organische Substanzen, darunter Harnstoff, Ammoniak, Aminosäuren sowie Milchsäure sind im Schweiß enthalten.

Die Haut ist zudem fähig, Sauerstoff aus der Luft und Kohlendioxyd zu resorbieren oder auszuscheiden. Kohlendioxyd passiert die Hautschicht dabei durch Diffusion in beiden Richtungen, der Sauerstoff diffundiert nur nach innen.

Die gesunde Haut ist für viele Substanzen undurchdringbar. Dies ist bedingt durch ihre Struktur, durch ihren Wasser-Fett-Film und die Eigenschaft der Glanzschicht, Wasser abzustoßen. Früher glaubte man, daß die intakte Haut völlig undurchlässig sei, selbst für Gase. Mittels radioaktiver Substanzen konnte man jedoch beweisen, daß bestimmte Stoffe durch die Haut resorbiert werden und in die Blutbahn gelangen. Dieser Vorgang steht in Abhängigkeit von der Lipoidlöslichkeit der Stoffe. Lipoide sind für den Organismus lebenswichtige Stoffe, die sich in ihrem chemischen Aufbau zwar von den Fetten unterscheiden, aber ähnliche Löslichkeitseigenschaften besitzen. Zu diesen fettähnlichen Stoffen zählen Sterine, Phosphatide, Cerebroside und Ganglioside. Heute gilt als gesichert, daß bestimmte Elektrolyte, gewisse weibliche Hormone, lipoidlösliche Stoffe, Gase und Phenolderivate die Haut zu durchdringen vermögen.

Eine sehr wesentliche Funktion der Haut ist ihre Fähigkeit, Horn (Keratin) zu bilden. Normalerweise ist die Hornschicht sehr dünn, sie kann sich jedoch erheblich verdicken, um sich äußeren Gegebenheiten anzupassen. An unseren Fußsohlen beispielsweise ist die Hornschicht am stärksten formiert, im Durchschnitt etwa 0,4 cm.

Als hochempfindliches Sinnesorgan übernehmen die in der Haut gelagerten Nervenenden unseren Tastsinn, unsere Schmerzempfindlichkeit, unser Gefühl für Hitze und Kälte. Notfalls ist die Haut sogar in der Lage, ein anderes Sinnesorgan zu ersetzen: wenn ein Mensch das Augenlicht verloren hat, entwickeln die Fingerspitzen eine gesteigerte Sensibilität. Die feinverästelten Nerven, mit denen die Haut reichlich versorgt ist, ermöglichen, daß auf dem Wege über die Nervenbahnen im Gehirn oder im Rückenmark Reize wahrgenommen werden, die ständige Anpassung an äußere Verhältnisse erlauben. Vegetative Nervenfasern regulieren die Tätigkeit der Schweißdrüsen und die Hautdurchblutung. Auch psychisch bedingte Impulse spiegeln sich auf der Haut wider: Nervosität kann Schweißausbrüche hervorrufen oder Erröten und Erblassen.

Unsere Haut wird von einem Säuremantel geschützt. Dieser Säuremantel resultiert aus der Produktion von Schweiß- und Talgdrüsen, aus in der Hornschicht enthaltenen wasserlöslichen Substanzen, zuletzt auch aus der ausgeschiedenen Kohlensäure. Der saure Schutzmantel auf der Haut verringert die Wachstumschancen von Krankheitserregern, verhindert aber nicht das Wachstum aller Bakterien. Normalerweise finden sich auf der Haut zahlreiche Bakterien, die aber keinen Schaden anrichten; verdrängt man sie, nehmen schädliche Keime ihren Platz ein. Dies geschieht beispielsweise durch Konservierungsmittel, werden sie in hoher Konzentration Hautcremes zugesetzt. Abgesehen von seiner bakterienfeindlichen Funktion nimmt der Säuremantel auch Ablagerungen körperfremder Substanzen auf, die somit anderenorts keinen Schaden mehr anrichten können.

Störungen des Säuremantels der Haut bilden die Grundlage für Hautunreinheiten aller Art, Rötungen, Pickel, Entzündungen und Juckreiz. Wird der Säuremantel durchbrochen, bessern sich sofort die Wachstumsbedingungen für Bakterien und Krankheitserreger anderer Art. In der Praxis geschieht dies zum Beispiel durch die unkontrollierten Nebenwirkungen der waschaktiven Badezusätze oder durch die Verwendung bestimmter Seifen.

Charakterisierung und Pflege
der Gesichtshaut

Mehr als irgendein anderer Teil des Körpers ist das Gesicht den verschiedensten Witterungseinflüssen ausgesetzt. Will man feststellen, von welch individueller Beschaffenheit die Gesichtshaut ist, muß man sich zuerst darüber klar sein, daß die Reaktionen der Haut einem ständigen Wechsel unterliegen. Abgesehen von der unterschiedlichen Verfassung der Haut in Jugend und Alter, spielen dabei auch Vererbung und Anlage sowie sich ständig verändernde Lebensumstände eine wichtige Rolle. Die Haut reagiert auch auf schlechte Ernährung, wenig Schlaf oder Krankheit. Es wäre deshalb falsch, sich in der Schönheitspflege auf einen Hauttyp festzulegen, zu dem man prinzipiell vielleicht neigt, ohne den Zustand der Haut laufend zu beobachten und seinen verschiedenartigen Ansprüchen gerecht zu werden. So gibt es beispielsweise Frauen, die fest darauf eingeschworen sind, kosmetische Präparate gegen trockene oder fette Haut zu kaufen, weil sie davon überzeugt sind, ihre Haut sei schon immer trocken oder fett gewesen und müßte es auch für immer bleiben. Sie erwarten keine Besserung ihrer Hautverfassung und geben sich mit teuren Kosmetikserien zufrieden, die zwar Hilfe versprechen, sie aber nur in begrenztem Maße halten. Es wäre das ideale Ziel einer sinnvollen Kosmetik, der Haut von außen und innen die jeweils den Umständen entsprechenden Mittel zuzuführen. Dabei sollte man auch die eigene natürliche Regenerationsfähigkeit der Haut berücksichtigen. Viele Frauen neigen dazu, ständig neue Mittel zu versuchen, wodurch die natürliche Regenerationsfähigkeit der Haut immer mehr reduziert wird. Je weniger Erfolg sich einstellt, desto mehr werden Cremes und Lotionen angewandt. Das Ergebnis dieser teuren und sinnlosen Schönheitspflege ist meist eine übersensibilisierte Haut, die schlaff und widerstandslos aussieht.

Die normale Haut

Normale Haut ist eine vollkommen gesunde Haut, deren Erscheinungsbild vom Alter der jeweiligen Person abhängig ist. Normale Haut in der Jugend ist glatt und weich, mit unsichtbaren feinen Poren. Sie ist straff, rosig, gut durchblutet und zeigt weder fette noch trockene Tendenzen, weder Mitesser noch erweiterte Poren. Meist ändert sich das Bild der normalen Haut bei der Frau im Alter von etwa dreißig Jahren: in diesem Alter zeigt sich häufig eine Tendenz zu trockener Haut.

Reinigung. Die Reinigung der gesunden Haut hängt von ihrer individuellen Verträglichkeit ab. Viele Schönheitsexperten raten vom Gebrauch der Seife ab, manche Hautärzte hingegen vertreten die Meinung, ohne Wasser und Seife sei eine richtige Reinhaltung der Haut nicht möglich. Häufig reagieren die normalen Toilettenseifen in Verbindung mit Wasser auf der Haut alkalisch, das heißt, der natürliche Säuremantel der Haut wird zum Alkalischen hin verschoben und der damit verbundene Entzug von Fett kann zu einem Austrocknen der Haut führen. Aus der Praxis weiß man allerdings, daß viele Frauen mit einer schönen, gesunden Haut regelmäßig Wasser und milde Seifen für die Reinigung des Gesichts verwenden. Sollte man sich also zur Reinigung mit Seife entschließen, gehört dazu weiches Wasser und eine fetthaltige oder überfette Seife. Was das Wasser betrifft, so ist sein Härtegrad je nach Wohnort verschieden; in manchen Gegenden mag das Leitungswasser weich wie Regenwasser sein, anderswo ist das Wasser so hart, daß man selbst Rasierseife kaum zum Schäumen bringt. Als Faustregel könnte man deshalb sagen: wirksame Seifen müssen gut schäumen, und je weicher das Wasser, desto milder soll die Seife sein. Weiches Wasser ist für die Pflege der Haut unbedingt erforderlich. Wenn man in einer Gegend wohnt, in der das Wasser besonders hart ist, setzt man dem Waschwasser am besten etwas enthärtendes Borax zu.

Die Menge der angebotenen Toilettenseifen ist groß, und man sollte die Auswahl nach dem Härtegrad des Wassers und nicht nach den Versprechungen der Werbung treffen. Es ist auf alle Fälle richtig, Seifen zu vermeiden, die stark gefärbt und parfümiert sind, denn Farb- und Duftstoffe können auch auf der gesunden Haut Reizungen hervorrufen. Damit beschränkt sich die Auswahl auf weiße, unparfümierte Babyseifen. Die sogenannten »medizinischen Seifen« sollte man mit Vorsicht gebrauchen. Sie enthalten meist bakterientötende und desinfizierende Zusätze, sind also Spezialseifen, die man nur gezielt gebrauchen sollte, wenn es der Hautarzt verschreibt.

Wasser ist die Grundlage jeder Hauptpflege, es befreit die Poren von Schmutz und schwemmt die abgestoßenen Hautzellen von der Hautoberfläche, es erfrischt und regt die Durchblutung der Haut an. Je weicher das Wasser, desto besser die Wirkung.

Um die Haut von Make-up-Resten und starker Verschmutzung zu befreien, verwendet man eine Reinigungscreme oder eine milde Reinigungsmilch. Mit der Reinigungsmilch wäscht man den Schmutz mit Wasser von der Haut, die Reinigungscreme wird zuerst mit einem Zellstofftuch abgenommen und die Haut anschließend mit Wasser gewaschen und dann mit einem erfrischenden Gesichtswasser nachgereinigt, denn das Gemisch von Creme, Schmutz und Fett auf der Haut erfordert unbedingt eine gründliche Nachreinigung. Der normalen Haut sollte man außerdem einmal in der Woche eine gründliche Generalreinigung gönnen, besonders dann, wenn man in einer Großstadt lebt und die Haut intensiver Verschmutzung ausgeliefert ist. Dazu eignet sich am besten ein Gesichtsdampfbad mit Kräuterzusätzen, das die Poren öffnet und die Durchblutung der Haut anregt. Vom reinigenden Gesichtsdampfbad profitiert nicht nur die Haut, es ist auch eine gute Vorbeugung gegen Erkältung und Schnupfen.

Pflege: Am Tag sollte man die Haut mit einer leichten Creme schützen. Welche Auswahl man als pflegenden Schutz trifft, hängt vom Wetter ab. Bei sonnigem Wetter wird man einer weniger fetten Creme den Vorzug geben, im Gegensatz zu eiskaltem Winterwetter. Als Make-up-Unterlage trägt man die Creme nur hauchdünn auf.

Die Auswahl der Nachtcreme sollte sich auch bei der gesunden Haut nach ihrer Tendenz und jeweiligen Verfassung richten; neigt die Haut mehr zu trockener oder fetter Beschaffenheit, muß die pflegende Nachtcreme entsprechend angepaßt werden. Hat man beispielsweise den Tag bei großer Hitze oder großer

Kälte im Freien verbracht, kann die Haut trockene, spröde Stellen zeigen, die man über Nacht mit fetthaltiger Creme behandelt. Gut verträglich und glättend wirken Cremes, die vorwiegend naturbelassene Öle enthalten wie Avocadoöl, süßes Mandelöl, Olivenöl. Verwendet man Nachtcreme, sollte man sie ganz leicht auf Gesicht und Hals auftragen und sie sanft in die Haut einklopfen. Nach einer Viertelstunde nimmt man die Reste mit einem weichen Papiertuch ab. Um die Wirkung der Creme zu erhöhen, kann man von Zeit zu Zeit eine warme Kompresse auf das eingecremte Gesicht legen, womit sich das Abnehmen der Cremereste erübrigt.

Gönnen Sie Ihrer Haut neben der routinemäßigen Schönheitspflege gelegentlich eine frische Packung aus natürlichen Stoffen, die erfrischend, belebend und stärkend wirken. Ei, Honig, Gurken, Erdbeeren, Bananen oder Quark sind bewährte Zugaben für Packungen, um eine gesunde Haut zu beleben. Legen Sie ab und zu eine Gesichtsmaske auf, die den Blutzustrom in dem Gewebe vermehrt; das strafft die Muskeln und reinigt die Poren. Frische Schönheitsmittel, die gut für die Haut sind, bewirken auch Schönheit von innen; Gayelord Hauser, der Ernährungsberater ungezählter Hollywoodstars, behauptet, die schwedischen Filmschauspielerinnen hätten die normalste Haut und den schönsten Teint der Welt, weil sie von Kind auf viel frische Milch, Käse, Quark, Fisch und Vollkornbrot zu sich nehmen, also jene Nahrungsmittel, in denen Eiweißstoffe und Vitamine enthalten sind.

Die trockene Haut

In sehr jungen Jahren ist die trockene Haut von der gesunden normalen Haut kaum zu unterscheiden. Sie wirkt feinporig, rein und gut durchblutet. Verhältnismäßig früh, etwa im Alter von zwanzig Jahren, wird man der Pflege trockener Haut – medizinisch sebostatische Haut genannt – mehr Beachtung schenken müssen, da sie schon in jungen Jahren immer dünner, pergamentartiger wird und zu frühzeitiger Faltenbildung neigt. Die trockene Haut wirkt nach außen sehr zart und feinporig, sie schuppt leicht, ist empfindlich gegen Witterungseinflüsse, sie neigt zu Rötungen, Entzündungen und geplatzten Äderchen auf den Wangen.

Die Problematik der trockenen Haut besteht darin, daß sie nicht genug hauteigene Fette produzieren kann. Die Talgdrüsen stellen zu wenig Talg her, um die Haut geschmeidig zu halten. Der akute Mangel an Fett hat noch eine zweite unerfreuliche Nebenwirkung: die Haut ist ungenügend geschützt und verliert ständig Feuchtigkeit. In fortschreitendem Alter wirkt sich der immer stärker werdende Wasserverlust deutlich sichtbar aus. Ein grober Fehler bei der Behandlungsweise trockener Haut ist der Glaube, man müsse ihr ständig von außen Wasser zufügen, da sie selbst nur wenig Feuchtigkeit produziert. Bei dieser einseitigen Behandlung stellt die ohnehin schon träg arbeitende Fettproduktion der Haut meist ihre Tätigkeit noch mehr ein: die Haut wird immer trockener, man verwendet immer mehr »feuchtigkeitsspendende« Mittel, um den ständigen Spannungszustand der Haut zu mildern – ein auswegloser Kreis also, den man nur durch einen sofortigen Abbruch der bisherigen Behandlungsmethode unterbrechen kann. Da die Haut häufig eher an Feuchtigkeitsmangel als an Fettmangel leidet, kann nur eine ausgleichende Behandlung mit Feuchtigkeit und Fett in Form von Wasser-in-Öl-Emulsionen helfen.

Reinigung: Die wichtigste Maßnahme zur Behandlung der trockenen Haut ist die Einschränkung von Seifenwaschungen, da alkalische Seifen dazu angetan sind, der Haut jenes mühsam produzierte Fett wieder zu entziehen, das sie zum eigenen Schutz dringend braucht. Eine absolut alkalifreie Seife gibt es nicht, da ein geringer Überschuß an freiem Alkali notwendig ist, um das Ranzigwerden einer guten Seife zu verhindern. Im Gegensatz zu den alkalischen Toiletteseifen sind neuerdings auch synthetische Seifen auf dem Kosmetikmarkt zu finden, die synthetische, waschaktive Stoffe und synthetische Fettsäuren enthalten. Waschaktive Stoffe stören den natürlichen Säuremantel der Haut, so daß der Gebrauch dieser Seifen für trockene Haut nicht zu empfehlen ist.

Je härter das Waschwasser ist, desto weniger eignet es sich zur Reinigung der trockenen Haut. Auch der Zusatz von Borax oder Natron im Waschwasser, der häufig empfohlen wird, um das

Wasser zu neutralisieren, ist für die trockene Haut ungeeignet, da beide Salze leicht entfettend wirken. Am besten reinigt man die Haut mit einer sehr milden Reinigungscreme oder Reinigungsmilch, wenn sie stärker verschmutzt ist oder von Make-up-Resten befreit werden muß. Für die normale Reinigung oder Nachreinigung eignet sich destilliertes Wasser, frisch aufgebrühter, abgekühlter Kamillentee oder frische Magermilch. Auch Gesichtsbäder mit frischer, süßer Sahne oder Buttermilch wirken feuchtigkeitsspendend und reinigen schonend die trockene Haut. Es genügt auch, wenn man die Haut täglich mit einem in Milch getränkten Wattebausch abtupft.

Aus Hollywood stammt ein Schönheitsrezept, das für die Reinigung der trockenen Haut besonders zu empfehlen ist: Ein- bis zweimal in der Woche wird ein in warmes Wasser getauchtes Frotteehandtuch eine Minute lang gegen das mit Reinigungscreme gereinigte Gesicht gepreßt; dann wird erneut Reinigungscreme aufgetragen und diese mit einem feuchten, seidenweichen Schwamm mit aufwärtskreisenden Bewegungen ins Gesicht und den Hals einmassiert. Die Partien um Augen, Nase und Mund werden besonders vorsichtig und gründlich behandelt. Dann alle Spuren der Creme mit Papiertüchern entfernen und zum Schluß mit Gesichtswasser erfrischen.

Die trockene Haut ist sehr empfindlich gegen Einflüsse von außen, insbesondere gegen Witterungseinflüsse. Zur Reinigungspflege der trockenen Haut sind warme Kompressen auf Kräuterbasis gut geeignet, der Haut schonend feuchte Wärme zuzuführen. Vermeiden sollte man Gesichtsdampfbäder, auch wenn der Dampf nicht heiß, sondern feuchtwarm aus dem Topf kommt.

Pflege: Nach der feuchtwarmen Kompresse ist die Haut besonders aufnahmefähig für nährende und pflegende Schönheitsmittel. Es empfiehlt sich deshalb, die warme Kompresse am Abend aufzulegen, um einerseits die pflegenden Stoffe einer Creme über Nacht einziehen zu lassen, andererseits um die gegen Witterungseinflüsse empfindliche Haut nach der Kompresse keinen übermäßigen Temperaturschwankungen auszusetzen. Am Tag schützt man die Haut am besten mit einer leichten Creme, wenn die Witterung warm genug ist. Zum Schutz gegen eiskalten Wind

trägt man besser eine Tagescreme auf, die etwas fetter ist. Wer viel Zeit in zentralgeheizten Räumen verbringt, sollte auch untertags etwas Creme zum Schutz gegen die trockene Luft auftragen und an den Heizkörpern Wasserverdampfer anbringen.

Als Make-up-Unterlage muß vor allem die im Handel erhältliche mattierende Tagescreme vermieden werden, die zwar auch für die trockene Haut fertig angeboten wird, über deren Glyzeringehalt die Verbraucherin jedoch nicht informiert ist. Glyzerin wirkt unter dem aufgetragenen Make-up noch mehr feuchtigkeitsentziehend und kann bei trockener, empfindlicher Haut zu Reizungen führen. Die im anschließenden Rezeptteil genannten Cremes für trockene Haut lassen sich – fein aufgetragen – gut als Make-up-Unterlage verwenden.

Trockene Haut tendiert zu frühzeitiger Faltenbildung, besonders um die Augenpartie. Viele der im Handel befindlichen Augencremes sind dazu angetan, diese hochempfindlichen Stellen noch mehr auszutrocknen, die Haut quellen zu lassen und schwere Reizerscheinungen hervorzurufen. Die Verwendung von frischen Ölen ist wirksam und schonend; am besten eignet sich süßes Mandelöl frisch aus der Apotheke gegen die Austrocknung und Verhärtung der Augenfalten. Man trägt es sparsam auf und nimmt die überschüssigen Reste nach einer viertelstündigen Einwirkungszeit mit dem Kosmetiktuch ab.

Die nährende Nachtcreme sollte ebenfalls vorwiegend Öl enthalten; das heißt nicht, daß man reines Öl auf die Haut aufträgt, sondern man läßt das in einer Creme emulgierte Öl einwirken. Das verarbeitete Öl, sei es Mandel-, Avocado-, Oliven- oder Weizenkeimöl, hält die Haut weich und geschmeidig, dringt leicht in die Haut ein und bleibt nicht wie ein Fettfilm unbeweglich auf der Haut sitzen.

Um den Allgemeinzustand der Haut zu verbessern, wendet man Kompressen, Masken und Packungen mit den verschiedensten frischen, natürlichen Stoffen an.

Gesichtsmasken, die stark durchblutungsfördernd wirken, sollte man bei trockener Haut meiden, sie erweitern die Blutgefäße, insbesondere, wenn man unter geplatzten Äderchen zu leiden hat. Wenn auch noch kein Mittel gefunden worden ist, das, innerlich eingenommen, die träge Produktion der Talgdrüsen aktivieren könnte, so trägt doch auch die Ernährung und Le-

bensweise dazu bei, den Zustand der trockenen Haut zu beeinflussen. Ausreichender Schlaf, viel frische Luft, am besten in
feuchtem Klima, Spaziergänge bei Regenwetter und Nebel sind
die billigsten Schönheitsmittel gegen die trockene Haut. Bei
schuppiger und spröder Haut wirkt die innerliche Einnahme von
Lebertran und Weizenkeimöl wahre Wunder, beides gibt es in
der Apotheke in Kapselform zu kaufen. Auf das tägliche Glas
Karottensaft schwören viele Frauen, die gegen die trockene Haut
ankämpfen; auch frisches Gemüse, Salate, Quark und Milch
sollten im täglichen Speiseplan nicht fehlen. Vor rapiden Abma-
gerungskuren, vor Höhensonne und langem Aufenthalt in der
prall scheinenden Sonne sollte man sich hüten. Wie viele Pflanzen gedeiht die trockene Haut am besten im Schatten bei feucht-
warmem Klima.

Die fette Haut

Während die Talgdrüsen der trockenen Haut zu wenig eigenes
Fett produzieren, zeichnet sich die fette Haut durch ihre übermäßige Absonderung an Fett aus. Die fette Haut ist dick, meist
schlecht durchblutet und neigt aufgrund ihrer übermäßigen
Fettabsonderung zu erweiterten Poren, Mitessern und Pickeln.
Durch die starke Unterpolsterung mit Fettgeweben erscheint die
Haut von außen meist straff, doch um die empfindlichen Regionen der Augen zart und durchsichtig. Fette Haut erfordert viel
Pflege, um einerseits die übermäßige Tätigkeit der Talgdrüsen zu
reduzieren, andererseits mit den reichlich sprießenden Hautunreinheiten fertig zu werden. Die Schönheitspflege bei fetter Haut
muß deshalb dahin zielen, die Poren rein und offen zu halten, um
eine Verstopfung zu verhindern. Eine wirksame innerliche Behandlung der fetten Haut – medizinisch Seborrhoe genannt –
gibt es bisher nicht.

Die fette Haut kann verschiedene Ursachen haben: ihre übermäßige Fettproduktion kann angeboren, oder durch bestimmte
Lebensumstände zustande gekommen sein. Ursachen anormaler
Hautfettigkeit sind sehr häufig Störungen des vegetativen Nervensystems, Verdauungsstörungen, psychische Probleme, vit-
aminarme Ernährung oder Blutarmut. Die Seborrhoe beginnt

meist in der Pubertät, bleibt jahrelang bestehen und verschwindet erst wieder mit zunehmendem Alter. Die Seborrhoe kann verschiedene Hautleiden verursachen, z. B. Akne oder seborrhoische Ekzeme. Manchmal treten an ein und derselben Person verschiedene Merkmale der Seborrhoe auf: an einer Stelle zeigt die Haut allzu intensive Fettproduktion, an anderen Stellen eine Neigung zu trockener Schuppenbildung. Dieses Bild führt bei der eigenen Hautdiagnose häufig zu Irrtümern, da manche Frauen glauben, sie hätten eine typische Mischhaut, obwohl sie in Wirklichkeit zwei verschiedene Arten von fetter Haut zu behandeln hätten. Die Teile des Gesichts, an denen ohnehin die stärkste Fettabsonderung stattfindet, produzieren auch bei der fetten Haut das meiste Sekret: Stirn, Nase, angrenzende Wangenpartien und Kinn. In schlimmen Fällen verleihen vergrößerte Poren, besonders auf der Nase, der Haut das Aussehen, als ob sie mit Nadeln zerstochen wäre. Drückt man die Haut an den Nasenflügeln zusammen, steigen aus den Poren Fettpfropfen oder weißliche, zylindrisch geformte Absonderungen auf.

Obwohl manche Schönheitsexperten auf den ausschließlichen Gebrauch von entfettenden Schönheitsmitteln schwören, haben sich im Gegensatz dazu hervorragende Wirkungen mit der ausdrücklichen Behandlung fett- und ölhaltiger Schönheitsmittel erzielen lassen. Während die stark entfettenden Mittel erfahrungsgemäß die Sekretion der Talgdrüsen zu noch stärkerer Tätigkeit anregen können, sind manche Öle und Fette, die auf der Haut stehenbleiben, in der Lage, den hauteigenen Talg in sanfter Form abfließen zu lassen, ohne die Poren zu verstopfen. Je mehr man von außen versucht, die Haut trockenzulegen, desto intensiver reagiert sie; die energische Entfettung führt immer zu einer Gegenreaktion, in diesem Fall zu einer Hypersekretion der Talgdrüsen.

Reinigung: Eine unempfindliche, fette Haut ohne trockene Tendenzen kann man mit Wasser und Seife reinigen. Es empfiehlt sich der Zusatz von Borax im Waschwasser und eine milde Teer-, Schwefel- oder Ichthyolseife. Bei starker Verunreinigung oder zur Entfernung des Make-ups ist Reinigungsmilch oder Hydrophiles Öl von guter Wirkung. Zur Nachreinigung sollte man ein Gesichtswasser nehmen, das etwas Alkohol enthält, aber in erster Linie saure Wirkung hat, zum Beispiel auf der Basis von Milchsäure, Pepsin oder Zitrone. Ist die Haut neben stark fettenden Tendenzen auch von sichtbarer Trockenheit, sollte man etwas vorsichtiger mit Wasser und Seife und mit alkoholischen Präparaten umgehen. Ist die Haut sehr unrein, sollte auch bei der Auswahl des Gesichtswassers für Abwechslung gesorgt und neben den leicht entfettenden auch entzündungshemmende Mittel verwendet werden. Entzündete Stellen behandelt man mit Hamameliswasser, Kampferzusätze wirken reinigend und porenverengend auf erweiterte Poren, pflanzliche Zusätze wie etwa Thymian, Salbei oder Pfefferminze wirken antiseptisch. Wenig zu empfehlen sind nachhaltiges Abseifen mit zu heißem Wasser, Reinigen mit hochprozentigem Alkohol oder abwechselnde Heiß- und Kaltwasserwaschungen.

Staub und Schmutz setzen sich in Verbindung mit hauteigenem Talg auf der Haut fest und können Hautunreinheiten verursachen. Es empfiehlt sich deshalb, die Haut immer sehr sorgfältig zu reinigen, am besten mehrmals täglich. Für die gründliche Abendreinigung hat man mit Reinigungsmilch, Öl oder Kleieprodukten die besten Erfahrungen gemacht. Gute Erfolge erzielt man auch durch tägliches Trockenbürsten der Haut; dazu verwendet man am besten eine weiche Gesichtsbürste aus Ziegenhaar. Die täglichen zarten Bürstenmassagen tragen nicht nur Hautschuppen und andere locker sitzende Rückstände von der Haut ab, die milde Durchblutungssteigerung wirkt auch normalisierend auf die Funktion der Oberhaut und der Talgdrüsen.

Wechselwaschungen mit nicht zu heißem und nicht zu kaltem Wasser, dem etwas Obstessig oder ein paar Tropfen Zitronensaft zugesetzt ist, Wechselkompressen, Gesichtsdampfbäder und Packungen, die reinigend und adstringierend wirken, helfen, die Poren reinzuhalten und den überschüssigen Talg sorgfältig und schonend abzutragen. Als Kräuterzusätze eignen sich adstringierende und desinfizierende Mittel wie Thymian, Rosmarin, Lindenblüten, Weißdorn oder Salbei. Erfrischend wirken auch Abreibungen mit Gemüsesäften, mit Gurken-, Tomaten- oder Karottensaft.

Pflege: Nachdem man die Haut gründlich gereinigt und mit einem adstringierenden Gesichtswasser erfrischt hat, verwendet man als Schutzfilm für den Tag eine leichte Tagescreme. Statt Make-up eignet sich auch puderfarbener, loser Schwefelpuder aus der Apotheke als Schutz für den Tag; er sollte nur hauchdünn aufgetragen werden, denn obwohl er die Haut leicht entfettet, kann er auch die Poren verstopfen. Niemals sollte man Puder ohne schützende Unterlage anwenden, da sich Puder und der natürliche Hauttalg vermischen und ebenfalls die Poren verstopfen können.

Sparsamkeit in der Anwendung von Cremes ist das oberste Gebot bei der Pflege fettiger Haut. Auch die fette Haut braucht Nährcremes, man sollte sie aber nicht jede Nacht auftragen, denn über Nacht produziert die Haut ebenfalls Fett, das in Verbindung mit allzuviel Creme die Poren erneut verstopfen kann.

Pflegende Gesichtsmasken helfen, die übermäßige Fettproduktion der Haut zu reduzieren. Leidet man allerdings an einer gemischten, gleichzeitig öligen und trockenen Seborrhoe, gilt zu beachten, daß die Masken, je nach Wirkung, nur auf die betroffenen Stellen aufgetragen werden sollen. So wirkt beispielsweise eine Heilerdemaske ausgezeichnet, trägt man sie aber zu häufig auf die schuppenden Stellen der Haut auf, erzielt man damit unter Umständen eine noch intensivere Schuppenbildung. Am besten, man schwächt die straffende Wirkung der Heilerde ab, indem man der Maske statt Wasser, je nach individuellem Bedarf, Quark, Milch, Sahne, Mandelöl, Gurken- oder Karottensaft zufügt.

Es ist bekannt, daß man an der fetten Haut nicht ein ganzes Leben lang zu leiden hat, obwohl man sie medizinisch gesehen als einen konstitutionellen Dauerzustand betrachtet. Im Sommer und bei heißem Wetter nimmt die Seborrhoe zu, im Winter dagegen ab; das sollte man bei der Hautpflege berücksichtigen. Auch vor der Menstruation kann die Talgdrüsensekretion durch das Absinken des Östrogenspiegels zunehmen. Im Alter dagegen ändert sich die Haut, sie wird zunehmend trockener und bedarf einer vollkommen anderen Pflege.

Um den Zustand der fetten Haut auch von innen heraus wirksam zu verbessern, sollte man großen Wert auf die richtige Ernährung legen. Süßigkeiten, fette Speisen, Schweinefleisch, Kuchen und Torten, Nüsse, allzuviel Alkohol sollten soweit wie möglich aus dem täglichen Speiseplan gestrichen werden. Quark mit frischen Kräutern, ungesüßter Joghurt, viel Salat und frisches Gemüse helfen, den Zustand der Haut zu verbessern. Eine häufige Ursache der fetten Haut sind chronische Verdauungsschwierigkeiten. Benutzen Sie jede Gelegenheit, den Körper zu entschlacken; Sauna, frische Luft, Reizklima, Sport und viel Schlaf sind die besten und billigsten Schönheitsmittel bei fetter Haut. Auch Vitaminmangel mag eine Ursache für fette Haut sein. Man wird selbst am besten wissen, was man mit der Ernährung versäumt hat und kann durch eine gewissenhaftere vitaminreiche Ernährung dazu beitragen, den richtigen Ausgleich wiederherzustellen.

Die Mischhaut

Die Mischhaut weist deutlich die Merkmale zweier verschiedener Hauttypen auf, und ihre Behandlung und Pflege ist deshalb nicht ganz leicht. Im allgemeinen bezeichnet man die Mischhaut als jenen Hauttypus, der um die Augen, den Mund und um den Hals trockenere oder fettere Tendenzen aufweist als an den übrigen Teilen des Gesichts. Die individuellen Merkmale der Mischhaut kann man nur an der eigenen Haut beobachten. Während die Haut am Kinn oder um die Nase, auch an der Stirn zu starker Fettabsonderung neigen kann, sind die Partien um die Augen ausgetrocknet und tendieren zur Faltenbildung. Es gilt also, erst festzustellen, an welchen Stellen die eigene Haut zu mehr oder weniger starker Fettproduktion neigt. Häufig werden die Anzeichen für die Mischhaut nur dahingehend beschrieben, daß ein Teil der Haut fett und unrein wirkt, ein anderer dagegen besonders trocken. Es besteht aber die Möglichkeit, daß die Haut an manchen Stellen zwar besonders fett ist, an den übrigen Teilen des Gesichts hingegen ganz normal: die normalen Hautpartien wirken nur im Vergleich zu den fetten viel trockener. An jenen Stellen, an denen die Haut übermäßig viel Fett produziert, treten auch verstopfte Poren, Mitesser und Pickel auf.

Reinigung: Da die trockenen Partien der Mischhaut empfindlicher und pflegebedürftiger sind als die fetten, sollte man sie auch bei der allgemeinen Reinigung des Gesichts mehr berücksichtigen. Hartes Wasser und alkalische Seife, zu heißes oder zu kaltes

Wasser sollte man im Interesse der trockenen Hautstellen meiden. Es empfiehlt sich, das Gesicht entweder mit Hilfe einer überfetten Seife zu waschen, eine milde Reinigungsmilch oder hydrophiles Öl anzuwenden. Waschungen mit frisch überbrühtem, abgekühltem Kamillentee sind ein vorzügliches Schönheitsmittel bei Mischhaut, denn sie bewirken eine schonende Behandlung der trockenen Haut und wirken entzündungshemmend bei Hautunreinheiten. Auch Milch zum Waschen oder süße Sahne sind altbewährte schonende Reinigungsmittel. Zur anschließenden Erfrischung der Haut verwendet man am besten zwei verschiedene Lotionen; eine leicht adstringierende für die fetten, unreinen Hautstellen und eine milde für die trockenen Stellen. Ein schonendes Elexier, das man für das ganze Gesicht anwenden kann, ist Hamameliswasser; es trocknet die trockene Haut nicht aus und wirkt entzündungshemmend auf die fetten Partien.

Kompressen, Packungen und Masken, wie sie für die trockene Haut empfohlen werden, sind auch für die Mischhaut geeignet und können mit gelegentlichen Dampfbädern gegen unreine Haut ergänzt werden.

Pflege: Das Wichtigste bei der Pflege der Mischhaut ist die ausgewogene Zufuhr von Feuchtigkeit und Fett. In erster Linie pflegt man die empfindlichen, trockenen Hautpartien mit gleichzeitig öl- und fetthaltigen Cremes. Will man eine gemischte Behandlung vornehmen, empfiehlt sich für die unreinen, fetten Stellen eine Extrabehandlung mit einer Salbe gegen unreine Haut oder mit einer kampferhaltigen Creme, die porenverengend und entzündungshemmend wirkt. Wie bei der Behandlung der fetten Haut sollte man auch bei den fetten Hautpartien der Mischhaut im Umgang mit stark entfettenden Schönheitsmitteln vorsichtig sein. Je gewaltsamer die Haut entfettet wird, desto mehr regt man die Talgproduktion an. Mit dieser Art der Austrocknung erzielt man eher die Verschlechterung der betroffenen Stellen.

Extrem trockene Partien der Mischhaut behandelt man mit Schönheitsmitteln, die für die trockene Haut empfohlen werden. Gegen die Faltenbildung unter den Augen hilft süßes Mandelöl, das man nur sparsam aufträgt. Meist neigt die trockene Haut unter den Augen zu großer Empfindlichkeit, und viele fertige Augencremes rufen Schwellungen, Rötungen und Entzündungen hervor.

Prüfen Sie Ihre Ernährung und Lebensweise, um herauszufinden, ob die Anomalien nur auf vorübergehende Umstände zurückzuführen sind. Nur wenn man die Ursache beseitigt hat, wird man durch die Kosmetik von innen und außen eine dauerhafte Besserung erreichen.

Die alternde Haut

Die Symptome der alternden Haut betreffen bei der Gesichtshaut sowohl die oberen Zellagen als auch die darunterliegenden Schichten. Die Verzapfungen der Papillarkörper, welche die obere Hautschicht an die unteren Lagen bindet und festigt, lockern sich, Bindegewebe und elastische Fasern der Lederhaut verlieren an Dehnbarkeit und Elastizität, und ein Rückgang des Fettgewebes der untersten Hautschicht setzt ein. Alle diese Vorgänge in den einzelnen Hautschichten führen zu Falten- und Runzelbildungen. Je sorgfältiger die Gesichtshaut im Laufe eines Lebens von innen und außen gepflegt wurde, desto später und weniger intensiv treten diese normalen Altersveränderungen an der Haut auf. Ganz verhindern läßt sich die Faltenbildung allerdings nie.

Das wichtigste Schönheitsgeheimnis berühmter Frauen besteht darin, ihre Alterserscheinungen gelassen und souverän hinzunehmen. Lilli Palmer sagt dazu: »Kümmert euch nicht um die paar Runzeln, auf die kommt's doch gar nicht an. Die ersten Fältchen machen ein hübsches, nichtssagendes Backfischköpfchen erst zum echten Gesicht.«

Reinigung: Meist neigt die Haut im Alter zu Trockenheit, man sollte also bei der Reinigung Mittel und Zusätze verwenden, die der Haut möglichst wenig Fett entziehen. Es eignen sich deshalb die gleichen Reinigungsmittel, die für die trockene Haut empfohlen werden. Wichtig für die alternde Haut ist die anschließende Nachbehandlung mit einem durchblutungsfördernden Gesichtswasser, um die träg werdenden Funktionen der Haut anzuregen. Man sollte daher auch häufig feuchtwarme Kompressen mit durchblutungsfördernden Kräuterzusätzen anwenden. Das führt zu einer intensiven Durchblutung, um die Degeneration des Stützgewebes zu verzögern, und die damit verbundene Schweißsekretion reinigt und belebt die Poren.

Hartes Waschwasser ist für die Pflege der alternden Haut genauso schädlich wie für jede andere Haut. Destilliertes Wasser, Kamillentee oder Sprudelwasser sind für die regelmäßige Reinigung am meisten zu empfehlen.

Pflege: Bei der täglichen Pflege der alternden Haut muß man vor allem auf Sorgfalt und Regelmäßigkeit in der Anwendung von Kosmetika bedacht sein, um der Haut ein dauerhaft frisches und durchblutetes Aussehen zu verleihen. Dazu gehört in erster Linie die tägliche Gesichtsmassage, die man morgens und abends durchführt. Mit der regelmäßigen Gesichtsmassage kann man einen Ausgleich und eine Abschwächung jener Faltenbildungen erzielen, die dem Gesicht ein hartes, verwittertes Aussehen geben können. Die Falten weich und geschmeidig zu erhalten, darauf kommt es an. Meist sind es die Krähenfüße, die Falten unter den Augen und die Furchen, welche vom Nasenflügel zum Mundwinkel führen – die sogenannten Lachfalten –, die zur Verhärtung neigen. An jenen Stellen, an denen die Gesichtshaut straff über den Knochen gespannt ist, sollte man bei der Gesichtsmassage nur streichende Bewegungen anwenden und knetende Bewegungen dort, wo die Haut gut unterpolstert ist.

An manchen Stellen des Gesichts kann eine einseitige Wucherung des Fettgewebes auftreten, die sich wie eine Wulstbildung bemerkbar macht. Um diese überflüssigen Ablagerungen des Fettgewebes zu bekämpfen, ist auch eine sogenannte Vibrationsmassage geeignet, die man entweder mit den Händen oder mit fein dosierfähigen Vibrationsapparaten vornimmt. Für die mechanische Behandlung sollte man jedoch besser regelmäßig eine gute Kosmetikerin aufsuchen, wenn man nicht selbst über genug Geschicklichkeit und Erfahrung im Umgang mit dem Gerät verfügt.

Kräuterkompressen, Hauttonikum auf der Basis von belebenden Kräuterextrakten, pflegende Cremes und Massagen helfen, der alternden Haut ein frisches, belebtes Aussehen zu verleihen. Daneben sollten straffende und glättende Gesichtsmasken angewendet werden, um die Blutzirkulation zu fördern. Welche Maske für die Haut am besten geeignet ist, richtet sich nach ihrer Beschaffenheit. Von allzu straffenden Paraffin- und Kunststoffmasken, die nur vorübergehend wirken, ist abzuraten. Es gibt viele natürliche Mittel, die eine straffende – aber weniger strapaziöse – Wirkung haben, z. B. Eiweiß.

Die Partien um die Augen sowie die Pflege des Halses bedarf bei der alternden Haut großer Aufmerksamkeit. Schwere Augencremes und »Quell-Cremes« werden häufig schlecht vertragen, man sollte deshalb die empfindlichen Augenregionen ausschließlich mit süßem Mandelöl einmassieren, das man eine Weile einziehen läßt, bevor man die überschüssigen Ölreste abtupft. Für den Hals kann man neben der regelmäßigen Massage gute Erfolge mit der Anwendung von Weizenkeimöl und Avocadoöl erzielen. Dabei wird der Hals reichlich mit Öl eingerieben, anschließend legt man ein warmes weiches Tuch um den Hals und darüber einen wärmenden Schal. Je länger das Öl einzieht, desto besser, am wirkungsvollsten über Nacht. Auch zur inneren Anwendung ist Weizenkeimöl als Schönheitsmittel gegen alternde Haut sehr gut, insbesondere zusammen mit Lebertran.

Neben den natürlichen Erschlaffungserscheinungen werden auch die sogenannten Gewohnheitsfalten im Alter ausgeprägter. Schlechte Angewohnheiten, wie das Herabziehen der Mundwinkel, Zusammenziehen oder Hochziehen der Augenbrauen, Naserümpfen oder Augenreiben, führen zu unliebsamen Faltenbildungen. Ein arabisches Sprichwort sagt: »Bis 30 trägst du das Gesicht, das dir die Natur geschenkt hat, nach 30 das Gesicht, das du verdienst.«

Unreine Haut und Akne

Unreine Haut erkennt man an Pickeln, Pusteln, Mitessern und verstopften Poren, die vereinzelt oder in Gruppen auftreten. Sporadisch erscheinende Unreinheiten können die verschiedensten Ursachen haben: nachlässige Reinigung, Unsauberkeit, falsche Ernährung, schlechte Verdauung, seelische Störungen oder der unkontrollierte Genuß von Alkohol, Zigaretten und Medikamenten. Auch klimatische Veränderungen oder eine rapide Umstellung der Lebensweise mag eine der vielen Ursachen dafür sein. So beobachtet man plötzlich auftretende Unreinheiten der Haut häufig auf Reisen, wenn der Klimawechsel und eine Umstellung der Ernährung ungewohnte Anforderungen an den Organismus stellen.

Zur äußeren Schönheitspflege von kurzfristig auftretenden Hautunreinheiten sind alle Schönheitsmittel geeignet, die antiseptische und entzündungshemmende Eigenschaften haben. Diese Mittel sollte man partiell an den betroffenen Stellen anwenden, in Form von Cremes, Lotionen und Kompressen oder als Gesichtsmaske. Beschränkt sich die Hautunreinheit lediglich auf einzeln auftretende Pickel, betupft man sie am besten nach dem Gesichtsdampfbad mit etwas Kampferspiritus und Schwefelpuder, das trocknet sie rasch aus. Kleine Mitesser drückt man nach dem Gesichtsdampfbad vorsichtig aus; am hygienischsten macht man das mit Hilfe eines Kosmetiktuchs, wobei man sehr sorgfältig den Talgpfropfen von innen nach außen drückt. Man muß verhindern, daß er nach innen geht, steckenbleibt und dadurch Entzündungen verursacht. Danach betupft man die Hautstelle zur Desinfektion mit etwas reinem Alkohol. Sehr nützlich für diesen Zweck sind auch die sogenannten Komedonenquetscher; der Umgang damit will allerdings erst gelernt sein, und man überläßt ihn besser einer guten Kosmetikerin. Hat man genug Übung mit diesem Spezialinstrument, sollte man es vor der Benutzung immer desinfizieren.

Zur innerlichen Anwendung gibt es verschiedene Mittel gegen unsaubere Haut; so kann man sporadisch auftretende Hautunreinheiten auch mit einer entsprechenden Diät oder einer Blutreinigungskur bekämpfen. Blutreinigende Tees, die dem Körper Giftstoffe entziehen, die sonst an die Oberfläche kommen und sich im Gesicht festsetzen, helfen Unreinheiten der Haut frühzeitig zu bekämpfen. Fenchel, Huflattich, Rosmarin und Zinnkraut, Thymian und Salbei sind dabei für die innere und äußere Anwendung geeignet. Auch Hefe ist ein gutes, altes Hausmittel: sie enthält reichlich Vitamin F und in hoher Konzentration Vitamin B. Mit der innerlichen und äußerlichen Hefetherapie lassen sich gute Erfolge erzielen, weil die Hefe bei der inneren Anwendung die Selbstvergiftung des Körpers und Darms unterbindet, während die äußerliche Anwendung dazu beiträgt, die funktionelle Einheit der Hautzellen zu regulieren. Die Bedeutung der Hefe in der Therapie von Hautunreinheiten beruht in erster Linie darauf, daß sie den Stoffwechsel der Hautzellen zu normalisieren vermag und so den Hautunreinheiten den Boden entzieht. Man braucht allerdings etwas Geduld bei der Hefekur, denn ihre Anwendung wird auf einen Zeitraum von vier bis sechs Wochen angesetzt, je nach Hartnäckigkeit der Hautunreinheiten.

Es lohnt sich, Mitesser frühzeitig mit inneren und äußeren Mitteln zu bekämpfen, denn ist der Talgpfropfen erst einmal erhärtet, entwickeln sich darauf entzündete Pickel und Pusteln, deren Entfernung wesentlich komplizierter ist. Vor allem ist äußerste Sauberkeit vonnöten, um die weitere Einwanderung von Eitererregern zu verhindern. Dampfbäder und Gesichtsmasken, entzündungshemmende Gesichtswasser und Schwefelpuder lassen die entzündeten Pickel langsam wieder abheilen. Das Ausdrücken sollte man bei einem bereits entzündeten Pickel besser bleiben lassen und die Geduld aufbringen, abzuwarten, bis sich der Pickel entweder von selbst öffnet und entleert oder austrocknet und verschwindet.

Die Akne ist eine Erkrankung der Haut, an der häufig junge Leute in den Pubertätsjahren leiden. Früher sagte man, das beste Mittel gegen jede Art von pickeliger Haut sei eine frühe Ehe. Tatsächlich besteht ein enger Zusammenhang zwischen den hormonellen Umstellungen im Körper eines Jugendlichen und der Entstehung der Akne.

Hauptsitz der Akne sind die talgdrüsenreichen Gebiete des Gesichts, die Stirn, die Nase, die Wangen und das Kinn. In schweren Fällen erstreckt sie sich über das ganze Gesicht, die Ohren, den Hals, den Rücken, die Brustregion und die Oberarme. Man unterscheidet zwei verschiedene Erscheinungsphasen der Akne: Die erste Phase erkennt man an der Bildung einer Vielzahl von Komedonen, die zweite Phase ist durch entzündliche und eitrige Entwicklung der Hautunreinheiten gekennzeichnet, sie muß jedoch nicht unbedingt als Folge der ersten Phase auftreten. Während die oberflächliche Pustel-Akne wenigstens weitgehend narbenfrei abheilt, führt die tiefe Form der Akne zu trichterförmig eingezogenen Narben. Abszesse, entzündete Knötchen, Pusteln treten dabei auf.

Zum Ausbruch einer Akne kommt es, wenn vermehrt gebildeter Talg durch die stark verhornten Talgdrüsenausführungsgänge nicht rasch genug abfließen kann, wodurch eine Verstopfung durch Talg und Hornlamellen eintritt. Der gelbliche Talg nimmt durch Oxydation an der Hautoberfläche eine schwarze Farbe an und wird so als Mitesser oder Komedo äußerlich sichtbar. Die Talgdrüsen produzieren auch bei verstopften Ausgängen weiter übermäßig viel Sekret, und der Druck innerhalb der Drüsen steigt so stark an, bis schließlich der Talg in das umgebende Bindegewebe übertritt und eine infektiöse Entzündung des Gewebes bewirkt. Als Folge entstehen nun die Akneknötchen und Aknepusteln.

Die Behandlung der Akne stellt ein schwieriges Problem dar, denn Akne ist nicht einfach unreine Haut. Akne ist eine Erkrankung der Haut. Wenn man an Akne leidet, geht man zu einem guten Hautarzt und nicht in den Kosmetiksalon. Häufig wird die medizinische Akne-Behandlung mit einer kosmetischen Behandlung kombiniert, wobei die vom Arzt verschriebenen Heil- und Pflegemittel durch die Kosmetikerin angewendet werden. In vielen Hautkliniken finden Akne-Sprechstunden statt, wo man sich informieren und beraten lassen kann.

Die bisher erfolgreichste medizinische Behandlungsmethode der Akne ist die mit Vitamin-A-Säure. Die Methode ist nicht leicht durchzuführen, und sie verlangt auch vom Facharzt Übung und Fingerspitzengefühl, deshalb sollte man sie nur von einem erfahrenen Mediziner durchführen lassen. Die Behandlung mit Vitamin-A-Säure ist in den letzten zehn Jahren immer wieder in Verruf geraten, weil sich Ärzte daran versucht hatten, denen es an Erfahrung im Umgang damit fehlte. Bei der Anwendung von Vitamin-A-Säure werden das Gesicht und die von Akne befallenen Hautstellen so behandelt, daß die oberste Hautschicht abschuppt und sich schält. Es entsteht eine starke Hautrötung, als hätte man sich einen Sonnenbrand geholt. Der Geschicklichkeit des Arztes obliegt es, die richtige Dosierung für den einzelnen Akne-Patienten zu finden und ihn in den rund sechs Wochen – so lange rechnet man mit der Dauer der Behandlung – richtig zu beraten.

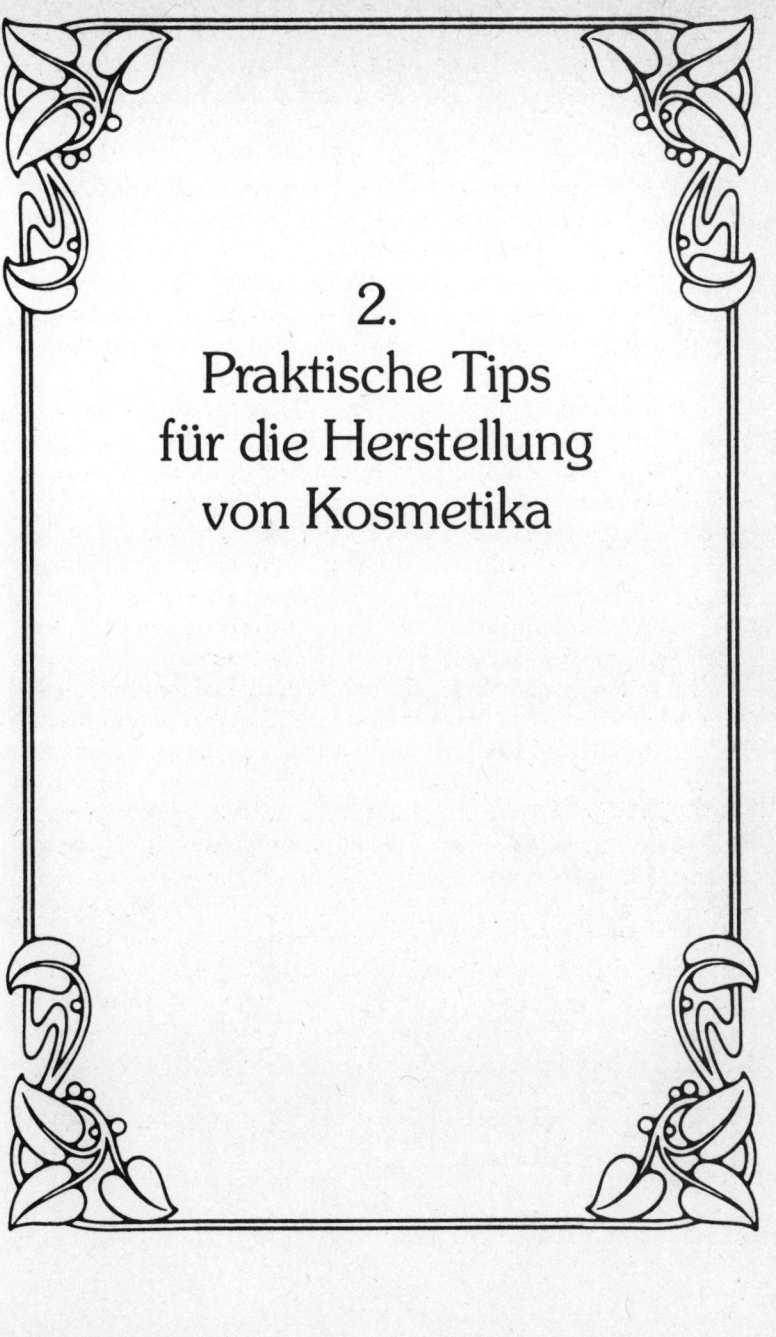

2.
Praktische Tips
für die Herstellung
von Kosmetika

Ausstattung: Die Ausstattung der Kosmetik-Küche ist einfach, man braucht dazu Töpfe und Geräte, die normalerweise in einem Haushalt vorhanden oder leicht zu beschaffen sind. Hygienischer für die Zubereitung von Kosmetika ist es allerdings, wenn man sein Handwerkszeug ausschließlich für die Kosmetikherstellung verwendet, denn unsichtbare Speisereste und Bakterien können die Frische der Produkte negativ beeinflussen. Töpfe und Geräte sollte man nur mit kochendheißem Wasser reinigen, ohne Verwendung von chemischen Spülmitteln. Rührbesen und Löffel werden vor der Verwendung sterilisiert. Man kocht die Geräte zehn Minuten in sehr heißem Wasser ab. Wenn man ganz vorsichtig sein will, setzt man dem Wasser etwas Soda zu.

Metallene Gefäße sind für die Kosmetikherstellung nicht geeignet, da Metall mit bestimmten Zusätzen chemische Verbindungen eingehen kann. Deshalb bevorzugt man feuerfeste Glas- oder Porzellantöpfe. Für das Abwiegen der oft sehr geringen Mengen oder leichtwiegenden Zutaten eignen sich am besten eine Briefwaage oder eine Küchenwaage mit Feinanzeige. Zum Abwiegen von Ölen und Wässern hat sich auch die mit Meßeinheiten gekennzeichnete Jenaer Babynahrungsflasche gut bewährt. Man bekommt sie in jedem Kaufhaus.

Der elektrische Handrührmixer ist ein ideales Gerät, um manche Cremes zu emulgieren, feiner, geschmeidiger und sahniger zu machen. Wenn man bereits ein Handrührmixgerät im Haushalt hat, sollte man aus hygienischen Gründen einen zweiten Rühreinsatz für die Kosmetikherstellung besorgen, er kostet nur wenig Geld und garantiert eine wirklich saubere Handhabung. Das mechanische Schlagen mit dem Rührmix bewirkt neben seinem emulgierenden Effekt, daß man gelegentlich auch Luft in die Creme einrührt; es empfiehlt sich deshalb immer, die Creme nach der Fertigstellung mit dem Stil eines sauberen Holzkochlöffels umzurühren, damit die Luft entweichen kann. Auch während des Gebrauchs kann man manche Creme einmal kurz umrühren, wenn man feststellt, daß sich Luftbläschen gebildet haben, was keineswegs ein Anzeichen dafür ist, daß die Creme ranzig wird. Das Handrührmixgerät ist fast ein »Muß« für die Ausstattung der Kosmetik-Küche, zumal einige Rezepte nur mit dem Rührmix hergestellt werden können.

Das Wasserbad: Bei der Bereitung von Hautcremes stellt man zwei sogenannte Phasen her, eine wäßrige und eine ölige. Jede Phase wird gesondert erwärmt und auf die gleiche Temperatur gebracht, bevor man sie vermischt. Der wäßrige Anteil wird in einem feuerfesten Porzellantöpfchen erwärmt, die Fette und Öle auf dem Wasserbad. Dafür habe ich früher einen Kunststoffbehälter verwendet, den man ins kochende Wasserbad hängen kann. Inzwischen ziehe ich eine feuerfeste Jenaer Glasschüssel vor. Wie bei jedem Verbraucher wächst auch bei mir das Mißtrauen gegen Kunststoffgefäße, selbst wenn sie für den Lebensmittelbereich gefertigt sind.

Empfehlenswert ist eine feuerfeste Glasschüssel, die mit Griffen versehen ist, denn damit läßt sich die Schüssel rutschfest auf einen halb mit Wasser gefüllten Kochtopf aufsetzen. Die feuerfeste Glasschüssel sollte auch tief genug sein, etwa 7 cm, damit man später mit dem Handrührmixer die Cremes ohne zu spritzen kaltrühren kann. (Um bei einer niedrigen Schüssel das Spritzen zu verhindern, kann man auch aus dem Handrührmixer einen Rührbesen entfernen und die Creme mit nur einem Rührbesen kaltrühren.)

Zutaten: Je frischer die Zutaten sind, die man für die Kosmetika verwendet, desto besser und wirkungsvoller ist das Ergebnis. Es ist unmöglich, eine wirksame Hautcreme auf der Basis von ranzigem Fett oder Öl zu produzieren. Frische Stoffe bleiben auch im fertigen Produkt länger frisch. Versuchen Sie deshalb, eine homöopathische Apotheke zu finden, die Rohstoffe auch selbst produziert und sie in kühlen Räumen lagert. Geben Sie Ihren Wunschzettel in der Apotheke ab, und lassen Sie dem Apotheker etwas Zeit, die Mittel frisch aus dem kühlen Lager zu holen. Benutzen Sie ruhig Ihre Nase beim Einkaufen und geben Sie die Mittel zurück, die ranzig riechen.

Als ich damit anfing, meine Kosmetika selbst herzustellen und mit einer langen Wunschliste in die Apotheke ging, wurde ich ziemlich mißtrauisch befragt, für was ich denn eigentlich die Mittel brauche. Ich gestand verlegen meinen Wunsch, verschiedene Hautcremes selbst herstellen zu wollen, worauf der Apotheker meinte, ich solle diesen Versuch lieber seinen geübten Händen überlassen, er verlangte für die Herstellung meiner Cremes nach meinen Rezepten einen Stundenlohn von 20,– DM. Aber damit waren meine Einkaufserfahrungen in Apotheken noch nicht erschöpft. Einmal verlangte ein Apotheker für 100 g Lanolin 8,– DM, obwohl nur 4,– DM gerechtfertigt waren; Vaselinöl, behauptete ein anderer Apotheker, gäbe es überhaupt nur in meiner Phantasie. Auch er war, wie so viele andere, der Meinung, es sei doch lächerlich, in einer »aufgeklärten« Zeit wie der heutigen Kosmetika selbst herstellen zu wollen, wo doch die Industrie alles, was man braucht, in Hülle und Fülle anbietet. Obwohl ich mir inzwischen gut vorstellen kann, wie schwierig für viele Apotheken die Beschaffung, Lagerung und Abfüllung von vielen verschiedenen Rohstoffen, die kaum verlangt werden, sein muß, so traurig ist doch die Tatsache, daß es nur noch sehr wenige Apotheker gibt, die Verständnis und Interesse für ihre eigenen Traditionen haben.

Maße und Gewichte: Will man Öle, Fette oder flüssige Stoffe messen, wiegt man zuerst eine kleine, leichte Plastikschale auf der Briefwaage, füllt dann die Zutaten ein und zieht das Gewicht der Schale vom Gesamtgewicht ab. Das Abwiegen einzelner Zutaten vereinfacht sich auch mit der Hilfe eines Meßbechers, besonders geeignet sind dafür die gläsernen, markierten Meßflaschen, die man für das Abwiegen von Babynahrung verwendet. Sie haben den Vorteil, daß die geringsten Maßangaben außen aufgezeichnet sind, während im normalen Meßbecher die Aufzeichnung nur im Inneren des Behälters abzulesen ist. In den nachfolgend angeführten Rezepten wurden die exakten Gewichtsangaben der einzelnen Zutaten genannt, bei schwierig abzumessenden Zutaten wurden Maßbeispiele, wie man sie aus der Küche kennt, hinzugefügt. So gibt es beispielsweise manche sehr geringe Gewichte von 0,2 oder 0,5 g, die keine Feinwaage anzeigt. Hierbei handelt es sich um Zusätze, die nur in Spuren zugefügt werden dürfen und von welchen jedes »Zuviel« eine Creme leicht verderben könnte.

Bei pulvrigen Zutaten zum Beispiel, die mit einer Prise bezeichnet sind, sollte man sich vielleicht einmal die Mühe machen, das Gewicht von 0,2 oder 0,5 g zu messen, um das Maß der Prise für die Zukunft genau zu kennen. Aus praktischer Erfahrung weiß man, daß die Vorstellungen einer Prise durchaus unterschiedlich sein können. Da die normale Briefwaage ein so geringes Gewicht noch nicht anzeigt, wiegt man am besten einmal 3 g oder 5 g aus und teilt das Pulver in entsprechend viele kleine Häufchen, dann hat man künftig eine genaue optische Vorstellung des richtigen Maßes.

Auch bei zähflüssigen Fetten und Ölen, die schwer abzuwiegen sind, hilft erst die praktische Erfahrung bei der Cremeherstellung, um genau zu wissen, daß beispielsweise 10 g Lanolin etwa ein Kaffeelöffel voll ist. Aber auch hier können die Vorstellungen über das Maß eines Kaffeelöffels differieren, es würde sich also empfehlen, zunächst einmal einen Kaffeelöffel voll Lanolin auf die Waagschale zu streifen und auszuwiegen. Man sieht dann selbst, ob man den »Kaffeelöffel voll« zu reichlich oder zu knapp bemessen hat.

Temperaturen: Bei der Herstellung einer Creme spielen Hitze oder Kälte eine wichtige Rolle. Um ganz genaue Temperaturen zu haben, arbeitet man am besten mit einem Küchenthermometer oder einem Laborthermometer. Rühren Sie Ihre Creme mit viel Geduld. Man kann das Kaltrühren nicht beschleunigen, indem man etwa den warmen Topf in kaltes Wasser stellt. Dabei muß jede Emulsion zwangsläufig gerinnen. Selbst wenn die Creme kaltgerührt ist, muß die Temperatur berücksichtigt werden. Die Cremetöpfe, in die Sie Ihre Creme abfüllen, sollen möglichst nicht kellerkalt, sondern im Idealfall zimmerwarm sein.

Zubereitung: Niemals würde sich eine gute Köchin mit sklavischer Genauigkeit an ein vorgegebenes Kochrezept halten, wenn sie feststellt, daß die Speise zu fest, zu trocken, zu weich oder zu wenig schmackhaft zu werden verspricht. Auch die Kosmetik-

Köchin sollte in der Lage sein, manche Rezepte zu variieren, denn bei noch so exakten Maß- und Gewichtsangaben sind die Rohstoffe oft unterschiedlicher Beschaffenheit, die einen Ausgleich nach persönlichem Ermessen bedingen. Die Wirkung und Beschaffenheit eines Produkts wird dadurch keineswegs verändert, auch dann nicht, wenn man nur eine kleine Menge als Probe herstellen möchte und von allen angegebenen Zutaten entsprechend weniger nimmt. Das ist besonders dann ratsam, wenn man die Verträglichkeit einer Creme prüfen will. Es ist nicht nötig, sich zur Prüfung das Gesicht mit der Creme einzureiben, um festzustellen, ob die Creme eine gute Wirkung hat; man kann sie auch an der Innenseite des Unterarms ausprobieren, hier ist die Haut mindestens so empfindlich wie im Gesicht.

Im Rezeptteil dieses Buches wurden nur anerkannt gute und hautverträgliche Zutaten genannt; es kann aber nicht garantiert werden, daß dieses oder jenes Mittel auch individuell gut vertragen wird. Alle genannten Rezepte wurden von Testpersonen ausprobiert, aber man muß eine Creme, um ihre Wirkung zu ermessen, selbst anwenden.

Wer Creme gerne selbst herstellt, möchte auch wissen, warum in den Anweisungen für die Herstellung das Wasserbad oder bestimmte Rührtechniken eine wichtige Rolle spielen. Generell kann man dazu sagen, daß jede Creme einen fettigen, öligen Anteil und eine wäßrige Phase enthält. Beides verbindet sich aber normalerweise nicht miteinander. Man sieht das am besten, wenn man zum Beispiel eine Salatsauce herstellt und einige Zeit stehen läßt. Der Essig setzt sich am Grund ab, und das Öl schwimmt auf der Oberfläche: zwischen Öl und Wasser besteht eine Grenzflächenspannung. Diese kann mit Hilfe eines sogenannten Emulgators herabgesetzt werden, es bildet sich dann eine feine Verteilung von Fett und Wasser, eine sogenannte Emulsion. Man kann dabei zwei Arten unterscheiden: entweder sind die Wasserteilchen von Fett umgeben, dann spricht man von einer Wasser-in-Öl-Emulsion wie beispielsweise bei der Butter. Für die Herstellung dieser Art von Cremes verwendet man gut emulgierende Grundstoffe wie Bienenwachs oder Lanolin, außerdem ist es aber notwendig, daß man beim Zufügen des wäßrigen Anteils kräftig und gleichmäßig rührt, bis die Creme erkaltet. Die Emulsion bildet sich hier also vorwiegend auf mechanischem Weg (Rührmix).

Beim zweiten Emulsionstyp verhält es sich umgekehrt, hier werden die Öltröpfchen ganz fein im Wasser suspendiert, es entsteht eine Öl-in-Wasser-Emulsion; die Beschaffenheit der Milch ist hierfür ein Beispiel. Bei dieser Art von leichten, milchigen Cremes bewirkt der Zusatz eines geeigneten Emulgators, daß die Fette ihre Eigenschaft, Wasser abzustoßen, verlieren und sozusagen wasserfreundlich werden. Bei der praktischen Arbeit übernimmt der Emulgator selbst die Aufgabe, die Fett-Tröpfchen im Wasser zu verteilen; eine starke, mechanische Rührtätigkeit ist nicht erforderlich, ja sogar nicht angebracht, weil sonst nur unerwünschter Schaum entsteht, der eine Trennung des Fettes von der Flüssigkeit bewirken kann.

Parfümierung und Farbe: Farbe und Duft bestimmen in der Fertigkosmetik den Kaufanreiz für die Verbraucherin. Wie eine Fachzeitschrift berichtet, ist man in der kommerziellen Fertigung von Cremes von den gelblichen Farbtönen abgekommen, weil diese Farben leicht Assoziationen mit ranzigem Fett wecken können. Ein vielgehörter Vorbehalt gegen die hausgemachte Kosmetik richtet sich in der Tat gegen die nicht vorhandene Buntheit.

Viele meiner besten und wirksamstem Cremes haben eine nichtssagende Farbe, manchmal einen salbenartigen Geruch, der eher an Medizin statt an Frühling erinnert. Da Parfümierung und auch Färbung Reizerscheinungen auf der Haut auslösen können, habe ich auf die Färbung ganz verzichtet und die Parfümierung für manche eigenwillig riechende Cremes auf ein Minimum reduziert. Es sollte der Kosmetik-Köchin selbst überlassen bleiben, ob sie ein wenig mehr oder weniger parfümiert, das hängt ganz von der persönlichen Verträglichkeit ab.

Nicht jeder Stoff, wie etwa Parfümöl, wird von jeder Haut gleichermaßen gut vertragen. Dies läßt sich nicht einmal für die Parfümierung an sich sagen; so kann man beispielsweise Pfefferminzöl nicht vertragen, wohl aber Melissenöl, und beide Öle enthalten auch heilwirksame Stoffe. Eine allergiegetestete Creme gibt es insofern nicht, als die Allergie an sich eine individuell auslösbare Hautreizung ist und das Allergen, also jener Stoff, der die Allergie hervorruft, auch beim Gebrauch völlig harmloser und hautfreundlicher Mittel auftreten kann. Erfahrungsgemäß sind aber Duft- und Farbstoffe in Cremes viel häufiger für eine allergische Reaktion verantwortlich als etwa Fette und Öle. Ein großer Vorteil der hausgemachten Kosmetika ist es, zu wissen, welche Rohstoffe verwendet wurden. Sollte Allergen auftreten, so kann dieser Stoff sehr schnell ermittelt werden.

Aufbewahrung: Die frischen Zutaten aus der Apotheke, insbesondere Fette und Öle, die ranzig werden können, kauft man zweckmäßigerweise gleich in der Menge, in der man sie verwenden will. Schafft man sich einen größeren Vorrat von Rohstoffen an, sollten die Mittel zu Hause kühl gelagert werden, am besten gleich im Kühlschrank. Kräuter, Tinkturen, Duftwässer oder ätherische Öle bewahrt man ebenfalls an einem nicht zu warmen Platz gut verschlossen auf.

Das fertige Schönheitsmittel wird in einen Glas- oder Porzellanbehälter abgefüllt und darin aufbewahrt. Plastiktöpfe sind dazu wenig geeignet, Glas und Porzellan aber hält die Ware länger frisch. Die einmalige Anschaffung einiger schöner Gefäße lohnt sich, da man sie nach entsprechender Reinigung immer wieder verwenden wird.

Lassen Sie auch Ihre Umwelt von den schönen, selbsthergestellten Pflegemitteln profitieren! Ein duftendes Eau de Toilette, eine Creme aus eigener Werkstatt, abgefüllt in eine hübsche Flasche oder einen Cremetopf, wird als Geschenk gewiß mehr Freude bereiten, als eine noch so teure, fertig verpackte Geschenkpackung.

Haltbarmachung: Der wichtigste Gesichtspunkt bei der Herstellung hausgemachter Kosmetika dürfte die Frage nach der Haltbarkeit sein. Wie man gesehen hat, ist die Konservierung eines der größten Probleme der Fertigkosmetik, da die richtige Dosis unter anderem die Verträglichkeit des Mittels bestimmt. Da Fertigprodukte oft jahrelang warm gelagert sind, muß eine übermäßige Dosis Konservierungsmittel zugefügt werden.

Wenn man sich eigene Kosmetika herstellt, kann man das bei Bedarf tun, es besteht kein Anlaß, Mittel monatelang zu lagern, wie das in der Parfümerie der Fall ist. Das Argument der Kosmetikfabrikanten, mit der starken Konservierung auch die völlige Keimfreiheit eines Mittels zu erreichen, ist nach Meinung der

Dermatologen nicht stichhaltig. Da viele natürliche Zusätze konservierende und antiseptische Eigenschaften aufweisen, wird bei der eigenen Herstellung auch die dermatologisch empfohlene Reinheit erzielt. Man muß wohl nicht ausdrücklich erwähnen, daß die Anwendung von bereits ranzig gewordenen Mitteln niemals zu empfehlen ist. Und noch ein Tip: Bewahren Sie Ihre Cremes kühl auf, die ideale Lagertemperatur liegt zwischen 10–15 Grad.

Grenzen des Bedarfs: Ebenso wie wir bei der Ernährung eine Abwechslung zwischen frischen und konservierten Lebensmitteln suchen, sollte das lebendige Organ Haut in erster Linie mit frischen Mitteln ernährt werden. Auch in der Küche finden sich Fertigprodukte, die man zwar selbst herstellen könnte, deren hauseigene Produktion aber so viel Mühe und Arbeit macht, daß man dem fertig angebotenen Produkt den Vorzug gibt. Selbst die perfekteste Köchin würde es nicht für unbedingt notwendig halten, Senf oder Ketchup selbst zuzubereiten, Orangen oder Zitronen selbst anzubauen.

Man wird auch in der Kosmetik-Küche auf die Herstellung von Schönheitsmitteln verzichten, deren Zubereitung theoretisch zwar möglich wäre, der Aufwand hingegen in keinem Verhältnis zum Bedarf und zur Qualität des Ergebnisses stünde. So könnte man sich Lippenstifte, Nagellacke oder Rouge durchaus selbst zubereiten, viel weniger mühsam ist es aber, aus dem Angebot fertiger Produkte das richtige Mittel auszusuchen. Der Verbraucherin wird allerdings dabei nicht erspart bleiben, verschiedene Produkte von Firmen auszuprobieren, denn auch Lippenstift und Wimperntusche können schwere Hautreizungen auslösen. Bei diesen Produkten der dekorativen Kosmetik wäre die Auszeichnungspflicht über die Zusammensetzung ganz besonders wichtig, um der Verbraucherin wenigstens die Möglichkeit zu geben, festzustellen, welche Zusätze, Farb- oder Duftstoffe sie nicht verträgt. Denn meist werden Reizwirkungen nur durch bestimmte, aber nicht durch alle Farbstoffe ausgelöst, und wenn auch die Verbraucherin die Ursache des Übels nicht kennt, so könnte ihr doch ein Dermatologe helfen den unverträglichen Zutaten auf die Spur zu kommen. Aber die Geheimnisse der Zusammensetzung, so beklagen sich die Ärzte, erfahren auch sie vom Hersteller nicht, selbst wenn ein Krankheitsfall anzumelden ist.

Für welches Produkt sie sich entscheiden, hängt bei vielen Verbraucherinnen auch von ethischen Gesichtspunkten ab. Es ist inzwischen jedermann bekannt, welch unsäglichen Qualen Tiere ausgesetzt werden, um dekorative Kosmetika zu »testen«. Einige verantwortungsbewußte Hersteller haben sich entschieden, auf Tierversuche zu verzichten, und in ihre dekorativen Kosmetika solche Rohstoffe einzuarbeiten, die längst bekannt und bewährt sind. Als ethisch denkender und fühlender Mensch wird man die Produkte dieser Firmen bevorzugen.

Praktische Einkaufshilfe von A–Z

Um das Einkaufen der einzelnen Mittel zu erleichtern, um sich über die Wirkung und den Gehalt einzelner Mittel eine Vorstellung zu machen, wurde die nachfolgende Einkaufshilfe zusammengestellt. Bevor man ein Schönheitsmittel herstellt, sollte man sich über die Zusammensetzung und Wirkung der einzelnen Zutaten informieren. Alle der hier genannten Zutaten kann man in Apotheken, Drogerien, Reform- und Kräutergeschäften kaufen. Sollte Ihnen die Beschaffung Schwierigkeiten machen, schreiben Sie an: Natur macht schön, 8196 Eurasburg, Postfach.

Ätherische Öle. Ätherisches Öl oder Parfümöl ist ein flüchtiges, stark riechendes Öl, das hauptsächlich aus Pflanzenteilen, z. B. aus Blüten, Samen und Blättern durch verschiedene Methoden gewonnen wird: durch Pressen, durch Destillation mit Wasser, durch Ausziehen der Blüten mit flüchtigen Lösungsmitteln oder durch Auflösen in Flüssigkeit (Mazeration). Seit alters her kennt man die Heilwirkungen naturreiner ätherischer Öle. Die Öle kann man tropfen- oder grammweise in der Apotheke kaufen. Sie stammen meist aus dem Ausland, Lavendelöl z. B. wird vornehmlich in Jugoslawien und Südfrankreich, Rosenöl in Bulgarien gewonnen.

Alaun. Alaun ist ein farbloses, aus transparenten Kristallen bestehendes Pulver, das in warmem Wasser, nicht jedoch in Alkohol löslich ist. Es wirkt mild desinfizierend und kräftig adstringierend. In stark verdünnter Lösung findet es gute Verwendung in Gesichts- und Rasierwässern. In konzentrierter Form wird es als blutstillendes Mittel in Rasiersteinen verwendet.

Alkohol. Alkohol, aus dem arabischen »al kuhl« – die Augenschminke – stammend, auch Äthylalkohol, Feinsprit oder Weingeist genannt, wird durch die Vergärung verschiedener Zuckerarten gewonnen. Reiner Alkohol mit 96 Volumenprozent wird durch mehrfache Destillation von unangenehm riechenden Fuselölen befreit: es ist eine wasserhelle, rasch verdunstende Flüssigkeit von erfrischendem Geruch. Mit destilliertem Wasser läßt sich der reine Alkohol auf jeden gewünschten Prozentgehalt verdünnen, etwa auf 70, 60 oder 40 Volumenprozent. Reiner Alkohol wird kosmetischen Produkten, besonders Lotionen, gerne zugesetzt, da er eine tonisierende, d. h. die Haut im allgemeinen Sinne kräftigende Eigenschaft besitzt und entfettend und antiseptisch wirkt. Reinen Alkohol bekommt man in der Apotheke zu kaufen, doch da er als Genußmittel mit Sondersteuer belegt ist, ist er recht teuer. Es wird deshalb für die äußere Anwendung (z. B. medizinische Umschläge, Reinigung von Flecken etc.) der vergällte Alkohol verwendet. Reiner Alkohol wird hierbei durch Zugabe verschiedener Vergällungsmittel für den menschlichen Genuß unbrauchbar gemacht. Dieser preisgünstige, vergällte Alkohol hat einen widerwärtigen Geruch und Geschmack und kommt deshalb für die hausgemachte Kosmetikherstellung nicht in Frage.

Isopropylalkohol für die Verwendung in kosmetischen Produkten ist ein preiswerter, wenn auch nicht idealer Ersatz für reinen Alkohol.

Arnikatinktur. Arnikatinktur, die man früher als Antiseptikum verwendete, ist ein alkoholischer Kräuterauszug der Heilpflanze Arnika. Die aromatisch duftende bräunliche Flüssigkeit gibt es in der Apotheke zu kaufen. Arnikatinktur desinfiziert, fördert die Durchblutung, begünstigt jeden Heilprozeß.

Artischockenkraut. Getrocknetes Artischockenkraut bekommt man in Kräuterhandlungen und Apotheken zerkleinert unter der lateinischen Bezeichnung Herba Cynarae scolymi. Getrocknetes Artischockenkraut ergibt in Verbindung mit Wasser eine schöne braune Farbe, die man gut für sanftbraune Haarspülungen anwenden kann.

Avocadoöl. Avocadoöl wird aus der birnenförmigen Avocadofrucht gewonnen, meist stammt es aus Tahiti. Avocadoöl ist ein dickflüssiges Öl, das nur schwer ranzig wird. Gutes Avocadoöl ist nicht gebleicht, seine Farbnuancen reichen von hellbraun bis grün. Durch seinen hohen Gehalt an Vitamin A, B, D, E, H, K, PP, an Lecithin, Histidin, Phytosterol und Chlorophyll eignet sich das Öl vorzüglich zur Hautpflege. Allergische Reaktionen werden bei der Verwendung von Avocadoöl so gut wie nie beobachtet. Es dringt sehr gut in die Haut ein und hat sich auch als Linderungsmittel in Heilsalben bewährt. Wegen seines hohen Gehalts an Linol und Linolsäure ist es besonders bei trockener und schuppiger Haut von großer Wirksamkeit. Durch seinen hohen Gehalt an ungesättigten Fettsäuren besitzt Avocadoöl in begrenztem Maße Filterwirkung für UV-Licht.

Balsam. Balsame nennt man die zähflüssigen, pflanzlichen Gemische von Harzen und ätherischen Ölen. Sie kommen in bestimmten Bäumen vor, aus denen sie entweder durch Einschneiden oder durch Auspressen der Zweigspitzen gewonnen werden.

Benzoesäure. Benzoesäure ist ein weißes, seidenartig glänzendes Pulver, das in warmem Wasser und fetten Ölen löslich ist. Es dient vor allem als Konservierungsmittel und wirkt antiseptisch, fäulniswidrig und gärungshemmend. Als Zugabe in sehr geringen Mengen wirkt es auch juckreizstillend. Benzoesäure ist in geringer Menge als Konservierungsmittel gut geeignet, da es die Haut nicht reizt.

Benzoetinktur. Benzoetinktur ist der alkoholische Auszug des Benzoeharzes, kurz Benzoe genannt. Nach dem Herkunftsland unterteilt man sie in zwei Arten: die Siambenzoe und die Sumatrabenzoe. Die Benzoetinktur bekommt man in der Apotheke als eine bräunliche Flüssigkeit, die einen feinen, vanilleartigen Geruch verströmt und die Eigenschaft hat, Fette zu konservieren. In seltenen Fällen kann sie zu Hautreizungen Anlaß geben.

Bienenhonig. Nicht nur für die Ernährung, auch für die äußere Schönheitspflege ist der reine Bienenhonig von Bedeutung. Sein Gehalt an Zucker, organischen Säuren und Enzymen machen ihn bei richtiger Anwendung zu einer Kostbarkeit für die Pflege der Haut. Unverfälschter, naturreiner Bienenhonig muß, wenn er nicht erwärmt ist, bandartig vom Löffel fließen, sich immer schmäler legen und schließlich lange, dünne Fäden ziehen. Kandiert bildet er eine mehr oder minder feste Masse. Auch der Gewinnung nach unterscheidet man die Honigsorten, und die zwei wichtigsten Arten der Gewinnung sind die auf kaltem oder auf warmem Wege. Der beste und heilkräftigste und damit natürlichste Bienenhonig ist der auf kaltem Wege gewonnene Schleuderhonig. Es gibt zahlreiche reine Honigarten mit verschiedenstem Aroma und Geschmack, in ihrer Heilwirkung sind sie aber alle gleich, ob flüssig oder kristallisiert. Bienenhonig wird in warmer Milch oder in warmem Wasser – niemals in kochendheißen Flüssigkeiten – gelöst.

Bienenwachs. Das Bienenwachs wird durch Einschmelzen der entleerten Bienenwaben gewonnen, die während dieses Vorgangs von allen Verunreinigungen befreit werden. Nach der Reinigung ist natürliches Bienenwachs hell- bis bräunlichgelb. Die angenehm nach Honig duftende, feste Wachsmasse wird in der Apotheke in Form von flachen, verschieden großen Scheiben verkauft. Bienenwachs wird, wenn es nicht verfälscht wurde, nicht ranzig.

Das Bienenwachs ist ein wertvoller Bestandteil hochwertiger Cremes. Da es sich leicht emulgieren läßt, verleiht es den Cremes einen wunderschönen, seidigen Glanz. Eine übermäßige Zugabe ist jedoch nicht zu empfehlen, da das sich wieder verhärtende Wachs nur schwer auf der Haut verteilt werden kann.

Statt des gelblichen Bienenwachses bekommt man auch weißes Bienenwachs in der Apotheke zu kaufen. Es ist aus dem gelben Bienenwachs gewonnenes, durch Luft- und Sonnenbleiche erhelltes Wachs und hat die gleichen wertvollen kosmetischen Eigenschaften wie das gelbe Bienenwachs.

Bierhefe. – Siehe Hefe.

Bimsstein. Bimsstein ist ein natürliches Mineral aus vulkanischen Gebieten, das in Pulverform und gepreßter Form angeboten wird. Es dient zur Abreibung von verhornten Hautstellen und im begrenzten Maße zur Entfernung unerwünschten Haarwuchses an den Beinen.

Bolus alba – Bolus rubra. Bolus alba nennt man einen sehr feingeschlemmten, weißen Ton bzw. Tonerde. Man benutzte ihn früher zur Behandlung von Brandwunden, heute dient er wegen seiner aufsaugenden, austrocknenden und entgiftenden Fähigkeit hauptsächlich als Zusatz in Pudern.

Nicht zu verwechseln ist Bolus alba mit dem Bolus rubra, der feingeschlemmten, roten Tonerde, die in der Naturkosmetik als Farbe gerne genommen wird.

Destilliertes Wasser. Destilliertes Wasser ist ein mittels Destillation von Unreinheiten und sonstigen Zusatzstoffen befreites Wasser. Man bekommt es in Apotheken und Drogerien zu kaufen. Zur Herstellung von Hautpflegemitteln sollte keimfreies Wasser verwendet werden, da Trinkwasser oft sehr hart ist, Fluß- und Seewasser meist Kalk-, Eisen-, Schwefel- und sonstige anorganische Verbindungen enthält, die kosmetische Mittel negativ beeinflussen können.

Eichenrinde. Die Eichenrinde, die man in Apotheken und Kräuterhäusern zu kaufen bekommt, ist nur von Bäumen geerntet, die keine Borke gebildet haben. Eichenrinde wird durch Abkochung verarbeitet. Sie enthält vor allem Gerbstoffe, Eichengerbsäure und Gallussäure, die Abkochungen wirken adstringierend und werden vor allem Fußbädern zugesetzt.

Eidotter. Der hohe Gehalt an Lezithin und Cholesterin macht den Eidotter zu einem hervorragenden Pflegemittel für Haut und Haar. Man setzt ihn auch Cremes zu, die zu schnellem Verbrauch bestimmt sind, vor allem aber Gesichtsmasken, Haarpackungen etc.

Eukalyptusöl. Das reine ätherische Öl wird durch Destillation aus den Blättern des Eukalyptusbaumes gewonnen. Es kommt vor allem aus den Mittelmeerländern und ist in der Apotheke zu erhalten. Seine Farbe kann farblos bis gelb sein.

Eukalyptustinktur. Diese hellbraune bis grünliche Flüssigkeit, die aus den Blättern des Eukalyptusbaumes gewonnen wird, wirkt vor allem antiseptisch, schmerz- und juckreizstillend und ist wegen ihres erfrischenden Geschmacks ein beliebter Zusatz in Mundpflegemitteln. Eukalyptustinktur bekommt man in Apotheken und Drogerien.

Fango. Fango nennt man den Schlamm aus Ablagerungen von Mineralquellen. Der schwefelhaltige Schlamm wirkt besonders günstig auf fette und unreine Haut. Pulverisiert bekommt man ihn fertig zu kaufen.

Gerbsäure. Gerbsäure, auch acidum tannicum oder einfach Tannin genannt, ist ein beigefarbenes, feines Pulver, das in Wasser und Alkohol, nicht aber in Fetten löslich ist. Gerbsäure ist der wichtigste Bestandteil der Galläpfel und ist in vielen Heilpflanzen enthalten. Die Gerbsäure hat stark adstringierende Eigenschaften und wirkt leicht antiseptisch. Sie härtet die Haut durch leichte Gerbung ab und wird deshalb vielseitig verwendet.

Glyzerin. Glyzerin ist eine farblose sirupartige Flüssigkeit von süßem Geschmack, die mit Wasser in jedem Verhältnis mischbar ist. Glyzerin ist stark wasserentziehend, trocknet die Haut also aus und kann zu schweren Reizerscheinungen führen. Viele Menschen vertragen auch kleinste Beimengungen nicht. Man spricht sogar von der Zellfeindlichkeit des Glyzerins. Glyzerin kann auch synthetisch hergestellt werden und wird in der industriellen Kosmetikfertigung verwendet.

Hamameliswasser. Hamameliswasser ist ein wäßriger Auszug aus den Blättern und der Rinde des Hamamelisbaumes. Es hat einen erfrischenden Geruch und ist farblos. Hamameliswasser kann man in der Apotheke kaufen, man sollte aber darauf achten, daß man es nicht in zu starker Verdünnung bekommt.

Hamameliswasser eignet sich vor allem für die Pflege der entzündeten, fetten und unreinen Haut, auch der Kopfhaut. Seine schonend adstringierende und tonisierende Wirkung, seine entzündungshemmenden Fähigkeiten machen es zu einem unentbehrlichen kosmetischen Mittel.

Hefe. Hefe wird bei der Bierherstellung gewonnen und besteht aus Millionen von Mikroorganismen. Hochwertige Hefe ist reich an Vitaminen, vor allem aus der B-Gruppe. Hefe wird zur innerlichen Einnahme bei unreiner Haut empfohlen, aber auch äußerlich (Packungen) mit gutem Erfolg verwendet. Mit sogenannten Hefekuren konnten auch bei der Aknebehandlung gute Erfolge erzielt werden. Für diese Anwendung kann man frische Bäckerhefe oder Trockenhefe verwenden. Sehr wertvoll für die innerliche und äußerliche Körperpflege ist auch Bierhefe, die man fertig verpackt in Pulverform im Reformhaus bekommt. Sie ist gereinigt und von allen Bitterstoffen befreit.

Henna. Die feingepulverten Blätter des Hennastrauchs, das Hennapulver, kommt vor allem aus Asien, Australien und Afrika und wird seit erdenklichen Zeiten zum Färben der Haare verwendet. Das Pulver sollte von gelblichgrüner Farbe sein. Mit Henna lassen sich, je nach der natürlichen Farbe und Beschaffenheit des Haares, alle Nuancen von Rot ins Haar zaubern. Bei natürlich hellblondem oder gebleichtem Haar wirkt es naturgemäß am stärksten und ist nur mit Vorsicht zu gebrauchen, da es karottenrote Töne hervorbringen kann. Es ist auch möglich, daß es mit chemischen Mitteln gefärbtes und präpariertes Haar ungleichmäßig tönt. Die Hennafärbung hat gegenüber chemischen Haarfärbemitteln den großen Vorteil, den Haaren einen wundervollen Seidenglanz und große Weichheit zu verleihen.

Jojobaöl. Das Jojobaöl wird aus den erdnußgroßen Samen der immergrünen Wüstenpflanze Simmondsia chinensis gewonnen. Seit Jahrhunderten haben die Indianer Nordamerikas das Öl für Heilzwecke verwendet. Das Jojobaöl zeichnet sich durch seine besondere Hautfreundlichkeit aus, es ist vor allem reich an Vitamin F, das auch als Hautschutzvitamin bezeichnet wird. Neuerdings kann man Jojobaöl auch in deutschen Apotheken erhalten, allerdings ist es relativ teuer. Aber die Anschaffung lohnt sich, denn das Jojobaöl gehört zu den wertvollsten Ölen in der Naturkosmetik.

Kakaobutter. Kakaobutter wird durch hydraulisches Pressen als Nebenerzeugnis bei der Herstellung des Kakaos gewonnen. Kakaobutter ist gelb, bröselig, fühlt sich talgartig an und duftet sehr angenehm. Sie wird nur schwer ranzig, da sie Spuren von Ameisensäure enthält. Kakaobutter eignet sich sehr gut für die Cremeherstellung, vor allem als Grundsubstanz, da sie von der Haut reizlos vertragen wird. Im Kontakt mit der warmen Haut schmilzt sie, und deswegen eignet sie sich auch gut als Zusatz reinigender Cremes. Sie wird auch gerne zusammen mit Lanolin verarbeitet, da sie die Klebrigkeit des Lanolins reduziert, umgekehrt fördert das Lanolin die Resorption der Kakaobutter. Man kann Kakaobutter in der Apotheke in einer dunkelbraunen Glasflasche kaufen, worin sie auch an einem kühlen Platz aufbewahrt werden sollte, da sie bei hellem Tageslicht ausbleicht, das ist ein Zeichen dafür, daß sie ranzig zu werden beginnt.

Kamillenblüte. Man unterscheidet zwei verschiedene Arten der Kamillenblüte, die sogenannte echte Kamille (Feldkamille) und die römische Kamille. Beide Arten enthalten das wirksame ätherische Öl, das Kamillenöl, das sich vor allem durch seine entzündungshemmenden Eigenschaften auszeichnet. Zur Haarpflege sind beide Kamillenblütenarten geeignet, die römische Kamille ist aber nicht als Blondierungsmittel zu verwenden.

Kamillenextrakt. Kamillenextrakt ist ein Auszug aus Kamillenblüten, von bräunlicher Farbe und spezifisch süßem Kamillenduft. Er enthält die Wirkstoffe der Kamille in konzentrierter Form. Kamillenextrakt wird vor allem wegen seiner heilkräftigen und entzündungshemmenden Wirkungen geschätzt. Die Wirkstoffe der Kamille bringen bei Entzündungen, Vereiterungen und Ekzemen Linderung und Heilung. Kamillenextrakt kann man fertig in der Apotheke kaufen.

Kampfer. Kampfer ist ein grobkörniges, kristallartig aussehendes Pulver. Es wird aus allen Teilen des Kampferbaums gewonnen – aus älteren Bäumen in fester Form, aus jüngeren dagegen fast nur als Kampferöl, das anschließend in Kampfer umgewandelt wird. Kampferbäume finden sich hauptsächlich in Japan und Borneo. Kampfer löst sich kaum in Wasser auf, jedoch sehr gut in fetten Ölen und Alkohol. Seine kosmetische Verwendung beruht vor allem auf seiner durchblutungsfördernden, juckreizstillenden, entzündungshemmenden und keimtötenden Wirkung. Er hat sich daher als geringer Zusatz in Cremes, Heilsalben und Lotionen bestens bewährt. Erwähnenswert ist auch seine Verwendung bei der Parfümherstellung. Kampfer aus der Apotheke muß trocken gelagert werden, in Verbindung mit Feuchtigkeit verklumpt er.

Kampferspiritus. Kampferspiritus sind die in Alkohol gelösten Kampferkristalle. Die Mischung besteht meist aus 90 g Alkohol 96%, 10 g Kampferkristallen und 10 g Wasser. Die Kristalle werden im Alkohol gelöst und die Mischung mit Wasser aufgegossen. Kampferspiritus ist ein kräftig wirkendes Antiseptikum. Da es sehr intensiv wirkt, darf es nur ganz gezielt zum Einsatz gebracht werden, z. B. bei Pickeln.

Kaolin. Kaolin besteht aus feinster geschlemmter Tonerde. Das feine weiße Pulver dient als indifferenter Zusatz in Pudern und Pasten und vermag ölige und wäßrige Stoffe aufzunehmen.

Klettenwurzelöl. Klettenwurzelöl ist der ölige Auszug der Klettenwurzel. Das Öl enthält Gerbsäure, ätherisches Öl und Inulin. Da es pflegende und wachstumsfördernde Eigenschaften besitzt, wird es gerne zur Haarpflege verwendet. Das Öl kann man leicht selbst herstellen, indem man eine Handvoll getrockneter Klettenwurzel in einem viertel Liter Olivenöl ansetzt und über einen Zeitraum von etwa drei Wochen gut verschlossen an einem warmen Platz durchziehen läßt. Danach wird das Öl abgeseiht und in einer dunklen Glasflasche aufbewahrt.

Kornblume. Die blaue Kornblume ist nicht nur ein Heilkraut; bei vorsichtiger Zubereitung in Form eines Aufgusses gibt sie eine sanftblaue Farbe ab und kann so für die Tönung grauen Haares gut verwendet werden. In Apotheken und Kräuterhäusern bekommt man die Kornblume unter der lateinischen Bezeichnung Flores Cyani zu kaufen.

Kräuter. Die hautverschönenden Wirkungen der Heilkräuter sind der Menschheit seit langem bekannt, und auch in der modernen Kosmetik nehmen die hautwirksamen und heilenden Eigenschaften der Kräuter eine besondere Stellung ein. Sie sind bei der Zusammenstellung von Schönheitsmitteln gar nicht wegzudenken. Eine kleine Übersicht der wichtigsten Inhaltsstoffe mag dies verdeutlichen: da sind zunächst die gerbstoffhaltigen Heilkräuter zu nennen, die antiseptische und kontrahierende Eigenschaften haben. Weiterhin hüllen die in den Pflanzen enthaltenen Schleimstoffe die Haut ein und wirken dadurch heilend, beruhigend und glättend. Kieselsäurehaltige Pflanzen festigen das Bindegewebe und sorgen für eine vermehrte Durchblutung. Einen wichtigen Faktor stellen auch die in fast allen Heilpflanzen enthaltenen ätherischen Öle dar. Sie ziehen durch ihren Wohlgeruch eine Belebung und Anregung des gesamten Organismus nach sich. Andere Wirkstoffe, wie Saponine, Schwefel und Glykoside wirken sekretionsfördernd, reinigend und antiseptisch. All diesen einzelnen Bestandteilen ist jedoch die Pflanze in ihrer Gesamtwirkung noch weit überlegen, denn sie enthält noch Begleitstoffe, die die Heilwirkungen zusammenwirken lassen. Die Kräuterwirkstoffe kann man auf verschiedene Weise nutzbar machen. Die Aufstellung auf S. 80/81 gibt Ihnen dazu die Richtlinien für den Aufguß, den Tee, die Abkochung, für die Herstellung einer Tinktur und für den Kräuteressig.

Lanolin und Lanolin anhydrid. Lanolin wird aus dem sorgfältig gereinigten Fett der Schafwolle gewonnen. Durch seine hervorragenden hautpflegenden Eigenschaften ist es einer der bedeutendsten kosmetischen Grundstoffe.

Aufguß.

Einen Aufguß bereitet man im Prinzip wie starken Tee zu. Hierbei werden Pflanzenteile wie etwa Blüten und Blätter niemals gekocht, sondern nur mit kochendem Wasser übergossen. Dazu legt man die Pflanzenteile in eine Porzellanschüssel, übergießt sie mit dem kochendheißen Wasser und bedeckt sie. Die besten Ergebnisse erzielt man, wenn die Pflanzenteile mindestens drei Stunden lang durchgezogen haben. Den fertigen Aufguß seiht man durch ein Küchensieb ab und drückt dabei die Pflanzen gut aus. So kann man den Aufguß als frisches Gesichtswasser für äußerliche Anwendung nehmen. Wenn man das Haar damit spülen will, massiert man die Flüssigkeit gut ins Haar und in die Kopfhaut. Am besten läßt man das Haar anschließend in der Luft trocknen, da sich die Hitze der Trockenhaube ungünstig auf die pflanzlichen Heilstoffe auswirkt.

Tee.

Für die Zubereitung des Kräutertees rechnet man einen halben bis drei Kaffeelöffel getrocknete Pflanzenteile auf eine Tasse Wasser. Man gibt die Kräuter in eine kleine Kanne aus Porzellan oder Keramik, übergießt sie mit kochendheißem Wasser und läßt die Mischung zehn Minuten ziehen, bevor man sie abseiht. Mit Honig süßen und nicht mehr als zwei bis drei Tassen täglich trinken.

Kräuteressig.

Der Kräuteressig bietet eine einfache Methode des Auszugs: eine Handvoll Kräuter genügt für einen halben Liter reinen Obst- oder Weinessig. Die Mischung wird in einem gut verschlossenen Gefäß 14 Tage in die Sonne oder an einen warmen Platz im Haus gestellt. Danach seiht man den Essig ab und drückt die Pflanzenteile dabei gut aus. Durch den Kaffeefilter klarfiltern. Man füllt den Essig in eine dunkle Flasche und bewahrt ihn so auf. Zur Haarspülung vermischt man den Essig etwa eins zu eins mit Wasser. Abreibungen der Kopfhaut nimmt man mit unverdünntem Kräuteressig vor.

Abkochung.

Abkochung ist zwar ein üblicher, aber etwas irreführender Begriff für diese Methode des Pflanzenauszugs, denn Abkochung heißt nicht etwa kochen lassen, sondern nur sehr schwach sieden lassen. Man gibt die Pflanzenteile ins siedende Wasser und stellt die Temperatur des Herdes vorsichtshalber gleich auf kleinste Stufe ein. So läßt man die Pflanzenteile rund 20 Minuten bedeckt sieden, oder besser, eher ziehen als sieden. Die fertige Abkochung wird durch ein Küchensieb geseiht, bevor man sie weiterverwendet.

Für die Abkochung kommen Pflanzenteile, wie Rinde, Samen oder Wurzeln, in Frage. Man bereitet die Abkochung in einem feuerfesten Porzellantopf zu, da manche Pflanzen Farbe an Emaille abgeben können und auch, weil ungünstige chemische Verbindungen etwa mit Aluminium entstehen können.

Tinktur.

Manche Pflanzenteile lösen ihre Wirkstoffe nicht in Wasser, sondern nur in Alkohol oder auch in Alkohol und Wasser. Der alkoholische Auszug aus einer Pflanze heißt Tinktur. Es ist in diesem Buch sehr häufig von Tinkturen die Rede, und wenn man gerne Kräuter und Pflanzen sammelt, wird man vielleicht die Tinkturen auch gerne selbst zubereiten wollen. Man setzt die Tinktur in 70prozentigem Alkohol an und rechnet mit getrockneten Pflanzen im Verhältnis 1:10, also beispielsweise 10 g Kräuter auf 100 g Alkohol (70%). Die Pflanzenteile gibt man in ein gut verschließbares Gefäß mit breiter Öffnung, damit man sie später wieder entfernen kann. Je wärmer der Platz ist, den man sich für die Mazeration aussucht, desto besser ist das Ergebnis. Vier bis sechs Wochen sollte die Mischung in der Sonne oder an einem warmen Platz im Haus stehen. Danach seiht man die Tinktur ab und füllt sie in dunkle Apothekerfläschchen um. Dunkel aufbewahren.

Lanolin ist eine hellgelbe, manchmal gelblichweiße salbenartige Creme von schwachem, typischen Eigengeruch. Das Fett enthält wertvolle biologische Aufbaustoffe. Es eignet sich sehr gut als Zugabe bei der Herstellung von Cremes und Emulsionen, da es in der Lage ist, größere Mengen von Wasser fest zu binden, wodurch es rasch von der Haut resorbiert werden kann. Durch die Zugabe von fetten Ölen und Kakaobutter verliert das Lanolin die in reinem Zustand vorhandene leichte Klebrigkeit. Das salbenartige Lanolin bekommt man beim Apotheker. Daneben kann man in der Apotheke auch das wasserfreie, zähe, durchscheinend hellgelbe Lanolin bekommen, das sogenannte Lanolin anhydricum, kurz Lanolin anhydrid genannt. Wegen seiner guten Wasseraufnahmefähigkeit ist es vielfach einzusetzen.

Latschenkiefernöl. Das Öl wird durch Destillation aus den Nadeln und Sprößlingen der Latschenkiefern gewonnen. Es hat einen starken, balsamischen Duft und wird häufig in Badepräparaten verwendet. In Verbindung mit heißem Wasser entwickelt es seine aromatischen Düfte, die heilend auf die Atemwege einwirken.

Lavendelöl. Lavendelöl wird vor allem in Frankreich, Jugoslawien, Italien und Spanien durch Destillation aus den Blüten des Lavendel gewonnen. In den Ursprungsländern kann man es vergleichsweise billig erstehen. In der Apotheke kauft man es unter der Bezeichnung Oleum Lavendulae.

Lebertran. Lebertran ist ein helles, nach Tran riechendes Öl, das aus der Leber verschiedener Meeresfische gewonnen wird. Es ist äußerst vitaminreich, vor allem an Vitamin A und D, und enthält außerdem noch viele wichtige Fettsäuren, Cholesterin, Jod, Phosphor, Schwefel und Eisen. In emulgierter Form wirkt es heilend auf Wunden, Hautunreinheiten, rauhe und rissige Haut. Es wird auch gegen Haarausfall verwendet. In Form von Gelatinekapseln innerlich eingenommen wirkt es günstig auf die Haut und auf das Gesamtbefinden.

Leinsamen. Leinsamen, der hellbraune, glänzende Samen des Flachses, quillt in Wasser oder Milch. Äußerlich angewendet eignet er sich vor allem für Waschungen und Packungen zur Behandlung der unreinen Haut. Innerlich genommen wirkt er entgiftend auf die Verdauungsorgane und verhindert Stuhlträgheit. Leinsamen kann man fein geschrotet in Apotheken und Kräuterhäusern kaufen.

Lezithin. Lezithin zählt man zur Gruppe der Phosphatide. Man findet sie in den menschlichen Zellkernen sowie in der Nervensubstanz. Für die hausgemachte Kosmetik kommt das im Eidotter enthaltene tierische Lezithin zum Einsatz.

Malvenblüten. Die violetten Blütenblätter der *Malva silvestris* enthalten den Farbstoff Malvin, der sich ganz ausgezeichnet zur Tönung für graues Haar eignet. Rühren Sie die getrockneten Blätter in eine Tasse mit kaltem Wasser, damit sich der violette Farbstoff gut lösen kann.

Mandelkleie. Die Mandelkleie wird bei der Mandelölgewinnung aus Preßrückständen hergestellt und in Pulverform angeboten. In der Kosmetik wird Mandelkleie für Packungen und Reinigungsmittel verwendet. Offene Mandelkleie bekommt man in Kräuterhäusern und in Apotheken; ersatzweise kann man statt Mandelkleie auch Weizenkleie nehmen.

Mandelöl. Das Mandelöl wird aus den reifen Samen der süßen Mandeln durch kalte Pressung gewonnen. Das hochwertige, klare, fast geruchlose Öl wird nur in den besten kosmetischen Präparaten verarbeitet, da es relativ teuer ist. Es besteht zu 90% aus Triolein und 10% aus Linolsäureglycerid. Leider wird es häufig verfälscht. Süßes Mandelöl ist ungemein hautfreundlich, es wirkt glättend und pflegend und wird von jeder Haut gut vertragen.

Meersalz. – Siehe Salz.

Melissenöl. Das Melissenöl wird aus den Blättern der Melisse gewonnen. Wegen seiner erfrischenden und belebenden Wirkung ist es vielseitig verwendbar. Man kauft es in der Apotheke unter der Bezeichnung Oleum Melissae.

Menthol. Menthol ist ein farbloses, nadelförmig kristallines Pulver von erfrischendem Geruch. Es ist in Wasser nicht löslich, dagegen sehr leicht in Alkohol. Wegen seiner kühlenden Wirkung auf der Haut und seinem angenehmen Pfefferminzgeruch wird es sehr gerne in Mundwässern und Lotionen verarbeitet. Menthol besitzt außerdem eine kräftig antiseptische und juckreizstillende Wirkung. Es sollte stets sehr sparsam verwendet werden.

Milchsäure. Milchsäure ist eine sirupartige farblose Flüssigkeit, die bei der Milchsäuregärung entsteht. Milchsäure besitzt eine mild hornlösende Fähigkeit und greift die Haut nicht an. Sie wird deshalb für desodorierende Waschungen, auch für Fußbäder verwendet. In sehr starker Verdünnung hilft sie, den biologischen Säuremantel der Haut zu erhalten.

Myrrhetinktur. Myrrhetinktur ist der fertig in der Apotheke zu beziehende Auszug der Myrrhe, eines an der Luft erhärteten Harzes des Myrrhebaumes. Die balsamisch duftende, farblose Flüssigkeit verfärbt klares Wasser milchig. Sie wirkt vor allem desinfizierend und entzündungshemmend, deshalb wird sie mit Vorliebe für die Mundpflege verarbeitet, z. B. in Mundwässern. Entzündetes Zahnfleisch wird mit unverdünnter Myrrhetinktur bepinselt.

Olivenöl. Olivenöl wird aus den reifen Früchten des Olivenbaumes gewonnen. Die Art der Gewinnung spielt für die spätere Qualität des Öls eine wichtige Rolle. Zur Verarbeitung in kosmetischen Produkten eignet sich am besten das Olivenöl der ersten kalten Pressung, das sogenannte Jungfernöl. Minderwertig ist das heiß gepreßte, aus den Kernen gewonnene Öl. Das hochwertige Olivenöl enthält etwa 0,5% freie Fettsäuren, ca. 72% Triolein und 28% feste Glyceride. Man bekommt es in der Apotheke zu kaufen. Unter der Bezeichnung Oleum Olivarium extra Vierge erhält man dort das reine Olivenöl der ersten kalten Pressung. Der einzige Nachteile des Olivenöls besteht darin, daß es leicht ranzig wird, deshalb sollte man schon in der Apotheke auf frische Ware achten. Zu Hause kühl lagern!

Orangenblütenwasser. Orangenblütenwasser wird bei der Destillation der Orangenblüten gewonnen und wird wegen seines feinen, anregenden Duftes und seiner hautfreundlichen Eigenschaften anstelle reinen Wassers vielseitig verwendet. Man kauft es in der Apotheke. Besonders preisgünstig kauft man Orangenblütenwasser in Frankreich (Eau de fleurs d'Oranges).

Paraffin und Paraffinöl. Beide Stoffe werden aus den hochsiedenden Anteilen des Erdöls und des Braunkohlenteers gewonnen. Sie werden von der Haut nicht resorbiert und besitzen daher keinen biologischen Wert. Beide Rohstoffe werden häufig in kommerziellen Kosmetikprodukten verarbeitet.

Pfefferminzöl. Das Pfefferminzöl ist eine farblose ölige Flüssigkeit von angenehm erfrischendem Geruch, die bei der Wasserdampfdestillation des Pfefferminzkrautes gewonnen wird. Wegen seines belebenden Geschmacks und seiner antiseptischen Wirkung wird es vielseitig verarbeitet, insbesondere in Puder, Mundwässern etc.

Pottasche. Pottasche findet sich in der Asche der meisten Pflanzen, vor allem in Buchenasche, sie wird durch Auslaugen gewonnen. »Pott« kommt aus dem Niederdeutschen und heißt »Topf«, da man früher die Pottasche in Töpfen aufbewahrte und verschickte. Mit Schmierseife verkocht, wie bei der Herstellung von Haarshampoos, bewirkt die Pottasche die Neutralisierung. Unter der lateinischen Bezeichnung Kaliumcarbonat bekommt man die Pottasche beim Apotheker in Form eines weißen, körnigen Pulvers zu kaufen. Man bewahrt die Pottasche an einem trockenen Ort auf, da sie sehr leicht Feuchtigkeit aufnimmt und dann klumpt. Pottasche wird auch in der Küche für die Bäckerei verwendet.

Quebracho-Rinde. Das Holz des südamerikanischen Quebrachobaumes liefert in Verbindung mit Wasser eine schöne hellrote Farbe, ein feines Tizianrot. In Kräuterhandlungen und Apotheken bekommt man die Rinde in kleinen Stückchen zu kaufen, auch unter der lateinischen Bezeichnung Cortex Quebracho.

Rhabarberwurzel. Als Heilpflanze ist die Rhabarberwurzel oder Rhizoma Rheisinensis von alters her geschätzt. Da sie in Verbindung mit Wasser eine sehr schöne goldgelbe Farbe entwickelt, zählt sie außerdem zu den beliebtesten naturreinen Pflanzenfarben für blondes und ergrauendes blondes Haar. Man kann die Rhabarberwurzel in kleinen Wurzelstücken oder in Pulverform beim Apotheker oder in Kräuterhandlungen kaufen.

Rosenöl. Rosenöl wird durch Wasserdampfdestillation der frischen Rosenblätter gewonnen. Haupterzeugungsland ist Bulgarien, auch Südfrankreich. Da die Ausbeute sehr gering ist, ist das Rosenöl recht kostspielig. Man kauft es in der Apotheke nur tropfenweise. Da es sehr intensiv duftet, genügt eine minimale Zugabe von 1–2 Tropfen. Als preiswerterer Ersatz des echten Rosenöls wird in Apotheken auch synthetisches Rosenöl angeboten.

Rosenwasser. Das Rosenwasser fällt als Nebenprodukt bei der Herstellung des Rosenöls ab. Wegen seines belebenden Rosenduftes und der hautverschönernden Wirkung wird es feinsten Cremes und Lotionen anstelle von Wasser zugesetzt.

Rosmarinöl. Rosmarinöl wird durch Wasserdampfdestillation aus den Blättern und frischen Blüten des Rosmarins gewonnen. Es ist ein aromatisch riechendes Öl, das belebend wirkt und antiseptische Eigenschaften besitzt. Man kauft es in der Apotheke unter der Bezeichnung Oleum Rosmarini.

Rotes Sandelholz. Gewonnen wird das rotfärbende Sandelholz vom ostindischen oder westaustralischen Sandelholzbaum. Hauptsächlich wird das Holz in der Parfümerie, Färberei und Seifenindustrie verarbeitet. Unter der lateinischen Bezeichnung Lignum Santali rubri bekommt man die kleinen Sandelholzstückchen in Apotheken und Kräuterhandlungen zu kaufen.

Schmierseife. – Siehe Weiße Schmierseife.

Sesamöl. Sesamöl wird durch Kaltpressung des in Ostindien heimischen Sesamstrauchs gewonnen. Das blaßgelbe, völlig geruchlose Öl wird als Zusatz für Sonnenöle verwendet, da es natürliche Lichtschutzfaktoren enthält. Da das Öl schnell ranzig werden kann, ist beim Einkauf auf frische Ware zu achten. Kühl lagern!

Talkum. Talkum, auch Federweiß genannt, ist ein mineralisches Produkt. Das blütenweiße, sehr feine Pulver wird vor allem für die Herstellung von Wund- und Körperpuder verwendet. Es wirkt entzündungshemmend und austrocknend, es ist sehr weich im Griff und überzieht beim Auftragen die Haut mit einer anhaftenden, feinen Schicht.

Tannin. – Siehe Gerbsäure.

Thymianöl. Das Thymianöl wird aus dem blühenden Kraut des Thymus vulgaris gewonnen. Es ist von braunroter Farbe und von würzigem, sehr angenehmen Geruch. Unter der lateinischen Bezeichnung Oleum Thymi ist es in der Apotheke erhältlich.

Titanoxyd. Titanoxyd wird wegen seiner guten abdeckenden Fähigkeiten gerne für Puder und Schminken verwendet. Es ist ein weißes, sehr feines Pulver, das austrocknend und entzündungshemmend wirkt. Es ist relativ teuer, entfaltet seine guten Eigenschaften aber schon durch den Zusatz geringer Mengen.

Traubenkernöl. Das goldgelbe Traubenkernöl wird durch kalte Pressung aus Traubenkernen gewonnen. Es schmeckt süß und ist reich an ungesättigten Fettsäuren und Vitaminen. Als Speiseöl wird es viel verwendet; da es besonders dünnflüssig ist, kommt es für zahlreiche kosmetische Mittel zum Einsatz.

Tween 80. Tween 80 ist eine klare, ölige Flüssigkeit, die als Emulgator bei der Herstellung von Cremes dient. In der Apotheke wird Tween 80 für die Herstellung medizinischer Salben verwendet, da es die Haut nicht reizen kann. Eine Zugabe von einigen Tropfen genügt, um die verwendeten Fette hydrophil, d. h. wasseraufnahmefähig zu machen. Es entstehen sehr feine, sahnige Cremes.

Vaseline. Vaseline ist eine halbfeste, durchscheinende, zähe Masse, die vollkommen geruchlos ist. Vaseline wird bei der Erdölgewinnung durch Destillation erzeugt. Es wird von der Haut nicht aufgenommen, da es ein mineralisches Fett ist. In medizinischen Salben wird es vielfach verwendet, da es als indifferente Salbengrundlage dienen kann, in die man mit Hilfe geeigneter Emulgatoren Medikamente einarbeitet. Da Vaseline nicht in die Haut eindringt, kann man es für die hausgemachte Kosmetik nur ganz gezielt verwenden, und zwar bei der Herstellung von Präparaten mit Oberflächenwirkung, z. B. Reinigungscremes, Schutzcremes oder Schminken. Für pflegende Präparate ist Vaseline nicht geeignet, denn es würde in einer Creme verarbeitet auf der Haut stehenbleiben und könnte leicht die Poren verstopfen.

Vaselinöl. Vaselinöl ist ein klares, dickflüssiges Mineralöl. Es ist kein pflegendes Öl und sollte, da es nicht in die Haut eindringt, nur in Reinigungspräparaten verarbeitet werden. Achten Sie beim Einkauf darauf, daß Sie kein Paraffinöl statt Vaselinöl bekommen.

Walnuß-Schalen. Die für die Haarfärbung zur Anwendung kommenden Walnußschalen kauft man in Apotheken und Kräuterhandlungen unter der lateinischen Bezeichnung Cortex Juglandis Nuctum. Braunfärbende Walnußschalen werden zum Anfärben kosmetischer Mittel, als Haar- und Stoffarbe verwendet.

Wasserstoffsuperoxyd. Wasserstoffsuperoxyd ist eine klare Flüssigkeit und gilt als eines der stärksten Oxydationsmittel. Es ist mit großer Vorsicht zu gebrauchen, weil es die Substanz des Haares angreift und brüchig macht. Man setzt es in stark verdünnter Lösung zum Bleichen und zur langsamen und dauerhaften Entfernung unerwünschten Haarwuchses ein.

Weiße Schmierseife. Die weiße Schmierseife erhält man in der Apotheke unter der lateinischen Bezeichnung Sapo kalinus albus oder auch unter der Bezeichnung Silberseife. Schmierseife wird – im Gegensatz zur normalen Seifenherstellung – ohne das sogenannte Aussalzen gewonnen. Man bekommt die gereinigte, silbrig schimmernde Schmierseife in Form einer zähen Paste. Die weiße Schmierseife kommt zum Beispiel in Rasierseifen und Haarshampoos zum Einsatz.

Weizenkeimöl. Weizenkeimöl ist ein dünnflüssiges, goldgelbes, angenehm nach Getreide duftendes Öl. Es wird aus den Keimen der Weizenkörner durch Kaltpressung oder Extraktion gewonnen. Lagert man es kühl, trocken und gut verschlossen, kann es kaum ranzig werden.

Das hochwertige Weizenkeimöl, das man in Reformhäusern, Drogerien und Apotheken kaufen kann, enthält hochwertiges Pflanzenlezithin und größere Mengen ungesättigter Fettsäuren, Vitamin E und die Vorstufe des Vitamin A, das Karotin. Weizenkeimöl läßt sich vielseitig verarbeiten, sei es in Cremes oder Hautfunktionsölen oder in der reinen Anwendung. Es wirkt vor allem glättend auf die Haut, auch gegen Hautkrankheiten hat es sich vorzüglich bewährt.

Wollwachsalkohole. Das Lanolin ist eine komplexe Mischung mehrerer chemischer Verbindungen, aus dem sich Bestandteile abtrennen lassen. Die Wollwachsalkohole, auch Wollfettalkohole genannt, sind ein derartiger Bestandteil. Sie sind zu 50 Prozent im Lanolin enthalten und als geraspeltes gelbliches Wachs in der Apotheke erhältlich. Die Wollwachsalkohole sind für die wasserbindende emulgierende Fähigkeit des Lanolins verantwortlich und eignen sich vorzüglich zur Herstellung solcher Cremes, bei denen man auf die kompakte Schwere des Lanolins verzichten will.

Zinköl. Zinköl besteht aus reinem Olivenöl und Zinkoxyd. Es läßt sich gut verstreichen, wirkt heilend und wird vor allem medizinisch zum Einsatz gebracht.

Zinkoxyd. Das weiße Pulver wirkt entzündungshemmend und adstringierend, es wird hauptsächlich Puder zugesetzt und ist der wirksame Bestandteil der Zinksalbe.

Zinksalbe. Bei der Herstellung der Zinksalbe wird einer indifferenten Salbengrundlage das weiße, pulvrige Zinkoxyd zugesetzt, das entzündungshemmend und adstringierend wirkt. Zinksalbe wird vor allem als Heilsalbe gegen Hautkrankheiten verwendet.

Zitronenöl. Unter der lateinischen Bezeichnung Oleum Citri bekommt man das Zitronenöl in der Apotheke. Das Zitronenöl wird aus der Schale der Zitronen gewonnen, es ist ein gelbes Öl von sehr erfrischendem Geruch. Es ist empfindlich gegen Licht und Luft, deshalb bewahrt man es gut verschlossen an einem dunklen Platz auf. Wegen seines belebenden aromatischen Duftes wird das Zitronenöl in der Parfümerie sehr häufig verwendet.

3.
Rezepte
für pflegende
Cremes

Cremes, die Sie
immer brauchen können

CREME SIMON

Zutaten: 10 g Lanolin anhydrid (1 gehäufter Kaffeelöffel)
5 g weißes Wachs
5 g Kakaobutter
40 g süßes Mandelöl
40 g Rosenwasser

Herstellung: Die ersten drei Zutaten werden auf dem kochenden Wasserbad geschmolzen, bis sich alles gut verflüssigt hat. Nun das süße Mandelöl hinzufügen und die Mischung auf 60 Grad erwärmen. Inzwischen wird das Rosenwasser in einem feuerfesten Porzellantöpfchen ebenfalls auf 60 Grad erwärmt. Vom Feuer nehmen. Unter stetigem Rühren mit dem Rührmix wird nun das Rosenwasser in das geschmolzene Fett eingerührt. Mit dem elektrischen Handrührmixer auf kleinster Stufe rühren, bis die Creme erkaltet. In Töpfchen abfüllen. Ideale Lagertemperatur 10 bis 15 Grad.

Wirkung: Die Creme Simon ist eine feine, gutverstreichbare Ceme und eignet sich zur Pflege jeder Haut. Sie wird von Kindern ebensogut vertragen wie von Erwachsenen, und sie eignet sich als Universalcreme für die ganze Familie. Sie sollte sparsam aufgetragen werden, sie pflegt und glättet die Haut.

Zutaten: 5 g Bienenwachs
7 g Kakaobutter
5 g Lanolin anhydrid ($^1/_2$ Kaffeelöffel)
45 g süßes Mandelöl
30 g Hamameliswasser
3 Tropfen Lavendelöl

Zubereitung: Die ersten drei Zutaten auf dem kochenden Wasser schmelzen, das süße Mandelöl hinzufügen und alles auf 60 Grad erwärmen. Das Hamameliswasser in einem feuerfesten Porzellantöpfchen ebenfalls auf 60 Grad erwärmen. Vom Feuer nehmen, das Hamameliswasser in die Fettschmelze geben und mit dem elektrischen Handrührmixer auf kleinster Stufe kaltrühren. Kurz bevor die Creme erkaltet, das Lavendelöl hinzufügen und gründlich einrühren. Die erkaltete Creme in Cremedöschen abfüllen.

Wirkung: Es entsteht eine weiche, geschmeidige Creme, die sich leicht auftragen läßt. Sie wirkt pflegend und gleichzeitig mild entzündungshemmend. Als Tages- und Nachtcreme ist sie gut zu gebrauchen.

Wenn Ihre Haut trocken ist

JOJOBA-SAHNE

Zutaten: 30 g Jojobaöl
10 g Lanolin anhydrid (1 gehäufter Kaffeelöffel)
3 g Kakaobutter
3 g Bienenwachs
40 g Orangenblütenwasser
3 Tropfen Orangenblütenöl

Zubereitung: Lanolin, Bienenwachs und Kakaobutter auf dem kochenden Wasserbad schmelzen. Das Jojobaöl hinzufügen und alles auf 60 Grad erwärmen. Inzwischen in einem feuerfesten Töpfchen auch das Orangenblütenwasser auf 60 Grad erwärmen. Vom Feuer nehmen und das Orangenblütenwasser mit dem Mixer in die Fettschmelze rühren. Auf kleinster Stufe rühren, bis die Creme langsam abkühlt. Mit dem Orangenblütenöl parfümieren und weiter kaltrühren. In Töpfchen abfüllen.

Wirkung: Diese wohltuende Creme gehört zu den empfehlenswertesten für trockene Haut. Fein aufgetragen, ist sie als Tages- und Nachtcreme vorzüglich geeignet. Sie macht die Haut weich und geschmeidig und verhilft bei regelmäßiger Anwendung zu einer sichtbaren Verbesserung des Hautbildes.

AVOCADO-CREME

Zutaten: 5 g Bienenwachs
3 g Kakaobutter
10 g Lanolin (1 gehäufter Kaffeelöffel)
35 g Avocadoöl
40 g destilliertes Wasser
2 Tropfen Rosenöl oder Geraniumöl

Zubereitung: Die ersten drei Zutaten auf dem kochenden Wasserbad schmelzen, dann das Avocadoöl hinzufügen. Inzwischen erwärmen Sie in einem Töpfchen das destillierte Wasser. Sowohl die Fettschmelze als auch das destillierte Wasser sollten eine Temperatur von 60 Grad erreichen. Alles vom Feuer nehmen und mit dem elektrischen Handrührmixer das Wasser in die Fettschmelze einrühren. Auf kleinster Stufe rühren. Ehe die Creme erkaltet, parfümieren und dabei das Parfümöl gründlich einrühren. In Cremetöpfchen abfüllen.

Wirkung: Das Avocadoöl kann man als pflanzliches Öl mit besonderem Wirkstoffcharakter bezeichnen. Es besteht hauptsächlich aus den Glyceriden der Öl-, Linol- und Linolensäure, außerdem enthält es Phytosterine, Vitamin A und E. Kosmetisch verwendet man es daher mit gutem Erfolg bei trockener und schuppender Haut.

Die Avocado-Creme ist eine wunderbare Tages- und Nachtcreme für trockene, strapazierte und müde Haut. Das vitaminreiche Avocadoöl verbindet sich rasch mit dem natürlichen Hautfett, auch gibt die Creme genug Feuchtigkeit an die Haut ab, und so kann man die Avocado-Creme als ideale Pflege für die trockene Haut sehr empfehlen.

WEIZENKEIM-NACHTCREME

Zutaten: 5 g weißes Wachs
             5 g Kakaobutter
             10 g Lanolin (1 gehäufter Kaffeelöffel)
             2 g Wollwachsalkohole
             40 g Weizenkeimöl
             40 g Rosenwasser
             2 Tropfen Rosenöl

Herstellung: Das Wachs schneiden und zusammen mit Kakaobutter, Lanolin und Wollwachsalkoholen auf dem kochenden Wasserbad schmelzen. Das Weizenkeimöl hinzufügen und alles auf 60 Grad erwärmen. In der Zwischenzeit auch das Rosenwasser in einer feuerfesten Schüssel auf 60 Grad erwärmen. Nun rühren Sie die Flüssigkeit mit dem Handrührmixer auf kleinster Stufe in die Schmelze ein. Parfümieren, ehe die Creme erkaltet, und abfüllen.

Wirkung: Die reichhaltige Weizenkeim-Creme ist eine Wohltat für die trockene und spröde Haut. Weizenkeimöl ist reich an Vitamin E, es wirkt vor allem tonisierend und leicht durchblutend auf den Zustand der Haut und so verhilft die Weizenkeim-Creme bei regelmäßiger Anwendung zu einer sichtbaren Verbesserung des Hautbildes. Da die Creme relativ fett ist, eignet sie sich vor allem als Nachtcreme. Fein aufgetragen kann man sie aber auch gut als Tagescreme verwenden, vor allem in der kalten Jahreszeit.

MELISSEN-CREME

Zutaten: 3 g Bienenwachs
3 g Kakaobutter
3 g Wollwachsalkohole
5 g Lanolin anhydrid (¹/₂ Kaffeelöffel)
10 g Jojobaöl
10 g süßes Mandelöl
10 g Weizenkeimöl
40 g Rosenwasser
4 Tropfen Melissenöl

Herstellung: Die ersten vier festen Zutaten werden auf dem kochenden Wasserbad geschmolzen. Sobald eine klare Fettschmelze entstanden ist, die Öle dazugeben und alles auf eine Temperatur von 60 Grad bringen. Nun das Rosenwasser in einem Töpfchen auf 60 Grad erwärmen und anschließend mit dem elektrischen Handrührmixer auf kleinster Stufe in die Fettschmelze rühren. Sobald die Creme handwarm abgekühlt ist, mit dem Melissenöl parfümieren. Weiterrühren bis die Creme erkaltet und in Cremetöpfchen abfüllen.

Wirkung: Seit altersher kennt man die belebende und erfrischende Wirkung des naturreinen Melissenöls. So ist auch die Melissen-Creme speziell zur Behandlung der schlaffen und ermüdeten Haut geeignet. Sie enthält wertvolle Fette und Öle in hautverträglicher, emulgierter Form, sie führt der Haut daher die benötigte Feuchtigkeit in angenehmster Weise zu. Das Weizenkeimöl enthält Hautvitamine und essentielle Fettsäuren, welche die Haut zart und geschmeidig machen, das Jojobaöl gehört ebenfalls zu den hautglättenden und schützenden natürlichen pflanzlichen Ölen.

Die Melissen-Creme kann als Tages- und Nachtcreme verwendet werden.

Wenn Ihre Haut fett und unrein ist

KAMPFER-SAHNE

Zutaten: 5 g weißes Wachs
20 g süßes Mandelöl
3 g Wollwachsalkohole
1 g Kampfer (ein paar Körner)
20 g destilliertes Wasser

Herstellung: Auf dem kochenden Wasserbad zuerst das weiße Wachs schmelzen, dann Wollwachsalkohole, Mandelöl und Kampfer hinzufügen. Auf 60 Grad erwärmen. Nun das destillierte Wasser auf die gleiche Temperatur bringen. Anschließend rührt man die Flüssigkeit mit dem elektrischen Handrührmixer unter die geschmolzene Mischung, bis die Creme erkaltet, dann in einen Cremetopf umfüllen.

Wirkung: Die sahnige Creme eignet sich besonders zur täglichen Pflege der fetten, unreinen Haut. Der Zusatz von Kampfer hat vor allem durchblutende und entzündungshemmende Wirkungen. Die Sahne wird in dünner Schicht aufgetragen und der Überschuß mit einem Tüchlein entfernt. Bald sollte sich eine Besserung der Haut zeigen, d. h. die Hautunreinheiten klingen allmählich ab.

Zutaten: 5 g Bienenwachs
3 g Kakaobutter
10 g Lanolin anhydrid
25 g süßes Mandelöl
15 g Traubenkernöl
30 g Hamameliswasser
4 Tropfen Thymianöl

Herstellung: Die ersten drei Zutaten werden auf dem kochenden Wasserbad geschmolzen. Nun das süße Mandelöl und das Traubenkernöl hinzufügen und alles auf 60 Grad erwärmen. Inzwischen auch das Hamameliswasser auf 60 Grad erwärmen. Nun das Wasser in die Fettschmelze geben und mit elektrischem Handrührmixer kaltrühren. Solange die Creme noch handwarm ist, das Thymianöl einrühren. Weiterrühren bis die Creme erkaltet und in einen Cremetopf umfüllen.

Wirkung: Die herrlich sahnige Creme duftet erfrischend nach Thymian, der wegen seiner heilenden, antiseptischen Wirkungen bekannt ist. Das Thymianöl, gewonnen aus dem blühenden Kraut des Thymian, gehört zu jenen ätherischen Ölen, denen man die beste Heilwirkung bei unreiner und fetter Haut bestätigt. Es gehört allerdings auch zu jenen Ölen, die nicht von jeder Haut gleichermaßen gut vertragen werden, und obwohl seine Heilwirkung unbestritten ist, kann es auch hautreizend wirken. Aber ich meine, es besteht kein Grund, ein gutes Rezept mit Thymianöl unbenannt zu lassen, nur weil es nicht jedermann verträgt. Auch hier besteht ein Vorteil der hausgemachten Kosmetika. Die Rezepturen sind überprüfbar und werden somit überschaubar gemacht. Als Tages- und Nachtcreme ist die Thymian-Creme gut geeignet. Sie klärt die Poren, beruhigt leicht entzündliche Haut und verhilft zu einem schönen klaren Hautbild.

Zutaten: 15 g Zinksalbe
5 g Lanolin (¹/₂ Kaffeelöffel)
10 g Weizenkeimöl
10 g Traubenkernöl
20 g Hamameliswasser

Herstellung: Die Zinksalbe, die man schon fertig in der Apotheke kaufen kann, wird zusammen mit dem Lanolin auf dem kochenden Wasserbad geschmolzen; dann Weizenkeimöl und Traubenkernöl hinzufügen und alles auf 60 Grad erwärmen. Inzwischen das Hamameliswasser in einem feuerfesten Porzellantöpfchen auf 60 Grad erwärmen. Nun das Wasser mit dem Rührmix in die geschmolzenen Fette einrühren. Weiterrühren, bis die Creme erkaltet.

Wirkung: Das in der Zinksalbe enthaltene Zinkoxyd wirkt entzündungshemmend, und auch die weiteren Zutaten dieser feinen Creme, wie etwa das Hamameliswasser, das vitaminreiche Weizenkeim- und Traubenkernöl gehören zu den besten natürlichen Pflegemitteln für fette und unreine Haut. Als Tages- und Nachtcreme kann man den Haut-Balsam verwenden.

PFEFFERMINZ-HAUTCREME

Zutaten: 5 g Kakaobutter
4 g Bienenwachs
10 g Lanolin anhydrid (1 gehäufter Kaffeelöffel)
10 g Weizenkeimöl
10 g Traubenkernöl
20 g Avocadoöl
40 g Hamameliswasser
3 Tropfen Pfefferminzöl

Herstellung: Auf dem kochenden Wasserbad werden zuerst die ersten drei Zutaten geschmolzen. Sobald die Fettschmelze klar ist, geben Sie die Öle dazu und erwärmen alles auf 60 Grad. Daneben das Hamameliswasser ebenfalls auf 60 Grad erwärmen. Mit dem Handrührmixer auf kleinster Stufe in die Fettschmelze einrühren. Sobald die Creme handwarm abgekühlt ist, das Pfefferminzöl einträufeln. Das Pfefferminzöl ist sehr intensiv, sowohl in seinem Geruch als auch in seiner Wirkung, deshalb sollte man vorsichtshalber das Öl mit einer kleinen Pipette einträufeln. Weiterrühren bis die Creme erkaltet, in Cremetöpfchen abfüllen.

Wirkung: Bedingt durch ihren Gehalt an wertvollen Pflanzenölen und dem heilwirksamen Pfefferminzöl, ist diese fein verstreichbare, mild nach Pfefferminze duftende Creme eine Wohltat für schlecht durchblutete, unreine und großporige Haut. Tragen Sie die Creme nach der gründlichen Gesichtsreinigung und Nachbehandlung mit Gesichtswasser hauchdünn auf, und nehmen Sie überschüssige Fettspuren nach kurzer Einwirkungszeit mit einem Papiertüchlein ab. So können Sie die Creme als Tages- und Nachtcreme verwenden.

Für spezielle Zwecke:

FOND DE TEINT

Zutaten: 3 g Wollwachsalkohole
5 g Lanolin ($^1/_2$ Kaffeelöffel)
10 g süßes Mandelöl
20 g destilliertes Wasser oder Rosenwasser
1 g Talkum
1 g Titanoxyd
1–3 g Bolus rubra (roter Ton), je nach Farbgebung

Herstellung: Die ersten beiden Zutaten auf dem kochenden Wasserbad schmelzen, dann das süße Mandelöl dazugeben und alles auf 60 Grad erwärmen. Das destillierte Wasser in einem kleinen Töpfchen auf 60 Grad erwärmen. Talkum, Titanoxyd und roten Ton miteinander vermischen und durch ein kleines

Haarsieb schütteln. Nun das destillierte Wasser in die Fettschmelze geben, ganz kurz mit dem Mixer rühren und die Pudermischung hinzufügen. Weiterrühren, bis die Creme erkaltet.

Wirkung: Zu Beginn des Rührens wirkt der Fond de Teint relativ dunkel. Während die Mischung abkühlt, wird die Farbe heller und ist auf der Haut aufgetragen von mittlerer Tönung. Es ist empfehlenswert, den Fond de Teint einmal mit einer mittleren Tönung von 2 g Bolus rubra herzustellen, dann sieht man die Farbe und kann später entsprechend variieren. Der Fond de Teint deckt gut ab und ist wegen seiner pflegenden Inhaltsstoffe gut zu gebrauchen. Am besten trägt man ihn mit einem Schwämmchen auf, so läßt er sich gleichmäßig über das Gesicht, den Hals und das Dekolleté verteilen.

GETÖNTE TAGESCREME

Zutaten: 5 g Bienenwachs
5 g Kakaobutter
10 g Lanolin (1 gehäufter Kaffeelöffel)
30 g Avocadoöl
40 g Rosenwasser
3 g getönter Puder
2 g Bolus rubral (roter Ton)

Herstellung: Die ersten drei Zutaten auf dem kochenden Wasserbad schmelzen, dann das Avocadoöl hinzufügen. Die Mischung auf eine Temperatur von 60 Grad bringen. Daneben das Rosenwasser ebenfalls auf 60 Grad erwärmen. Den losen getönten Puder mit dem roten Ton vermischen, durch ein kleines Haarsieb schütteln. Nun das Rosenwasser mit dem elektrischen Mixer kurz in die Fettschmelze rühren, die Pudermischung hinzufügen und weiterrühren, bis die Creme erkaltet. Bei der Auswahl der Puderfarbe kann man jeden getönten losen Puder nehmen. Puderbestandteile sind normalerweise in jede getönte Tagescreme eingearbeitet, da sie gut abdecken. Der getönte Puder allein genügt jedoch nicht aus, um der Creme genügend Deckkraft zu verleihen. Der rote Ton, den man in Apotheken unter der Bezeichnung »Bolus rubra« bekommt, gibt der Tagescreme noch mehr Deckkraft und Farbe. Wegen ihrer pflegenden Bestandteile kann man die getönte Tagescreme auch als Hautschutz und Pflegecreme gut gebrauchen.

SPORT-CREME

Zutaten: 5 g Lanolin ($^1/_2$ Kaffeelöffel)
30 g Vaseline
1 Eßlöffel Avocadoöl
40 g destilliertes Wasser
3 Tropfen Lavendelöl (bei Bedarf)

Herstellung: Die ersten zwei Zutaten auf dem Wasserbad zum Schmelzen bringen, dann das Avodadoöl hinzufügen und alles auf 60 Grad erwärmen. Inzwischen das destillierte Wasser ebenfalls auf 60 Grad warm machen und mit dem elektrischen Mixer in die Fettschmelze einrühren. Sobald die Creme handwarm abgekühlt ist, mit dem Lavendelöl parfümieren.

Wirkung: Diese glatte Creme ist gut als Schutzcreme gegen Wind und Wetter geeignet, sie sollte in dünner Schicht auf die zu schützenden Hautpartien aufgetragen werden. Auch als Handcreme kann man die wasserabstoßende Creme gut gebrauchen.

SKI-CREME

Zutaten: 10 g Zinksalbe
5 g Lanolin ($^1/_2$ Kaffeelöffel)
30 g Vaseline
1 Eßlöffel Sesamöl
2 g Bolus rubra (roter Ton)
40 g destilliertes Wasser

Herstellung: Die ersten drei Zutaten werden auf dem Wasserbad geschmolzen, dann das Sesamöl hinzufügen und alles auf 60 Grad erwärmen. In einem getrennten Töpfchen auch das destillierte Wasser auf 60 Grad erwärmen. Nun mit dem elektrischen Mixer das Wasser kurz in die Fettschmelze einrühren, den roten Ton hinzufügen und weiterrühren, bis die Creme erkaltet. In Cremetöpfchen abfüllen.

Wirkung: Chemische Lichtschutzfaktoren sind in Verruf geraten, und deshalb wünschen sich manche Skifahrer wieder die gute alte Vaselinecreme als Schutzcreme beim Skilaufen. Früher setzte man der Vaseline als Lichtschutz Zinksalbe zu und viele Skiläufer werden sich noch an die damals weißen Lippen erinnern.

Wenn man auf die Farbgebung mit rotem Ton verzichtet, bekommt man die »weiße« Schutzcreme. Ich habe ein wenig Farbe dazugegeben und finde die getönte Skicreme so sehr angenehm. Man trägt sie ziemlich dick auf und hat so einen guten Hautschutz vor Wind und Wetter, Sonne und Kälte.

HEILSALBE

Zutaten: 5 g Lanolin
5 g Bienenwachs
3 g Kampfer
20 g Olivenöl
10 g Lebertran
20 g destilliertes Wasser

Herstellung: Bienenwachs und Kampfer auf dem Wasserbad schmelzen, anschließend Lebertran und Olivenöl zufügen und auf 60 Grad erwärmen. Destilliertes Wasser in einem kleinen Töpfchen ebenfalls auf 60 Grad erwärmen und dann das Wasser mit dem Handrührmixer in die geschmolzenen Fette einrühren. »Weitermixen«, bis die Salbe erkaltet, in Cremetopf abfüllen und kühl aufbewahren.

Wirkung: Die Heilsalbe ist sehr gut geeignet, um kleine Verletzungen, Schrunden und Entzündungen zu heilen. Sie wirkt auch gut gegen Insektenstiche und leichte Verbrennungen. Viele junge Leute verwenden die Heilsalbe zur partiellen Anwendung bei unreiner und leicht entzündlicher Haut.

4.
Hautreinigungsmittel

Zutaten: 10 g Kakaobutter
2 g Tween 80 ($^1/_2$ Kaffeelöffel)
2 g Wollwachsalkohole
30 g Vaselinöl
20 g destilliertes Wasser

Herstellung: Zuerst die Kakaobutter auf dem kochenden Wasserbad schmelzen, dann die nächsten drei Zutaten hinzufügen und die Mischung auf 60 Grad erwärmen. Daneben das destillierte Wasser ebenfalls auf 60 Grad bringen. Nun mit dem elektrischen Handrührmixer das destillierte Wasser unter die Fettschmelze rühren. Auf kleinster Stufe rühren bis die Creme erkaltet. In Cremetopf abfüllen.

Anwendung und Wirkung: Diese sahnig leichte, angenehm nach Kakaobutter duftende Creme läßt sich leicht mit den Fingerspitzen über Gesicht und Hals verteilen. Durch den Kontakt mit der warmen Haut schmilzt die Creme und kann anschließend leicht mit einem weichen Papiertuch entfernt werden. Dann wird die Haut gründlich mit warmem Wasser gewaschen und anschließend mit einem erfrischenden Gesichtswasser nachgereinigt.

REINIGUNGSMILCH

Zutaten: 10 g Lanolin
          3 g Wollwachsalkohole
          30 g Vaselinöl
          4 g Tween 80 (1 Kaffeelöffel)
          60 g Orangenblütenwasser
          2 Tropfen Orangenblütenöl (bei Bedarf)

Herstellung: Die ersten vier Zutaten werden auf dem Wasserbad geschmolzen und auf eine Temperatur von 70 Grad erwärmt. Beim Ablesen der Temperatur darauf achten, daß das Thermometerende zwar ganz im Fett untertaucht, den Boden des Topfes aber nicht berührt. Nebenher erwärmt man das Orangenblütenwasser, ebenfalls auf 70 Grad. Nun gießt man die erwärmte Flüssigkeit unter langsamem Rühren mit dem abgekochten Holzkochlöffel in einem Strahl in das geschmolzene Fett. Es entsteht eine vollkommen flüssige Mischung, die sich bei geduldigem Rühren langsam verdickt. Sobald diese Milch abgekühlt ist, hat sie eine schöne sahnige Konsistenz. In eine Flasche abfüllen.

Anwendung und Wirkung: Man verteilt die Reinigungsmilch reichlich mit beiden Händen über Gesicht und Hals und wäscht sie anschließend mit viel warmem Wasser ab. Die Milch reinigt schonend und gründlich, sie wird von jeder Haut gut vertragen. Wie immer wird das Gesicht mit Gesichtswasser nachgereinigt.

HAMAMELIS-REINIGUNGSCREME

Zutaten: 5 g weißes Wachs
          3 g Wollwachsalkohole
          30 g Vaselinöl
          30 g Hamameliswasser

Herstellung: Man schmilzt die ersten drei Zutaten auf dem Wasserbad und bringt die Fettschmelze auf 60 Grad. Daneben erwärmt man auch das Hamameliswasser auf 60 Grad. Mit dem elektrischen Mixer wird nun die erwärmte Flüssigkeit unter das vollständig geschmolzene Fettgemisch gemengt. Wichtig ist, daß man bis zum Erkalten der Creme stetig weiterrührt, damit sich die Flüssigkeit nicht von den Fetten trennt. Wenn die Creme kaltgerührt ist, in Töpfchen abfüllen.

Anwendung und Wirkung: Diese Reinigungscreme ist besonders für fette Haut geeignet. Man verteilt die fein verstreichbare Creme mit den Fingerspitzen über Gesicht und Hals und nimmt sie mit einem weichen Papiertuch ab. Mit warmem Wasser waschen und mit Gesichtswasser nachreinigen.

ROSMARIN-REINIGUNGSCREME

Zutaten: 5 g weißes Wachs
3 g Wollwachsalkohole
30 g Vaselinöl
20 g Rosmarinaufguß
2 Tropfen Rosmarinöl

Herstellung: Zuerst wird der Rosmarinaufguß vorbereitet. Einen gehäuften Eßlöffel Rosmarin mit einer Tasse kochendem Wasser übergießen, bedecken und drei Stunden lang durchziehen lassen. 20 g des gefilterten Rosmarinaufgusses braucht man für die Weiterverarbeitung.

Nun schmilzt man die ersten drei Zutaten auf dem kochenden Wasserbad und bringt die Mischung auf 60 Grad. Den Rosmarinaufguß auf die gleiche Temperatur bringen. Dann gibt man mit dem elektrischen Mixer den erwärmten Rosmarinaufguß unter die Fettschmelze. Auf kleinster Stufe rühren. Sobald die Creme handwarm abgekühlt ist, mit dem Rosmarinöl parfümieren. Weiterrühren bis zum Erkalten. In Töpfchen abfüllen.

Anwendung und Wirkung: Diese herrlich duftende Reinigungscreme ist sehr sahnig und leicht verstreichbar. Man trägt sie auf Gesicht und Hals auf und entfernt sie anschließend mit einem weichen Papiertüchlein. Nun mit viel warmem Wasser nachreinigen, anschließend Gesichtswasser verwenden. Die Rosmarin-Reinigungscreme ist auch für fette und unreine Haut geeignet.

HYDROPHILES REINIGUNGSÖL

Zutaten: 90 g Avocadoöl
10 g Tween 80
3 Tropfen Melissenöl oder Pfefferminzöl

Herstellung: Die ersten zwei Zutaten in eine Flasche füllen und kräftig durchschütteln. Geben Sie nun das Melissenöl oder Pfefferminzöl am besten mit einer Pipette zu, denn wenn man zuviel davon nimmt, könnten beim Waschen mit dem Reinigungsöl die Augen gereizt werden. Pfefferminzöl und Melissenöl haben einen herrlichen Duft. Sie können diese naturreinen ätherischen Öle aber auch durch andere Duftnoten ersetzen, etwa Lavendelöl, Rosen- oder Geraniumöl. Wählen Sie die Duftnote, die Ihnen persönlich am liebsten ist.

Anwendung und Wirkung: Das Hydrophile Reinigungsöl ist ein ideales Waschöl. Zur Entfernung von Öl- und wasserlöslichem Schmutz oder Make-up kann man es gut gebrauchen. Geben Sie etwas Reinigungsöl in die hohle Hand und massieren Sie gleichmäßig das Gesicht, den Hals und das Dekolleté damit ab. Nun spülen und waschen Sie reichlich mit fließendem warmem Wasser nach. Die gut abgetrocknete Haut mit Gesichtswasser nachreinigen. Das Hydrophile Öl ist für jeden Hauttyp geeignet.

HEILKLEIE-REINIGUNG

Zutaten: 1 Tasse feingeschroteten Leinsamen
1 Tasse Weizenkleie

Herstellung: Der Leinsamen und die Weizenkleie werden durch kräftiges Schütteln gut miteinander vermischt.

Anwendung und Wirkung: Bevor man die Weizenkleie-Reinigung anwendet, sollte die Haut von fettlöslichen Schmutzbestandteilchen gereinigt sein. So reinigt man die Haut etwa mit Hydrophilem Reinigungsöl vor. Dann werden Gesicht und Hals mit lauwarmem Wasser befeuchtet. Ein Teelöffel der Kleiemischung wird (in der Hand) mit heißem Wasser zu einem Brei vermengt. Damit reibt man Gesicht und Hals in kreisförmigen Bewegungen sanft ab. Anschließend alles gründlich mit lauwarmem Wasser abspülen. Das Haar sollte man bei dieser Waschung sorgfältig zurückbinden, damit keine Kleiereste im Haaransatz hängenbleiben.

Die Waschung stellt ein hervorragendes Mittel zur Reinigung der fetten, unreinen Haut dar. Durch die leichte Massage werden die Unreinheiten sanft abgerieben und die Haut gut durchblutet, was der Abheilung sehr förderlich ist. Die in der Kleie enthaltenen Schleimstoffe bewirken, daß sich die Haut nach der Waschung zart und seidenweich anfühlt. Verstopfte Poren werden durch die Waschung freigemacht; die Ausscheidung der Talgdrüsen wird erleichtert. Bei starken Hautunreinheiten kann man die Haut täglich mit Heilkleie waschen, sonst sollte man sie etwa zweimal wöchentlich anwenden. Auch für die partielle Anwendung bei Mischhaut ist diese Waschung sehr günstig.

KAMILLENMILCH-REINIGUNG

Zutaten: 10 g Lanolin
3 g Wollwachsalkohole
30 g Vaselinöl
4 g Tween 80 (1 Kaffeelöffel)
60 g destilliertes Wasser
20 Tropfen Kamillentinktur

Herstellung: Die ersten vier Zutaten werden auf dem Wasserbad geschmolzen und auf eine Temperatur von 70 Grad erwärmt. Nebenher erwärmt man das destillierte Wasser, dem man die Kamillentinktur untergerührt hat, ebenfalls auf 70 Grad. Beides vom Feuer nehmen, die erwärmte Flüssigkeit in die Fettschmelze gießen, und mit dem abgekochten Holzkochlöffel verrühren. Es entsteht zunächst eine vollkommen flüssige Mischung, die sich durch geduldiges und regelmäßiges Rühren beim Abkühlen langsam eindickt und die gewünschte Konsistenz erhält. In eine Flasche abfüllen.

Anwendung und Wirkung: Die Milch wird mit den Händen reichlich über Gesicht und Hals verteilt und anschließend mit viel lauwarmem Wasser, bei leicht massierenden Bewegungen, abgewaschen. Die Milch reinigt schonend und gründlich, sie ist daher besonders für trockene und alternde Haut geeignet. Wie nach jeder Reinigung werden Gesicht, Hals und Dekolleté mit Gesichtswasser nachgereinigt, um überschüssige Cremereste zu entfernen und den pH-Wert der Haut rasch zu regenerieren.

WEIZENKLEIE-WASCHUNG

Zutaten: 100 g Weizenkleie
1 kleine Flasche Kamillentinktur

Anwendung und Wirkung: Man füllt ein halbes Waschbecken mit lauwarmem Wasser, gibt eine Handvoll Weizenkleie hinein und träufelt etwa 20–30 Tropfen Kamillentinktur dazu. Mit der weichen Mischung wäscht man das Gesicht mit leicht kreisenden Bewegungen ab und spült anschließend mit klarem, lauwarmem Wasser nach. Die Waschung eignet sich sehr gut zur Reinigung der trockenen, schlecht durchbluteten Haut und kann beliebig oft angewendet werden.

5.
Gesichtswässer
und Lotionen

Gesichtswässer und Lotionen reinigen, klären, erfrischen, beleben, stimulieren und heilen die Haut. Neben solchen Gesichtswässern, die man für einen längeren Gebrauch herstellt, lassen sich in der Küche vielerlei frische Mittel finden, die man zu schnellem Gebrauch als Gesichtswasser anwenden kann: frischer Karottensaft, Buttermilch, frischer Gurkensaft, Tomatensaft, Erdbeersaft, frische süße Sahne, Petersilien und Pfefferminztee sind ideale Mittel, um die Haut zu erfrischen und zu beleben. Während alle Milchprodukte ein gutes Tonikum für die trockene Haut sind, helfen Tomate, Erdbeere und Gurke gegen die fette, unreine Haut. Auch manche leichten Duftwässer, die man zur Cremeherstellung braucht, sind als erfrischende Gesichtswässer geeignet: Rosenwasser, Orangenblütenwasser oder Hamameliswasser.

Bei der Herstellung von Gesichtswasser, das zu längerem Gebrauch bestimmt ist, spielen vor allem die Heilkräuter eine wichtige Rolle. Man nützt ihre vielseitigen, guten Eigenschaften für die Schönheitspflege, indem man verschiedene Kräuter sorgfältig aufeinander abstimmt und wäßrige oder alkoholische Auszüge herstellt. In jeder Kräuterhandlung oder Apotheke finden Sie alle gewünschten Kräuter. Pflanzen Sie sich Ihre Lieblingskräuter selbst an und verarbeiten Sie die frischen oder getrockneten Kräuter! Verwenden Sie Kräuter, die Ihrer Haut guttun, auch zum Würzen der Speisen – die innere und äußere Behandlung der Haut wird die besten Ergebnisse bringen.

GURKENWASSER

Zutaten: 40 g Gurkensaft
40 g Hamameliswasser
20 g Rosenwasser

Herstellung: Man hobelt eine ungespritzte, sauber gewaschene Gurke in feine Stücke und filtert nach ca. einer Stunde den inzwischen gezogenen Gurkensaft ab.

Einfacher noch läßt sich der Gurkensaft im Entsafter gewinnen. Saftgut durch ein feinmaschiges Leinentüchlein filtern. Gurkensaft mit Hamamelis- und Rosenwasser vermischen, abfüllen in Glasflasche.

Anwendung und Wirkung: Die Gurke ist als gutes altes Hausmittel zur Pflege und Verfeinerung der Haut seit langem bekannt. Die hautfreundliche Wirkung des Gurkensaftes beruht vor allem auf seinem Gehalt an Schwefel, Vitamin A und C, Schleimstoffe und Enzyme. Das hier vorgeschlagene Rezept ist zu raschem Verbrauch bestimmt; die Lotion ist einfach herzustellen und ist trotzdem ein hochwirksames Schönheitswasser. Es wirkt vor allem hautglättend und erfrischend, leicht adstringierend und entzündungshemmend.

ENGLISCHES HONIGWASSER

Zutaten: 3 g Bienenhonig ($^1/_2$ Kaffeelöffel)
50 g Rosenwasser
50 g Orangenblütenwasser
25 g Alkohol 70%
3 Tropfen Melissenöl

Herstellung: Man vermischt Rosenwasser und Orangenblütenwasser miteinander, erwärmt die Mischung leicht und löst den Bienenhonig darin auf. Das Melissenöl im Alkohol lösen und alles miteinander vermischen.

Anwendung und Wirkung: Dieses milde, aromatische Gesichtswasser ist besonders zur Belebung der zarten, leicht ermüdeten

Haut zu empfehlen. Es ist hervorragend für die Behandlung der trockenen Altershaut, besonders als Nachreinigung.

MILLE-FLEURS-WASSER

Zutaten: 50 g Rosenwasser
50 g Orangenblütenwasser
25 g Hamameliswasser
10 Tropfen Benzoetinktur

Herstellung: Mischen Sie Rosen-, Orangenblüten- und Hamameliswasser gut miteinander und fügen Sie unter kräftigem Rühren die Benzoetinktur hinzu.

Anwendung und Wirkung: Mille-Fleurs-Wasser ist ein besonders mildes Gesichtswasser für die empfindliche und trockene Haut. Es erfrischt und ist zur Nachreinigung gut geeignet. Es verströmt einen feinen blumigen Duft.

KRÄUTERLOTION FÜR EMPFINDLICHE HAUT

Zutaten: 2 Eßlöffel Kamillenblüten
1 Eßlöffel Huflattichblüten
1 Eßlöffel Stiefmütterchen
1 Eßlöffel Salbei
30 g Alkohol 70%
10 Tropfen Kamillentinktur
100 g destilliertes Wasser
30 g Rosenwasser

*Herstellung:*Die getrockneten Kräuter werden in einer kleinen Glas- oder Porzellanschüssel vermischt, der Alkohol darübergegossen und mit dem destillierten Wasser durchtränkt, bis alles mit Flüssigkeit bedeckt ist. Mit einem Leinentuch oder einer Folie wird die Schüssel bedeckt über Nacht an einem kühlen Platz stehengelassen. Nach dieser Zeit haben die getrockneten Pflanzen einen Teil der Flüssigkeit aufgesaugt. Nun wird der gleichzeitig wäßrige und alkoholische Kräuterauszug abgeseiht. Geben Sie dazu die Mischung zuerst in ein feinmaschiges Haarsieb, lassen Sie den Auszug durchlaufen und drücken dabei die durchtränkten Kräuter gut aus. Der gewonnene Aufguß muß nun klargefiltert werden, denn feine Restbestandteile der Pflanzen könnten die Kräuterlotion rasch verderben lassen. Filtern Sie den Aufguß durch Kaffeefilterpapier klar. Um das Filterverfahren zu vereinfachen, und auch die Weiterverarbeitung, kann man einen gründlich gereinigten Trichter auf eine mit Meßeinheiten gekennzeichnete Jenaer Babynahrungsflasche setzen. In den kleinen Trichter legt man das Filterpapier, und während der Kräuterauszug durchläuft, kann man schon die Menge der gewonnenen Flüssigkeit ablesen. Dem klargefilterten Kräuterauszug das Rosenwasser und die Kamillentinktur zufügen, in dunkle Glasflasche abfüllen und einmal kräftig durchschütteln.

Anwendung und Wirkung: Bei dieser fein duftenden Lotion stehen die heilenden, klärenden und beruhigenden Wirkstoffe der Kamille im Vordergrund. Die Lotion wirkt wunderbar beruhigend und erfrischend auf die trockene, empfindliche Haut. Drücken Sie einen Wattebausch unter warmem Wasser aus, befeuchten Sie ihn mit der Kräuterlotion und reiben Sie sanft Gesicht und Hals damit ab. Zur Nachreinigung ist die Kräuterlotion bestens geeignet.

FRÜHLINGS-GESICHTSWASSER FÜR UNREINE HAUT

Zutaten: 1 Handvoll getr. Huflattichblüten
100 g Hamameliswasser
20 g Alkohol 70%
1 Eßlöffel Obstessig

Herstellung: Man übergießt in einer kleinen Schale den Huflattich mit Hamameliswasser, Alkohol und Obstessig und läßt die Mischung über Nacht an einem kühlen Ort abgedeckt durchziehen. Am nächsten Tag seiht man den Kräuterauszug zunächst durch ein feinmaschiges Küchensieb ab und drückt dabei die Pflanzenrückstände gut aus. Die gewonnene Flüssigkeit anschließend durch Kaffeefilterpapier klarfiltern und in dunkle Glasflasche abfüllen.

Anwendung und Wirkung: Daß dieses Gesichtswasser insbesondere für die Haut mit fetter Tendenz geeignet ist, beruht auf den fein aufeinander abgestimmten Wirkstoffen: So wirkt der Huflattich heilend und antiseptisch; er ist im Pflanzenreich die Schwefeldroge schlechthin. Auch die im Hamameliswasser anzutreffenden Gerbstoffe sind eine Wohltat für die zu Unreinheiten neigende, fette Haut; der Obstessig sorgt außerdem für gute pH-Werte zum Schutz des Hautsäuremantels.

Ein Wattepad wird gut unter warmem Wasser ausgedrückt und mit Frühlings-Gesichtswasser beträufelt. Gesicht und Hals sanft abreiben. Bei sehr unreiner Haut kann man den mit Gesichtswasser beträufelten Wattebausch als partiell anzuwendende Kompresse verwenden.

JUNGFERN-MILCH

Zutaten: 130 g Rosenwasser
           5 g Benzoetinktur
          10 Tropfen Myrrhentinktur

Herstellung: Die Benzoetinktur wird in eine Glas- oder Porzellanschale gegeben; mit einem nichtmetallenen Löffel das Rosenwasser langsam unterrühren. Dann gibt man unter Rühren die Myrrhentinktur dazu und filtert anschließend die Flüssigeit durch einen Papierfilter in eine Glasflasche ab.

Anwendung und Wirkung: Es entsteht eine angenehm duftende, milchige Lotion, die desinfizierend und entzündungshemmend wirkt. Sie ist daher hervorragend für die jugendliche, zu entzündlichen Prozessen neigende Haut geeignet. Wegen ihrer guten Reinigungswirkung kann sie aber auch zur Nachreinigung der fetten Haut verwendet werden. Sie schließt die Poren und macht die Haut samtig weich.

Zutaten: 100 g Hamameliswasser
20 g Alkohol 70%
2 g Milchsäure
1,5 g Kampfer (ein paar Körnchen)
2 Tropfen Lavendelöl (bei Bedarf)

Herstellung: Lösen Sie zunächst den Kampfer und das Lavendelöl im Alkohol auf; geben Sie die Milchsäure in das Hamameliswasser. Nun schütten Sie die beiden Flüssigkeiten zusammen in eine Flasche und schütteln alles gut durch.

Anwendung und Wirkung: Diese Lotion ist besonders zur Pflege der unreinen, zu entzündlichen Pickeln neigenden Haut gedacht. Der Kampfer wirkt entzündungshemmend und fördert die Durchblutung. Die Auflösung von fettigen und verhornten Hautpickeln und Schuppen wird durch den Alkohol und Milchsäurezusatz in milder Weise unterstützt. Die gute adstringierende Wirkung des Hamameliswassers rundet den wirkungsvollen Gehalt dieser Lotion ab.

KRÄUTERLOTION FÜR AKNE-HAUT

Zutaten: 1 Eßlöffel Ehrenpreis
1 Eßlöffel Huflattichblüten
1 Eßlöffel Kamillenblüten
1 Kaffeelöffel Queckenwurzeln
30 g Alkohol 70% (25 g + 5 g)
100 g destilliertes Wasser
1 g Kampfer
5 Tropfen Milchsäure
30 g Hamameliswasser

Herstellung: Die ersten vier getrockneten Zutaten, die man in Kräuterhandlungen kaufen kann, werden in einer kleinen Glas- oder Porzellanschüssel gut miteinander vermischt. 25 g des Alkohols und destilliertes Wasser darübergießen, bis alles gut durchtränkt ist. Die Schüssel mit einer Alufolie oder einem Leinentuch fest abdecken, so daß der Inhalt vor Verunreinigung geschützt ist; über Nacht an einen kühlen Platz stellen. Am nächsten Tag wird der gleichzeitig wäßrige und alkoholische Kräuterauszug abgeseiht. Dazu geben Sie die Mischung in ein feinmaschiges Haarsieb, lassen die Flüssigkeit durchlaufen und drücken dabei die durchtränkten Kräuter gut aus. Der gewonnene Aufguß muß nun klargefiltert werden, deshalb läßt man ihn durch Kaffeefilterpapier laufen. Das Filtern ist sehr wichtig, denn feine Restbestandteile der Pflanzen könnten die Kräuterlotion rasch verderben lassen.

Nun lösen Sie in den verbliebenen 5 g Alkohol die Kampferkörnchen auf und träufeln die Milchsäure dazu. Die Mischung in den Kräuterauszug geben und mit dem Hamameliswasser aufgießen. In dunkle Glasflasche abfüllen.

Anwendung und Wirkung: Die fein abgestimmte Kräutermischung enthält ein weitgestreutes Spektrum an Wirkstoffen: Gerbstoffe wirken kontrahierend und antiseptisch; Kieselsäure fördert die vermehrte Durchblutung des Gewebes, Schwefel wirkt ebenfalls antiseptisch und klärend, die enthaltenen Schleimstoffe dienen als Schutzstoffe bei entzündungsbereiter Epidermis. Diese vielfältigen Heilwirkungen der Kräuter werden durch die Zugabe von Kampfer unterstützt. Die Lotion hat eine schöne goldbraune Farbe und einen feinen, würzigen Geruch.

Ein Wattebausch wird unter warmem Wasser gut ausgedrückt, mit der Kräuterlotion beträufelt und Gesicht, Hals und Dekolleté sanft damit abgerieben. Wer an Hautunreinheiten an den Oberarmen und am Rücken zu leiden hat, sollte täglich diese leicht entzündlichen Hautstellen mit der Kräuterlotion behandeln.

Zutaten: 1 Eßlöffel Zinnkraut
1 Eßlöffel Huflattichblüten
1 Eßlöffel Kamillenblüten
1 Eßlöffel Rosmarin
1 Eßlöffel Melissenblätter
35 g Alkohol 70% (30 g + 5 g)
100 g destilliertes Wasser
1 g Menthol
40 g Rosenwasser

Herstellung: Die getrockneten Kräuter werden in eine kleine Glas- oder Porzellanschüssel gefüllt und gut miteinander vermischt. 30 g Alkohol und destilliertes Wasser nachgießen, bis alles durchtränkt ist. Die Schüssel mit Haushaltsfolie oder Leinentuch gut verschließen und über Nacht durchziehen lassen. Dann wird der gleichzeitig alkoholische und wäßrige Kräuterauszug abgeseiht, zunächst durch ein feinmaschiges Haarsieb, wobei Sie die Kräuterrückstände gut auspressen. Anschließend filtern Sie die Flüssigkeit durch Kaffeefilterpapier klar. Nun in den 5 g Alkohol Menthol lösen und zusammen mit dem Rosenwasser dem klargefilterten Kräuterauszug untermischen. In eine dunkle Flasche abfüllen.

Anwendung und Wirkung: Das goldbraune Kräuterwasser riecht sehr angenehm und erfrischend. Es klärt die Haut, es wirkt belebend und reinigend. Die gut abgestimmte Mischung von Heilkräutern verhilft bei regelmäßiger Anwendung zu einer sichtbaren Verbesserung des Hautbildes von fetter und unreiner Haut.

Drücken Sie unter warmem Wasser einen Wattebausch aus, beträufeln Sie ihn mit Kräuterwasser und reiben Sie sanft das Gesicht und den Hals damit ab. Als Nachreinigung ist das Kräuterwasser sehr gut geeignet.

Zutaten: 1 Eßlöffel Melissenblätter
1 Eßlöffel Salbei
1 Kaffeelöffel Weidenrinde
1 Kaffeelöffel Tormentillwurzel
20 g Alkohol 70%
100 g destilliertes Wasser
1 kleine Prise Alaun
40 g Hamameliswasser

Herstellung: Die ersten vier getrockneten Zutaten, die man in der Kräuterhandlung kaufen kann, in eine kleine Glas- oder Porzellanschüssel geben und vermengen. Den Alkohol und das destillierte Wasser darübergießen, bis alles gut mit Flüssigkeit bedeckt ist. Die Mischung mit Folie oder Leinentuch bedecken und über Nacht an einen kühlen Platz stellen.

Am nächsten Tag wird der gleichzeitig alkoholische und wäßrige Kräuterauszug abgeseiht, zunächst durch ein feinmaschiges Haarsieb, wobei Sie die Kräuterrückstände fest auspressen. Anschließend wird die goldrote Flüssigkeit durch Kaffeefilterpapier klargefiltert. Nun wird das Hamameliswasser leicht erwärmt und der Alaun darin aufgelöst. Beide Flüssigkeiten zusammengießen und tüchtig durchschütteln. In dunkler Flasche aufbewahren.

Anwendung und Wirkung: Diese Kräuterlotion enthält in reichlicher Menge adstringierende Wirkstoffe, die bei der Behandlung der großporigen, fetten Haut wichtig sind. Der Zusatz von Alaun ist dafür besonders wirksam. Die goldrot schimmernde Lotion verströmt einen sehr erfrischenden, balsamischen Duft.

Einen gut durchfeuchteten Wattebausch beträufeln Sie mit Kräuterwasser und reiben Gesicht und Hals sanft damit ab. Bei regelmäßiger Anwendung werden Sie feststellen, daß sich das Hautbild verbessert, die Poren frisch und klar werden.

Zutaten: 50 g Rosmarin
^{1}/$_2$ Zitrone
^{1}/$_2$ Orange
1 Eßlöffel Pfefferminze
30 g Alkohol 70%
100 g destilliertes Wasser
Rosenwasser bei Bedarf

Herstellung: Man schält von der Hälfte einer ungespritzten Zitrone und Orange ganz dünn die äußerste Schale ab. Dann füllt man eine Glas- oder Porzellanschüssel mit dem getrockneten Rosmarin und der Pfefferminze und mischt die zerkleinerten Schalen darunter. Man übergießt die Mischung mit Alkohol und füllt mit destilliertem Wasser auf, bis alles mit Flüssigkeit bedeckt ist. Nun bindet man die Schüssel mit einer Haushaltsfolie ringsherum gut ab, damit kein Schmutz eindringen kann. Zum Durchziehen stellt man die Schüssel über Nacht an einen kühlen Platz.

Am nächsten Tag wird der Kräuterauszug abgeseiht. Zuerst die Mischung durch ein feinmaschiges Haarsieb laufen lassen und dabei die Kräuterrückstände gut auspressen. Anschließend wird die goldbraune Flüssigkeit durch Kaffeefilterpapier klargefiltert. Setzen Sie den Kaffeefilter – oder einen Trichter mit Kaffeefilterpapier – gleich auf einen Meßbecher, dann läßt sich die Menge der gewonnenen Flüssigkeit sofort ablesen. Während die Pflanzen über Nacht durchziehen, nehmen sie erfahrungsgemäß unterschiedlich viel Flüssigkeit auf. Nach der obigen Rezeptur gewinnt man 100 g Ungarn-Wasser nach dem Klarfiltern. Der Auszug ist relativ konzentriert. Sie können ihn nach Belieben verdünnen, am einfachsten und wirksamsten mit Rosenwasser.

Anwendung und Wirkung: Diese goldbraune, aromatisch nach Rosmarin duftende Kräuterlotion verdankt ihren Namen einer ungarischen Königin, die sich damit bis ins hohe Alter ihr jugendliches Aussehen bewahrt haben soll. Für fette Haut ist diese Lotion besonders geeignet: sie wirkt durchblutungsfördernd, tonisierend und glättend.

Beträufeln Sie einen gut durchfeuchteten Wattebausch mit Ungarn-Wasser und reiben Sie Gesicht und Hals sanft damit ab. Zur Nachreinigung ist das Ungarn-Wasser gut geeignet, es regeneriert nach der Reinigung rasch den Hautsäuremantel und verhilft zu einer gründlichen und schonenden Klärung der Poren.

ZITRONEN-LOTION

Zutaten: 70 g gefilterten Zitronensaft
1 g Milchsäure
70 g Petersilienwasser
30 g Alkohol 70%

Herstellung: Ein Sträußchen Petersilie läßt man über Nacht in der angegebenen Menge von 70 g destilliertem Wasser durchziehen. Petersilie vorher gut waschen! Am nächsten Tag filtert man die Flüssigkeit ab, löst darin die Milchsäure und fügt den gefilterten Zitronensaft und den Alkohol zu.

Wirkung: Diese Lotion sorgt für eine hautschonende Aufhellung des Teints, sie macht die Haut frisch und klar und wirkt leicht porenverengend. Sie ist besonders zur Pflege der fetten, leicht schuppenden Haut geeignet.

ORANGEN-TONIKUM

Zutaten: 2–3 ungespritzte Orangen
1 große Tasse naturreiner Obstessig
Destilliertes Wasser

Herstellung: Die Orangenschalen hauchdünn abschälen. Achten Sie darauf, daß kein weißes, pelziges Fleisch am Innern der Schalen hängenbleibt. Die gelbe Oberhaut in kleine Stücke schneiden und in ein gut verschließbares Glas füllen. Die Schalen werden nun mit dem Obstessig übergossen, bis alles bedeckt ist. Diese Mischung stellt man an einen warmen Platz oder in die Sonne und läßt alles zwei Wochen lang durchziehen. Achten Sie darauf, daß die Schalen immer gut mit Essig bedeckt sind, und gießen Sie eventuell ein wenig nach. Nach zwei Wochen filtern Sie die Flüssigkeit durch Kaffeefilterpapier, am besten gleich in einen Meßbecher, damit Sie die Menge der gewonnenen Flüssigkeit ablesen können. Der Auszug darf nur verdünnt angewendet werden; man rechnet nochmals die gleiche Menge destilliertes Wasser zur Verdünnung. Für experimentierfreudige Kosmetik-Köchinnen hier noch einige Varianten: Sie können das Orangen-Tonikum statt mit destilliertem Wasser auch mit Orangenblütenwasser aufgießen, das verleiht ihm einen schönen Duft. Wenn Sie den Orangenduft noch intensiver haben wollen, lösen Sie ein paar Tröpfchen Apfelsinenschalenöl in wenig Alkohol und geben es der Mischung bei.

Anwendung und Wirkung: Das Orangen-Tonikum ist ein stimulierendes Mittel für schlaffe und großporige Haut. Das adstringierende Öl der Orangenschale wirkt pflegend auf die Haut, während der saure pH-Wert des Gesichtswassers zu einer raschen Regenerierung des Hautsäuremantels nach der Reinigung verhilft. Drücken Sie einen Wattebausch unter Wasser aus, beträufeln Sie ihn mit dem Orangen-Tonikum und reiben Sie Gesicht und Hals sanft ab.

RASIERWASSER

Zutaten: 25 g Orangenblütenwasser
25 g Rosenwasser
25 g Hamameliswasser
30 g reinen Alkohol 96%
0,2 g Menthol
1 g Alaun (kleine Prise)

Herstellung: Lösen Sie 0,2 g Menthol, das sind nur ein paar Körnchen, im Alkohol auf. Das Rosen-, Hamamelis- und Orangenblütenwasser vermischen, einen Eßlöffel davon erwärmen und das Alaun darin auflösen. Sämtliche Mischungen nun zusammengießen und gut durchschütteln, in eine Glasflasche abfüllen.

Wirkung: Dieses Rasierwasser hilft, die nach dem Rasiervorgang irritierte Haut zu beruhigen, da es adstringierende und entzündungshemmende Zusätze enthält. Es wirkt sehr erfrischend und hat einen sehr angenehmen, leicht herben Duft.

Ist nach Ihrer Meinung das Rasierwasser zu wenig parfümiert, setzen Sie ein paar Tropfen eines herben Parfüms zu, zum Beispiel Calèche von Hermès. Lösen Sie jedoch zuvor das Parfüm in Alkohol auf.

6.
Kompressen,
Gesichtsdampfbäder,
Packungen
und Gesichtsmasken

Die Kompresse

Kompressen sind ein hervorragendes Mittel, um müde, welke, schlecht durchblutete und trockene Haut zu erfrischen. Heiße und warme Kompressen erweichen die Hornschicht der Haut, sie fördern die Durchblutung und reinigen die Poren. Die bei der Kompresse verwendeten Kräuterzusätze können reinigend, belebend, durchblutend, adstringierend und antiseptisch wirken, das hängt von der richtigen Auswahl der Zutaten ab. Wenn man nach einem langen Arbeitstag am Abend noch frisch aussehen möchte, hilft eine Kompresse, um die Haut zu erfrischen, ihr ein glattes rosiges Aussehen zu verleihen. Je nach Beschaffenheit der Haut setzt man nicht nur den Kräuterzusatz, sondern auch den Hitze- oder Kältegrad der Kompresse fest.

Anwendung: Bereiten Sie den gewünschten Kräuteraufguß, indem Sie zwei Handvoll der gewählten Kräuter mit etwa zwei Liter kochend heißem Wasser übergießen. Lassen Sie die Kräuter etwa 10 Minuten ziehen und seihen Sie die Flüssigkeit in eine Schüssel ab. Stellen Sie eine zweite Schüssel mit kaltem Wasser bereit. Verwenden Sie zwei saubere Tücher, tauchen Sie eines davon in das heiße Kräuterwasser, drücken Sie es aus und legen es, so heiß Sie es vertragen können, auf das gut gereinigte Gesicht auf. Legen Sie sich dazu entspannt hin, die Beine hochgelagert, denn ein wesentlicher Faktor der guten Wirkung ist der absolute Ruhezustand des Körpers und der Gesichtsmuskulatur. Versuchen Sie sich auch geistig zu entspannen, verlangsamen Sie die Atmung, das fällt unter der Kompresse nicht schwer. Verschieben Sie das Hauptgewicht der Atmung in den Bauch, legen Sie die Hände auf das Zwerchfell und fühlen Sie der Atmung nach, das beruhigt und entspannt.

Nach einer Einwirkungszeit von etwa 5 bis 10 Minuten nehmen Sie jetzt das kalte Tuch aus dem Wasser und legen es etwa drei bis fünf Minuten auf das Gesicht. Die ganze Prozedur wiederholt man etwa dreimal, bis man alle Müdigkeit aus dem Gesicht vertrieben hat. Mit ein paar Tricks kann man nachhelfen, das kalte Wasser kalt und das warme Wasser warm zu halten. Geben Sie in das kalte Wasser eine Handvoll Eiswürfel und stellen Sie den Kräuteraufguß auf einen Rechaud oder auf eine Wärmeplatte. Wenn Sie die Kompressen häufig anwenden, empfiehlt es sich, die immer wieder verwendeten Tücher mit einem Schlitz für die Nase zu versehen.

Die Reizwirkungen der Wechselkompresse sind nicht für jede Haut ratsam. Hat man unter geplatzten Äderchen zu leiden, sollte man allzu heißes oder kaltes Wasser meiden und nur eine lauwarme Kräuterkompresse auflegen. Auch bei trockener Haut ist Vorsicht am Platze, man legt am besten die Kompresse nur kalt oder feuchtwarm auf, das führt der Haut die notwendige Feuchtigkeit zu, ohne sie zu strapazieren. Besonders gute Erfolge erzielt man mit der heiß/kalten Wechselkompresse bei fetter, unreiner und schlaffer Haut. Man sollte sie dann aber nicht öfter als einmal in der Woche anwenden.

Der Hitze- und Kältegrad der Kompresse richtet sich nach der Hautbeschaffenheit. Im allgemeinen läßt sich für die Anwendung folgende Faustregel aufstellen:

Normale Haut:
feuchtwarme oder heiß/kalte Wechselkompresse
Trockene Haut:
feuchtwarme oder kühle Kompresse
Fette und unreine Haut:
heiß/kalte Wechselkompresse
Mischhaut:
partielle Anwendung oder feuchtwarme Kompresse
Alternde Haut:
feuchtwarme, kühle, nur gelegentlich heiß/kalte Wechselkompresse

Die ausschließlich kalte Kompresse wendet man nur zur Erfrischung an, die ausschließlich heiße Kompresse, der keine kalte Auflage mehr folgt, ist zur Vorbereitung der nachfolgenden kosmetischen Behandlung gut geeignet. Nach ihrer Anwendung lassen sich die erweiterten Poren mit Lotionen betupfen, Mitesser befreien, Gesichtsmasken und Massagen anwenden.

Die heiße Kompresse wirkt nicht allein für das Gesicht wahre Wunder, nach einem alten japanischen Hausrezept lockert sie auch die Spannung im Nacken, unter der besonders Leute zu leiden haben, die den ganzen Tag sitzend verbringen. Für die Nackenkompresse wringt man das Handtuch in möglichst heißem Kräuterwasser aus und legt es mehrmals, so heiß man es verträgt, auf den Nacken.

Das Gesichtsdampfbad

Trotz der täglichen Reinigung braucht die Haut eine gelegentliche Generalreinigung, besonders dann, wenn man in stark schmutzender Umgebung lebt und die Haut Ruß, Staub und Abgasen ausgesetzt ist. Die tägliche normale Reinigung des Gesichts reicht unter diesen Bedingungen nicht aus, um die Poren gründlich zu säubern und alle abgestorbenen Hornzellen zu entfernen. Das Gesichtsdampfbad regt die Durchblutung der Haut an, und der zugefügte Kräuterzusatz kann mit Hilfe des warmen Dampfes die gewünschte Wirkung noch verstärken. Was die Haut während eines Dampfbads alles herausschwitzt, wird man feststellen, wenn man mit einer Papierserviette das dampfnasse Gesicht abtupft.

Anwendung: Man überbrüht eine Handvoll Kräuter oder Blüten mit einem Liter kochendem Wasser; die Pflanzen sollen nicht gekocht werden, da sie auf diese Weise wertvolle Werkstoffe verlieren. Man beugt das Gesicht tief über den dampfenden Topf und breitet wie ein Zelt ein Frotteehandtuch über Kopf und Schüssel aus, damit kein Dampf entweichen kann. Unter dieser Sauna schwitzt man die angegebene Zeit und tupft anschließend das Gesicht mit einem Kosmetiktuch ab. Je nach der Beschaffenheit der Haut bestimmt man den Hitzegrad und die Zeitdauer für das Dampfbad:

Normale Haut:
etwa fünf Minuten – heiß
Trockene Haut:
nur gelegentlich zwei bis drei Minuten – feuchtwarm
Fette und unreine Haut:
etwa acht bis zehn Minuten – heiß
Mischhaut:
etwa drei bis fünf Minuten – feuchtwarm
Alternde Haut:
je nach Beschaffenheit feuchtwarm bis heiß, mit entsprechender Zeitdauer.

Nach dem Dampfbad muß das Gesicht erfrischt werden. Bei unempfindlicher Haut spritzt man das Gesicht mit eiskaltem Wasser ab, bei trockener Haut oder Mischhaut nimmt man nur lauwarmes Wasser oder Milch. Nach dem Dampfbad ist die Haut gut vorbereitet für eine leichte Gesichtsmassage oder die nachfolgende Behandlung mit einer Gesichtsmaske.

Das Schwitzen ist eines der besten Schönheitsmittel, um eine frische, rosige und gut durchblutete Haut zu bekommen – es ist auch eine wirksame vorbeugende Maßnahme gegen das frühzeitige Altern, da die kräftige Durchblutung dazu beiträgt, die Gewebe zu festigen und die Muskulatur zu stärken. Nehmen Sie deshalb auch andere Gelegenheiten wahr, die Haut zum Schwitzen zu bringen – beim Spazierengehen, beim Sport, überm Kochtopf oder im Badezimmer.

Kräuterzusätze für Kompressen und Gesichtsdampfbäder

Die Wirkung der Heilkräuter spielt seit Menschengedenken eine große Rolle in der Kosmetik. Voraussetzung für ihre Anwendung ist, daß man über die Inhaltsstoffe der Pflanzen und über ihre spezielle Wirkung Bescheid weiß. Hier seien einige der für die Kosmetik wichtigsten Kräuter angeführt. Man erhält sie getrocknet in Kräuterhandlungen, Bioläden, in Apotheken oder im Reformhaus.

Alant. Die Alantwurzel wird im Herbst geerntet. Man teilt sie der Länge nach und läßt sie im Schatten trocknen. Sie enthält Inulin, ätherisches Öl, Alantsäure, Kampfer, Azulen und Wachs.
Wirkung: Die feingeschnittene Wurzel wird in einem feuerfesten Porzellantopf bedeckt 20 Minuten schwach sieden gelassen und der abgeseihte Sud zu Umschlägen oder Kompressen gegen unreine Haut verwendet.

Arnika. Die Arnikablüten und das blühende Arinkakraut enthalten Arnicin, ätherisches Öl, Gerbsäure, Harze, Fettsäuren, Inulin, Gallussäure, Ameisensäure und Wachs.
Wirkung: Arnika ist in erster Linie ein heilsames Wundkraut; man nutzt seine Wirkung und setzt dem Gesichtsdampfbad eine schwache Handvoll Arnikablüten zu, wenn man unter sehr unreiner Haut zu leiden hat.

Borretsch. Die schmackhaften Borretschblätter werden im frühen Sommer gesammelt und im Schatten getrocknet. Sie enthalten pflanzliche Schleimstoffe, etwas ätherisches Öl und Gerbstoff. Die Bezeichnung Borretsch stammt aus der lateinischen Bezeichnung »Borrago«, dieser Name wurde dem arabischen »abo-rag« entlehnt, das heißt: »Vater des Schweißes.«
Wirkung: Bei innerlicher wie bei äußerlicher Anwendung wirken die Borretschblätter stark schweißtreibend; als Aufguß oder Kompresse günstig für welke, müde und schlecht durchblutete Haut.

Brunnenkresse. Das frische Kraut der Kresse enthält Mineralstoffe, Eisen und Jod. Frischer Kressesaft ist ein schönheitsförderndes Mittel, sowohl bei innerer wie auch bei äußerer Anwendung.
Wirkung: Feuchtwarme Kompressen reinigen und klären die Haut, vertreiben Mitesser und verstopfte Poren. In der Volksheilkunde verwendet man auch das frisch zerstoßene Kraut, um Sommersprossen zu bleichen.

Fenchel. Die heilkräftige Wirkung des Fenchel liegt in den Wurzeln, die ätherische Öle, fette Öle und Eiweißsubstanzen enthalten.
Wirkung: Die heilende Wirkung des Fenchel ist uns besonders als Hustenmittel bekannt. Der Zusatz von Fenchel im Dampfbad hilft aber nicht nur, verstopfte Atemwege zu reinigen, er wirkt durch seinen hohen Ölgehalt wunderbar glättend und schonend bei trockener und spröder Haut.

Hamamelis. Der Hamamelis oder »Zaubernuß-Hexen-Hasel-Strauch« kann die Höhe eines Baumes bis zu sieben Metern erreichen und blüht gelb vom Herbst bis zum Winter. In den Blättern, in der Rinde und den Zweigen finden sich, besonders im Spätherbst, wirksame Inhaltsstoffe, vor allem Gerbstoffe, Wachs, Fett, Harz und ein intensiv duftendes ätherisches Öl.
Wirkung: Hamamelis ist eines der bestbewährten Schönheitsmittel, das sich vielseitig einsetzen läßt. Die Blätter im Dampfbad oder der Sud als Kompresse haben hochaktive adstringierende Eigenschaften, ohne die Haut zu strapazieren. Hamamelis wirkt durchblutend und entzündungshemmend und wird auch von der empfindlichen Haut gut vertragen.

Huflattich. Blüten und Blätter des Huflattich enthalten pflanzlichen Schleim, Gerbstoff, ätherisches Öl, Kalium, Natrium, Kalzium, Magnesium, salpetersaure Salze und Schwefel. Die alten Naturheilkundigen und auch Pfarrer Kneipp waren voll des Lobes über die heilenden Fähigkeiten des Huflattich.
Wirkung: Der Schwefelgehalt des Huflattich ist besonders gut geeignet, die unschönen Merkmale der fetten Haut zu bekämp-

fen. Huflattich wirkt gegen Hautunreinheit und bringt Entzündungen schnell zum Abklingen. So führt auch die regelmäßige Anwendung eines Gesichtsdampfbads mit Huflattich zu einer eindeutigen Verbesserung der übermäßigen Talgdrüsenaktivität.

Johanniskraut. In der Volksheilkunde gilt das Johanniskraut als eine der wertvollsten Heilpflanzen. Die Blüten und das blühende Kraut sind reich an Bitterstoffen, Gerbstoff, Kohlehydraten, Harz, Eiweiß, verschiedenen Säuren und Stearin.
Wirkung: Die heilenden Kräfte des Johanniskrauts wirken in Dampfbädern und Kompressen reinigend, klärend, erfrischend und belebend und werden von der fetten, unreinen Haut ebensogut vertragen wie von der leicht entzündeten Mischhaut.

Kamille. Für die Schönheit und Gesundheit ist die Pflanze unendlich wertvoll. Wenn man die Kamille selbst sammeln will, muß man auf das Wetter achten, denn nur bei strahlender Sonne entwickelt die Pflanze ihren intensivsten Gehalt. Die Kamillenblüte ist reich an schönheitsfördernden Wirkstoffen: ätherisches Öl, Harz, Gummi, Wachs, Fett, organische Säuren und das kostbare Kamillenöl sind in ihr enthalten.
Wirkung: Für Dampfbäder, Kompressen und Umschläge ist ein Zusatz von Kamillenblüten wunderbar geeignet, er wird von jeder Haut vertragen und wirkt günstig bei trockener und spröder Haut. Kamille klärt, reinigt, beruhigt und wirkt entzündungshemmend. Als Kräuterkompresse verwendet, mischt man drei Anteile Kamille mit je einem Anteil Lindenblüten, Rosmarin und Salbei, gibt die Kräutermischung in einen Mullsack und legt ihn kurz in kochendheißes Wasser. Dann breitet man ein Mulltuch übers Gesicht und legt die Sackkompresse darauf, so heiß, wie man es vertragen kann. Durch erneutes Eintauchen ins Wasser erwärmt man die Auflage ein zweites Mal. Wirkt erfrischend und belebend für jede Haut.

Lindenblüte. Die Heilkraft der Lindenblüte steht seit altersher in hohem Ansehen, auch in Mythos und Sage spielt sie eine bedeutende Rolle. Ihre Blüten enthalten vor allem schweißtreibende Glykoside, Gummi, pflanzlichen Schleim, ätherisches Öl, Zukker, Kohlenwasserstoff und Vimanin C.

Wirkung: Die schweißtreibende Kraft der Lindenblüten läßt sich innerlich wie äußerlich ausnutzen. Die Lindenblüte entschlackt die Haut und reinigt sie gründlich von schädlichen Giftstoffen. Auch eine Mischung von je einer Handvoll Lindenblüten und Kamillenblüten sind als reinigende und heilende Zusätze für jede Haut geeignet.

Melisse. Die Melisse, auch Zitronenmelisse genannt, strömt den Duft ihres ätherischen Öls, das Oleum Melissae, verschwenderisch aus. An heißen Tagen ist der süßliche, zitronenähnliche Geruch von weitem wahrnehmbar. Die Blätter und blühenden Sprossen der Melisse enthalten vor allem Mineralsalze, Gerbstoffe und ein flüchtiges ätherisches Öl. Am bekanntesten wurde die gute Wirkung der Melisse durch den »Melissengeist«, der vom Orden der barfüßigen Karmeliter 1611 in Paris als geheimes Wundermittel gegen alle Arten von Leiden angewendet wurde. *Wirkung:* In einem mittelalterlichen Kräuterbuch heißt es über die Melisse, »sie stärket und schärfet das Gesichte«. Tatsächlich wirkt die Melisse als Kräuterzusatz erfrischend und entkrampfend bei müder, alternder Haut. Auch bei Migräne hat sich das Melissendampfbad gut bewährt.

Petersilie. Daß die gute alte Küchenpetersilie einen guten Ruf als Heilpflanze genießt, möchte man kaum glauben. Sie ist ein treuer Wächter über unsere Gesundheit, sie hilft, schweres Essen leichter verdaulich zu machen, denn sie verfügt über blähungstreibende, krampfstillende und gärungswidrige Fähigkeiten. Die Petersilie enthält vor allem ätherisches Öl mit dem darin enthaltenen Petersilienkampfer Apiol, daneben Öl und eine Reihe von Mineralstoffen. Auch die Petersilienwurzel ist reich an guten Wirkstoffen, und man sollte sie beim Kochen nicht achtlos in den Abfalleimer werfen. *Wirkung:* Frische oder getrocknete Petersilie im Dampfbad oder als Kompresse wirkt durchblutungsfördernd, entzündungshemmend und beruhigend, besonders bei nervöser, überreizter Haut.

Pfefferminze. Die Heilwirkung der Pfefferminze wird vor allem durch das Pfefferminzöl ausgelöst, das die Pflanze in hohem

Maße enthält, aber auch durch Menthol, Gerb- und Bitterstoffe. Pfefferminzgeruch wird für viele kosmetische Mittel künstlich hergestellt, ist aber ein wertloses Ersatzmittel.

Wirkung: Abgesehen von seiner hervorragenden Wirkung bei der innerlichen Anwendung wirkt der Zusatz von Pfefferminze in der kosmetischen Verwendung belebend und adstringierend, besonders bei fetter, unreiner und großporiger Haut. Auch bei beginnenden Erkältungen hilft das Pfefferminzdampfbad, die verstopften Atemwege zu reinigen.

Rose. Die einfache Gartenrose ist ein altbewährtes Schönheitsmittel, denn die Blätter, die man in der Vollblüte sammeln sollte, enthalten ätherische Öle, Fett, Gerbstoffe, Zucker, Zitronen- und Apfelsäure. In der Volksheilkunde steht die gute Wirkung der Rosenblätter in hohem Ansehen, und auch in der Homöopathie wendet man die Essenz der Rosenblätter als Herz- und Nervenstärkungsmittel an.

Wirkung: Der Zusatz von Rosenblättern für die äußerliche Anwendung von Gesichtsdampfbädern und Kompressen wird von jeder Haut vertragen. Man gibt zwei Handvoll Blätter in etwa 1 1/2 Liter kochendheißes Wasser, läßt etwa 10 Minuten ziehen und wärmt nochmals auf, ohne die Blätter zum Kochen zu bringen. Die Wirkung auf die Haut ist glättend und beruhigend.

Rosmarin. Die durchblutungsfördernde Kraft des Rosmarin macht ihn zu einem vielseitig verwendbaren Schönheitsmittel. In der Antike war der Rosmarin der griechischen Göttin Aphrodite, der Göttin der Liebe und der Schönheit, geweiht; man schmückte nicht nur die Statuen der Götter mit einem Kranz aus Rosmarinblüten, auch den Kindern und Jungvermählten schenkte man Rosmarinzweige, um sie an die glücklichsten Augenblicke des Lebens zu erinnern.

Wirkung: Rosmarin wirkt durchblutungsfördernd, er macht die müde, abgespannte Haut munter, zart und weich. Seine Wirkung ist leicht gefäßerweiternd. Früher war man der Meinung, daß er als Wirkstoff gegen großporige und fette Haut ungeeignet sei, inzwischen hat man aber festgestellt, daß die leicht gefäßerweiternde Wirkung gerade bei der fetten, zu übermäßiger Talgabsonderung neigenden Haut gute Wirkung hat, da der Abfluß der Sekretion erleichtert wird. Wendet man den Rosmarin bei fetter Haut an, sollte man nach dem Gesichtsdampfbad kaltes Wasser oder ein adstringierendes Gesichtswasser gebrauchen.

Salbei. Vom echten Salbei sammelt man nur die Blätter von der Blüte, die im Schatten getrocknet werden müssen. Der Geruch der Blätter sagt schon viel über ihre Wirkung aus: sie riechen balsamisch, würzig, stark nach Kampfer. Salbei enthält verschiedene ätherische Öle, Kampfer, Gerbstoff, Stärke und Eiweiß. *Wirkung:* Der Salbei ist wie geschaffen für die Behandlung der fetten, unreinen Haut. Er reinigt, adstringiert, er führt den überflüssigen Talg schonend aus der Haut und hilft, entzündete Hautstellen zu heilen. Gemischt mit Zinnkraut und Kamille läßt er sich auch als erfrischende Kräuterkompresse auflegen. (Anwendung siehe unter Kamille.)

Schafgarbe. Achillea milleflium nennt man lateinisch die Schafgarbe. Achilles gebrauchte ihren Saft, um seine Verletzungen zu heilen. Das blühende Kraut enthält vor allem ätherisches Öl und Azulen; das Öl der Schafgarbe hat eine keim- und entzündungshemmende Wirkung. Auch das in der Schafgarbe vorzufindende Harz, Inulin, Eiweiß, Phosphat, Vitamin A und Chlorophyll spricht für seine guten Fähigkeiten bei innerer und äußerer Anwendung. *Wirkung:* Die frisch verarbeitete Schafgarbe wirkt gut bei fetter und unreiner Haut. Die Pflanze ist jedoch insofern mit Vorsicht zu gebrauchen, da sie allergische Reaktionen auslösen kann. Bei großer Empfindlichkeit und Neigung zu Allergien und Hautrötungen sollte man deshalb die Schafgarbe meiden.

Thymian. Das Thymiankraut ist eine hocharomatische Pflanze, die ein hochwertiges ätherisches Öl, das Thymol, ferner Borneol, Gerbstoffe, Glykoside und Harze enthält. Der Gehalt des Thymianöls hängt vom Standort der Pflanze und vom Klima ab. Auch wenn man das Thymol inzwischen chemisch herstellen kann, so wird doch das natürliche Produkt dem künstlichen immer vorzuziehen sein. *Wirkung:* Thymian ist eine stark antiseptisch wirkende Pflanze und ist gut gegen alle Entzündungen und Unreinheiten der

Haut. Es öffnet und reinigt die Poren und reguliert die Tätigkeit der Talgdrüsen. Ein alter Rat aus dem Mittelalter besagt: »Wer ein unreines Gesicht hat, gebe viel Thymian in die Speisen.« Auch für partielle Auflagen bei unreinen Hautstellen eignet sich Thymian vorzüglich.

Weißdorn. Die schneeweißen Blüten des Weißdornstrauchs, der gern mit dem Schlehdorn verwechselt wird, sammelt man von Mai bis Mitte Juni und läßt sie an der Luft trocknen. Die Blüten und Früchte enthalten ätherisches Öl, Kalium, Natrium und phosphorsaure Salze.
Wirkung: Als »Schlafmütze« bezeichnet der Volksmund die Weißdornblüte, denn als Tee getrunken wirkt sie beruhigend und nervenstärkend. Und auch bei äußerlicher Anwendung helfen die kleinen weißen Blüten, trockene und nervöse Haut zu besänftigen.

Zinnkraut. Im Zinnkraut findet man hauptsächlich Kieselsäure, organische Säuren, Kalk- und Natriumsalze, Eisen, Magnesium, Aluminium- und Kaliumchlorid. Die guten Heilwirkungen der blütenlosen Pflanze waren schon im Altertum bekannt, man setzte sie vor allem für Kieselsäuretherapien ein. Sogar neuere Forschungsergebnisse berechtigen zu der Annahme, daß das Zinnkraut bei innerer Einnahme durch Teeaufbrühung Geschwüre heilen hilft.
Wirkung: Das Zinnkraut hat eine zusammenziehende und porenverengende Wirkung. Bei Hautflechten, Ekzemen, unreinen Poren und Mitessern tut es gute Dienste.

Packungen und Masken

Der Unterschied zwischen einer Packung und einer Maske besteht darin, daß die Packung aus einer luftdurchlässigen Auflage besteht, während die Maske die Haut nach dem Trocknen der Auflage luftundurchlässig abschließen soll. Die Packung bleibt auf der Haut porös und muß nicht unbedingt naß abgenommen werden; die Maske muß nach einer entsprechenden Einwirkungszeit mit Wasser oder einer feuchten Kompresse entfernt werden. Den feinen Unterschied zwischen der Bezeichnung Packung und Maske gebraucht man nur in der deutsche Sprache; im Englischen versteht man unter »Pack« sowohl Maske wie Packung, und auch im Französischen umfaßt der Begriff »Masque« beide Arten der Auflage.

Maske und Packung haben unterschiedliche Wirkungen auf die Haut. Die Packung erfrischt, belebt, ist entzündungshemmend, adstringierend oder porenerweiternd, je nach der Auswahl, die man für die Auflage trifft. Die Maske dagegen wirkt durch ihre verfestigende Fähigkeit stark durchblutend, straffend, aber auch nährend und beruhigend. Die Maske sollte man nicht so häufig anwenden wie die Packung, am besten nur für besondere Gelegenheiten, denn meist ist ihre Wirkung nicht von allzu langer Dauer. Nach einer Gesichtsmaske ist zwar die Haut sehr schön durchblutet, die Falten sind geglättet, und die Haut wirkt rosig und gekräftigt; dauerhaft anhaltend ist die Wirkung jedoch nur, wenn die Maske auch nährende und aufbauende Stoffe enthält.

Anwendung: Vor jeder Behandlung mit einer Maske oder Packung muß die Haut gründlich gereinigt werden; besonders aufnahmefähig wird sie, wenn man vor der Anwendung eine warme Kompresse auflegt.

Man bereitet alles vor, was man braucht: die fertig zubereitete Auflage, eine Spachtel oder einen Pinsel zum Auftragen der breiigen Masse, mit Augenlotion getränkte Wattebäusche oder feuchtwarme Kamillenteebeutel, eine elastische Binde oder ein Handtuch, um das Haar zurückzubinden, eine Schüssel mit warmem Wasser oder warmem Kräuterabsud sowie ein Kompressentuch zum Abwaschen.

Einzelne Regionen des Gesichts werden beim Auftragen der Maske immer frei gelassen: die Augen und ihre unmittelbare Umgebung, die Augenbrauen und der vordere Teil des Halses, die Haut über der Schilddrüse. Das Auftragen der breiigen Auflagen beginnt am Kinn, über die äußeren Wangenpartien hinauf bis zur Stirn, bis diese vollständig bedeckt ist. Von der Nase ausgehend streicht man die Auflage, mit ein wenig Abstand, unter den Augen entlang über die Wangen auf. Die Haut unter den Augenbrauen bleibt frei. Zum Schluß bestreicht man die Nase, zuerst den Nasenrücken und dann die Seiten. Der Hals wird immer von unten nach oben eingestrichen. Die Auflage wirkt besonders intensiv, wenn man sich ruhig hinlegt, die Beine hochgelagert und während der Einwirkungszeit entspannt liegenbleibt. Danach nimmt man die Auflage ohne Reiben und Zerren mit Wasser oder Kräuterabsud ab. Bei erstarrten Masken legt man ein feuchtes Kompressentuch auf, bis die Maske auf der Haut langsam erweicht.

Nach der Behandlung spült man mit lauwarmem und am Schluß mit kühlem oder kaltem Wasser, je nach Hautverträglichkeit, nach und verwendet zur anschließenden Pflege ein erfrischendes Gesichtswasser.

Geeignet für jede Haut

CREME-PACKUNG

Frisch zubereitete Hautcremes eignen sich gut als verbandartige, dicke Auflage. Man trägt sie fingerdick auf und läßt sie mindestens 30 Minuten einwirken. Bei fetter, unreiner und entzündeter Haut eignet sich auch eine Cremeauflage aus reiner Zinksalbe. Die Cremepackung wird ohne Wasser mit einem Zellstofftuch abgenommen.

Wirkung: Die Cremepackung hat einen glättenden und nährenden Effekt; nach ihrer Anwendung wirkt die Haut gesättigt und gut durchblutet.

ERDBEER-PACKUNG

Man zerdrückt einige frische, gut gewaschene Erdbeeren mit der Gabel und rührt sie mit etwas Hautcreme, süßer Sahne und einem Teelöffel reinen Bienenhonig zu einer Paste, die man auf Gesicht und Hals etwa 20 Minuten einwirken läßt. Erdbeeren sind ein bewährtes Schönheitsmittel, ihr hoher Schwefelgehalt wirkt sich sehr günstig auf den Teint aus. Man kann auch mit frischen, zerteilten Erdbeeren das Gesicht abreiben und den Saft eine Weile einwirken lassen.

Wirkung: Vorsicht bei allergisch reagierender Haut! Für normale, trockene und Mischhaut wirkt die Erdbeerpackung nährend und beruhigend.

HAFERMEHL-MASKE

Man vermisçht ein paar Löffel ungebleichtes Hafermehl aus dem Reformhaus mit frischer Sahne, bis eine streichfähige Paste entsteht. Will man die Maske heiß ansetzen, nimmt man heiße Milch und fügt der Paste ein paar Tropfen Zitronensaft zu. Einwirkungszeit 20 Minuten. Mit feuchtwarmer Kompresse abnehmen.

Wirkung: Die kalt angesetzte Hafermehlmaske mit Sahne wirkt erfrischend und reinigend, sie ist auch für die trockene, empfindliche Haut geeignet. Die heiß aufgetragene Maske wirkt reinigend, aber auch zugleich durchblutungsfördernd, besonders bei unreiner Haut.

HONIG-GELEE-STRAFFUNGSMASKE

3,5 g Gelatine werden mit 10 g Rosenwasser (Apotheke) übergossen und zum Quellen gebracht, dann werden weitere 20 g Rosenwasser dazugegeben und das Ganze im Wasserbad erwärmt, bis die Mischung sich verflüssigt. In einem zweiten Wasserbad erhitzt man 20 g destilliertes Wasser zusammen mit 10 g

Bienenhonig, anschließend rührt man die beiden Mischungen zusammen. Sobald die Mischung geliert, wird sie dünn auf Gesicht und Hals gestrichen, nach 30 Minuten mit heißem Wasser abnehmen, anschließend kalt nachspülen.

Wirkung: Die Herstellung der Spannmaske ist etwas umständlich, die angegebenen Mengen sind deshalb für mehrmaligen Gebrauch gedacht. Die Mischung sollte kühl gelagert werden; vor Gebrauch im Wasserbad leicht erwärmen. Die Maske ist gut verträglich für jede Haut.

KRÄUTER-PACKUNG

Zwei bis drei Eßlöffeln Quark setzt man eine Handvoll frischgehackter Petersilie zu. Den Brei auftragen und nach einer Einwirkungszeit von 30 Minuten warm abwaschen. Damit die Auflage nicht abrutscht, legt man eine feine Mullkompresse darüber.

Wirkung: Erfrischend und beruhigend; für nervöse, strapazierte (Großstadt-)Haut gut geeignet.

MANDELMEHL-REINIGUNGSMASKE

Man verrührt etwas Mandelmehl mit warmer Milch zu einem dicken Brei und trägt ihn auf Gesicht und Hals auf. Nach etwa 15 Minuten mit warmem und zum Schluß mit kaltem Wasser abspülen.

Wirkung: Reinigend und glättend, für jede Haut geeignet.

PFIRSICH-PACKUNG

Man zerquetscht wenig Pfirsich, vermischt das Fleisch mit Creme und verteilt die Paste über Gesicht und Hals. Mit feuchter Kompresse abdecken und nach 20 Minuten lauwarm abwaschen.

Wirkung: Erfrischt und glättet, gut für jede Haut.

SALAT-PACKUNG

Große, gut gewaschene Salatblätter vom grünen Salat in Olivenöl tauchen, abtropfen lassen und mit etwas Zitronensaft beträufeln. Aufs Gesicht legen, fest andrücken und eine feuchte Kompresse darüberbreiten. Nach 25 Minuten abnehmen.

Wirkung: Sehr erfrischend und beruhigend, für jede Haut geeignet.

SCHWEDISCHE SCHÖNHEITSPACKUNG

3 Eßlöffel Quark werden mit süßer Sahne und einem Eßlöffel Bienenhonig zu einer festen Creme verrührt, die man auf Gesicht und Hals streicht. Der Honig soll nicht erwärmt werden.

Wirkung: Reinigend und glättend; wird von jeder Haut gut vertragen.

WEIZENMEHL-MASKE

Man verrührt etwas ungebleichtes Weizenmehl mit warmer Milch und angewärmtem Honig zu einem dicken Brei. Statt Milch kann man auch einen warmen Kräuterabsud aus Kamille oder Lindenblüten zugeben, wobei sich der Zusatz von Honig erübrigt. Den warmen Brei dick auftragen und nach 15 Minuten mit warmer Milch oder Kräuterwasser abwaschen.

Wirkung: Reinigend und glättend, für die Mischhaut gut geeignet.

ZITRONEN-REINIGUNGSPACKUNG

Man teilt eine ungespritzte Zitrone in zwei Hälften, drückt eine Hälfte aus und füllt sie mit einem Eigelb. Einige Stunden stehenlassen. Das Eigelb nimmt ätherische Öle aus der Zitronenschale auf. Wenn man die Packung aufträgt, setzt man dem Eigelb noch einige Tropfen Zitronensaft zu. Nach 20 Minuten Einwirkungszeit warm abwaschen und kalt nachspülen.

Wirkung: Reinigend, adstringierend und glättend.

Für trockene, empfindliche Haut

AVOCADO-PACKUNG

Eine reife, weiche Avodadofrucht wird der Länge nach geteilt und das Fruchtfleisch einer Hälfte mit einem halben Eigelb zu einer streichfähigen Paste verrührt und mit ein paar Tropfen Zitronensaft vermischt. Auf Gesicht und Hals auftragen, 20 Minuten einwirken lassen, warm abwaschen.

Wirkung: Nährend und belebend für trockene, spröde und empfindliche Haut.

BANANEN-PACKUNG

Eine Banane wird mit der Gabel zerdrückt und mit ein wenig Sahne oder Quark zu einem festen Brei verrührt. Den Brei auf die Haut auftragen und nach etwa 15 Minuten mit lauwarmem Wasser abnehmen.

Wirkung: Glättet und belebt trockene, empfindliche Haut.

EIGELB-MASKE

Ein Eigelb und ein Teelöffel Bienenhonig werden mit ein paar Tropfen frischem Olivenöl verquirlt. Mit dem Pinsel auftragen und nach etwa 20 Minuten Einwirkungszeit mit warmem Wasser abspülen.

Wirkung: Nährend und glättend, für empfindliche und trockene Haut geeignet.

EIGELB-REINIGUNGSMASKE

Ein Eigelb wird mit ein paar Tropfen süßem Mandelöl und mit ein paar Tropfen Zitronensaft zu einer Mayonnaise verrührt. Gesicht und Hals damit bestreichen und 5 bis 10 Minuten einziehen lassen; mit lauwarmem Wasser abnehmen.

Wirkung: Reinigend und erfrischend bei empfindlicher Haut.

HAFERFLOCKEN-PACKUNG

Zwei Eßlöffel feinste Haferflocken mit warmer Milch oder Sahne zu einem Brei verrühren und etwas quellen lassen. Auf Gesicht und Hals auftragen, nach etwa 20 Minuten mit lauwarmer Milch abwaschen.

Wirkung: Glättend und nährend, für normale, trockene und empfindliche Haut geeignet.

HIMBEER-PACKUNG

Man zerdrückt eine Handvoll frischer Himbeeren mit der Gabel und verrührt sie mit etwas Hautcreme, süßem Rahm und einem Teelöffel Bienenhonig zu einer streichfähigen Paste, die man auf Gesicht und Hals aufträgt. Mit feuchter Kompresse abdecken und nach 20 Minuten warm abwaschen.

Wirkung: Nährend und glättend, bei trockener, empfindlicher Haut.

KAROTTEN-PACKUNG

Man vermischt ein Eigelb mit einigen Tropfen Olivenöl und etwas frischem Karottensaft zu einer Mayonnaise. Über Gesicht und Hals verteilen, nach 30 Minuten warm abwaschen.

Wirkung: Nährend bei trockener Haut.

MAYONNAISE-PACKUNG

Man verrührt einige Tropfen Zitronensaft mit einem halben Eigelb und schlägt so lange frisches Olivenöl dazu, bis eine Mayonnaise entsteht. Auf Gesicht und Hals streichen, etwa eine halbe
Stunde einwirken lassen und anschließend mit warmem Wasser
abwaschen.

Wirkung: Nährend und glättend bei trockener, spröder und ab-
gespannter Haut.

ÖL-PACKUNG

Die Ölpackung wird nicht direkt auf die Haut aufgetragen; man
tränkt ein gesichtsgroßes Stück Watte, in das man Löcher für
Mund und Nase geformt hat, mit angewärmtem, frischen Olivenöl, Mandelöl, Weizenkeimöl oder Avocadoöl. Man läßt den
Belag mindestens 25 Minuten auf die Haut einwirken und tupft
anschließend das überschüssige Öl mit einer Papierserviette ab.

Wirkung: Das warme Öl ist ein vorzügliches Mittel, um trok-
kene, spröde und nervöse Haut zu beruhigen und zu glätten.

PASTA POPPAEANA

Das klassische Rezept dieser Mehlpackung besteht aus einem
dicken warmen Brei aus Weizenmehl und warmer Milch. Um die
Auflage warmzuhalten, legt man nach der Anwendung eine
feuchtwarme Kompresse über das Gesicht. Nach 20 Minuten
mit warmer Milch abwaschen.

Wirkung: Glättend und nährend; für trockene, empfindliche
und Mischhaut geeignet.

QUARK-HONIG-PACKUNG

Zwei Eßlöffel Quark werden mit einem Eßlöffel erwärmtem Bienenhonig verrührt. Ist die Haut sehr trocken, gibt man noch ein paar Tropfen süßes Mandelöl dazu. Nach einer Einwirkungszeit von 30 Minuten lauwarm abwaschen.

Wirkung: Erfrischend und glättend bei trockener und spröder Haut.

SÜSSE SAHNE-PACKUNG

Zwei Eßlöffel Quark werden mit süßer Sahne und einem halben Eidotter zu einer Paste verrührt. 15 Minuten einwirken lassen.

Wirkung: Belebend und reinigend, glättend und nährend für die trockene und überempfindliche Haut.

Für fette, unreine und problematische Haut

EIWEISS-MASKE

Eiweiß wirkt stark spannend und porenverengend, man sollte es deshalb nur dann verwenden, wenn man zu einem bestimmten Anlaß schnell die müde und abgespannte Haut munter machen möchte. Man kann das Eiweiß entweder direkt auf die Haut auftragen oder das zu Schnee geschlagene Eiweiß auflegen, wobei man noch einige Tropfen Zitronensaft untermischt. Nach etwa 10 Minuten Einwirkungszeit mit lauwarmem Zitronenwasser abwaschen.

Wirkung: Glättend und belebend, für fette, schlecht durchblutete und alternde Haut geeignet.

GURKEN-PACKUNG

Man verteilt die dünn aufgeschnittenen Gurkenscheiben auf Gesicht und Hals und legt eine feuchte Kompresse darüber, damit die Scheiben nicht verrutschen können und feucht bleiben. Etwa 20 Minuten einwirken lassen.

Wirkung: Adstringierend und erfrischend, gut gegen große Poren bei unreiner und fetter Haut.

HEFE-KUR

Bei unreiner Haut wendet man die Hefe-Kur sowohl innerlich wie äußerlich an: täglich zweimal, am besten morgens und abends, schluckt man ein haselnußgroßes Stück frische Backhefe und legt zweimal wöchentlich eine Hefe-Gesichtspackung auf. Die Packung bereitet man zu, indem man die Backhefe mit lauwarmer Milch zu einem streichfähigen Brei verrührt, der mit dem Pinsel auf Gesicht und Hals aufgetragen wird. Sobald die Masse erstarrt ist, mit lauwarmem Wasser abwaschen. Die Hefe-Kur sollte man etwa vier bis sechs Wochen durchführen, am besten im Frühjahr und Herbst.

Wirkung: Reinigend und glättend bei unreiner Haut.

HEILERDE-MASKE

Als Grundlage für einen Brei ist die Heilerde gut geeignet mit verschiedenen Flüssigkeiten vermischt zu werden, wodurch sich jeweils unterschiedliche Wirkungen erzielen lassen. Heilerde, nur mit warmem Wasser zu einem Brei verrührt, spannt und strafft die großporige, fahle und fette Haut und ist auch für Auflagen an unreinen Hautpartien des Rückens und der Oberarme geeignet. Einwirkungszeit: Bis die Auflage fest wird.

Will man die stark spannende und straffende Wirkung der Heilerde abmildern, setzt man dem Brei, je nach Bedarf, süße Sahne, Eigelb, süßes Mandelöl oder einen warmen Kräuterabsud bei, z. B. Kamillentee oder Salbeitee bei unreiner Haut. Auch frischgepreßter Gurken- oder Karottensaft kommen in Frage.

Wirkung: Heilend, straffend, porenverengend. Für die fette Haut oder zur partiellen Anwendung bei unreinen Hautstellen geeignet.

HOLLYWOOD-MASKE

Zwei Eßlöffel Hafermehl werden mit einem Eiweiß vermischt und mit dem Schneebesen geschlagen. Die Paste läßt man 20 Minuten auf die Haut einwirken, bis sie trocken ist, und reibt sie dann vorsichtig mit einem trockenen Tuch ab. Anschließend das Gesicht mit heißem und zuletzt mit kaltem Wasser abspülen.

Wirkung: Straffend, reinigend und durchblutend bei fetter Haut.

HONIG-EIWEISS-MASKE

Ein Eiweiß zu Schnee schlagen, drei Eßlöffel Bienenhonig zugeben und mit ungebleichtem Weizenmehl zu einem Brei rühren. Auf Gesicht und Hals auftragen und 30 Minuten einwirken lassen. Mit heißem und am Schluß mit kaltem Wasser abspülen.

Wirkung: Klärend und straffend, für fette Haut geeignet.

KLEIE-MASKE

Wegen ihres hohen Vitamingehalts und ihrer entzündungshemmenden Wirkung ist die Kleie ein ausgezeichnetes Mischmittel zur Herstellung einer Maske.

Man vermischt die feingemahlene Weizenkleie warm oder kalt zu einem Brei, indem man entweder warme Milch, Honig, süße Sahne oder ein Eigelb verwendet. Einwirkungszeit etwa 30 Minuten.

Wirkung: Entzündungshemmend, nährend und erfrischend. Gut für unreine Mischhaut, wird auch von trockener Haut gut vertragen.

LEINSAMEN-MASKE

Zwei bis drei Eßlöffel feingeschroteter Leinsamen mit etwas kochendheißem Wasser oder heißer Milch zu einem Brei rühren und, so heiß es die Haut verträgt, auf Gesicht und Hals auftragen. Darüber gibt man eine heiße Kompresse, um den Brei und die Hitze festzuhalten. Mindestens 20 Minuten einwirken lassen, mit heißem Wasser abwaschen und kalt nachspülen.

Wirkung: Reinigt und öffnet die Poren; nährend und heilend, bei fetter und unreiner Haut zu empfehlen.

SAUERKRAUT-PACKUNG

Eine Handvoll rohes Sauerkraut auf Gesicht und Hals verteilen, eine feuchte Kompresse darüber legen, damit nichts verrutschen kann. Nach 20 Minuten abnehmen.

Wirkung: Erfrischt, wirkt adstringierend bei großen Poren.

Für müde und strapazierte Haut

BOHNEN-PACKUNG

Eine Tasse weiße Bohnen weich kochen und durch ein Sieb drücken. Dem Brei fügt man einen Eßlöffel Weizenkeimöl oder süßes Mandelöl, den Saft einer $1/4$ Zitrone und einen Eßlöffel Bienenhonig bei. Warm auftragen und nach 15 Minuten mit heißem Wasser abwaschen, anschließend kalt nachspülen.

Wirkung: Straffend und glättend, für alternde Haut gut geeignet.

HONIGBREI-MASKE

Zwei Eßlöffel Bienenhonig werden mit zwei Eßlöffel Gersten-
mehl und einem Eiweiß vermischt und mit dem Pinsel auf Gesicht und Hals aufgetragen. Um die Paste streichfähig zu machen, wird der Bienenhonig leicht erwärmt. Warm auftragen, 30
Minuten einziehen lassen, mit heißem Wasser abwaschen und
kalt nachspülen.

Wirkung: Nährend und straffend. Als Straffungsmaske gegen
Falten gut geeignet, sollte aber nicht zu häufig angewendet werden.

KARTOFFELBREI-PACKUNG

Aus Amerika stammt dieses gute Rezept, zu dem man nicht
mehr als eine große frisch ausgedrückte heiße Pellkartoffel, etwas frische Milch und ein Eigelb braucht. Man vermischt alles zu
einem dicken Brei, erhitzt ihn im Wasserbad und trägt ihn so
heiß, wie man es verträgt, auf Gesicht und Hals auf. Auf die Pakkung wird eine heiße Kompresse gelegt, das hält die Packung
feucht und erhöht die Wirkung. Nach 20 Minuten mit heißem
Wasser abwaschen und kalt nachspülen.

Wirkung: Belebt und erfrischt müde Haut, macht spröde Haut
geschmeidig.

QUARK-PACKUNG

Zwei bis drei Eßlöffel Quark vermischt man mit Zitronensaft
und einem Eßlöffel Milch. Die Auflage auf Gesicht und Hals
auftragen, eine halbe Stunde abgedeckt einwirken lassen, kalt abspülen.

Wirkung: Als Kur sollte man die Packung zwei- bis dreimal wöchentlich anwenden; wirkt durchblutend und belebend bei alternder Haut.

7.
Das Bad

Die Pflege der Haut beginnt mit Wasser, und die richtige Anwendung von Wasser spielt in der Körperpflege eine wichtige Rolle. Wannenbäder, Duschen, Waschungen, Auflagen, Wickel, Dämpfe, Güsse, Wechsel- und Sitzbäder werden einerseits zur Reinigung und Schönheitspflege, andererseits als therapeutische Maßnahme bei bestimmten gesundheitlichen Störungen angewandt. Das klingt alles mehr nach Gesundheit als nach Badevergnügen, in Wirklichkeit aber bedeutet das Wasser für den Menschen viel mehr. Die überraschendste Erklärung darüber gab der englische Zoologieprofessor Sir Alister Hardy ab. Er ist der Meinung, die Urahnen der Menschen seien von den Bäumen tropischer Urwälder herabgestiegen, um sich für die nächsten zehn Millionen Jahre im Wasser zu tummeln. Und diese »wassersüchtige« Phase der Menschheit sei auch der Grund dafür, weshalb der Mensch im Gegensatz zum Tier statt des schützenden Haarkleides ein im Wasser gut isolierendes Fettpolster unter der Haut entwickelt habe. Und damit würde auch die unter allen Landlebewesen so hervorragende Schwimmkunst des Menschen und seine stromlinienförmige Gestalt verständlich.

Welchen Umständen wir auch unsere Stromlinienform verdanken, lieben wir die Badewanne nicht nur, weil uns das Wasser reinigt. Es ist etwas Beruhigendes und Wohltuendes, in einer Wanne mit warmem Wasser zu liegen, besonders dann, wenn das Badewasser durch einen duftenden Badezusatz bereichert ist. Zum Schrecken aller Dermatologen soll es sogar Leute geben, die stundenlang in der Badewanne lesen oder auf Badewannentabletts Patiencen legen. Für das seelische Wohlbefinden mag das zwar recht erbaulich sein, für die Haut ist es aber schlecht, denn das lange Baden entzieht ihr zuviel Fett und macht sie trocken und spröde. 15 bis 20 Minuten ist für ein warmes Wannenbad genug, meinen die Ärzte.

Abgesehen von der Frage der Reinigung ist der kosmetische und therapeutische Wert von warmen Wannenbädern der Menschheit seit langem bekannt. Die heilsame Wirkung des Wassers hat vor allem der Wörishofener Pfarrer Kneipp erkannt. Er schrieb darüber: »Das Wasser weckt, wenn es im Frühling und Sommer zur Erde niederfällt, überall neues Leben und Gedeihen, regt in der Pflanzenwelt alle Organe zum Leben, zu erhöhter Tätigkeit an. Es erfrischt und belebt auch die Körperteile, welche alle zivilisierten Menschen täglich zu reinigen gewohnt sind. Sollte dies nicht ein Fingerzeig für den Menschen sein, daß das Wasser ebenso geeignet sein dürfte, die krankhaften Stoffe aus dem Körper auszuleiten, auszuwaschen, den Körper in seiner Gesamtheit zu erfrischen, zu beleben und zu stärken, den gesunden wie den kranken?«

Zu Kneipps Zeiten war das Wannenbad noch eine richtige Zeremonie, die höchstens einmal in der Woche stattfand. Zuerst mußte das Wasser in großen Zubern auf dem Feuer erhitzt werden, dann mußte man es in den Baderaum schleppen, und wenn das Wasser während des Badens in der Holzwanne abkühlte, mußte eilig heißes Wasser nachgegossen werden. Um dem Badewasser einen angenehmen Duft und einen besonderen Zusatz für die Schönheitspflege zu geben, benutzten manche exzentrischen Damen der Vergangenheit wunderliche Badezusätze, die man heute wohl kaum noch ausprobieren kann. Sie badeten in frisch gemolkener Milch, zermatschten Erdbeeren, Himbeeren und Gurken, Wäschestärke, in kleingehacktem Gemüse und Spinatwasser. Obwohl ich mir vorstellen kann, daß kleingehacktes Gemüse in der Badewanne viel weniger unangenehm ist als ein waschaktives Schaumbad aus der Massenfertigung der Kosmetikindustrie, gibt es aus der Vergangenheit auch viele, leicht anzuwendende Mittel für das Bad, deren kosmetischer Wert ganz unbestritten ist.

Bevor man den Zusatz für ein Wannenbad bereitet, sollte man wissen, ob man einen erfreulichen Duft in der Wanne haben will oder ob bestimmte Ziele mit dem Bad verbunden sein sollen. Will man nur ein Reinigungsbad nehmen oder braucht man einen Zusatz, um munter oder müde zu werden? Will man etwas gegen die fette, die trockene oder unreine Haut unternehmen oder soll das Bad nur der allgemeinen Regeneration dienen?

Welche Art des Badens man wählt, hängt vom Zweck des Bades und von der Empfindlichkeit des Badenden ab. Im Land der heißen Wannenbäder, in Japan, bezeichnet man ein Bad mit einer Wassertemperatur von 42–45 Grad als heiß, einer Temperatur, die uns viel zu heiß erscheint. Als heißes Bad gilt in unseren Breitengraden ein Bad von 37–39 Grad, aber trotzdem bestehen ärztlicherseits keine Einwände gegen heißere Bäder für alle, die es gut vertragen. Durch große Wärme nimmt die Haut mehr Blut auf, wodurch an der Hautoberfläche auch mehr Wärme abgestrahlt werden kann. Auch die Schweißdrüsen treten in Funktion und sondern vermehrt Giftstoffe ab. Erst kürzlich fanden japanische Mediziner heraus, daß zahlreiche Gifte – insbesondere das gefürchtete Blei aus den Auspuffgasen, oder auch das gefährliche Quecksilber – am wirksamsten mit dem Schweiß ausgeschieden werden. Durch diese Fähigkeit zu entgiften, übertrifft die Haut sogar die Funktion der Nieren, denn sie kann bis zu 50% der Nierenfunktion ersetzen und manche Gifte aus dem Körper schwemmen, wenn die Nieren mit ihrer Arbeit nicht nachkommen.

Badezusätze

Reinigende Bäder

Das warme Wasser selbst besitzt bereits die Fähigkeit zu reinigen, das allein reicht aber nicht aus, um alle fetten und klebrigen Bestandteile von der Haut zu lösen. Man verwendet deshalb ein Lösungsmittel; das einfachste und beste ist immer noch die Seife. Man darf aber die Seife und das meist harte Wasser nicht als ausreichende Pflegemittel für die Haut betrachten. Es empfiehlt sich deshalb, beim Reinigungsbad dem Wasser eine Handvoll Borax zuzufügen, um es weich zu machen.

Fertige Schaumbäder, Kräuterduschen oder Cremeschaumbäder sind zur Hautpflege nicht zu empfehlen. Hautpflegend sind sie deshalb nicht, da sie waschaktive Stoffe enthalten, welche die Haut austrocknen. Man kann Schaumbäder gelegentlich verwenden, wenn man stark verschmutzte und zudem noch fette Haut hat. Bei trockener, empfindlicher oder alternder Haut sind sie generell ungeeignet.

Aus England stammt ein altes Hausrezept für das Reinigungsbad, das zu empfehlen ist, wenn man gründlich sauber werden will. Ein Stück Badeseife wird in die trockene Badewanne unter den Wasserhahn gelegt, dann läßt man das heiße Wasser langsam und stetig auf die Seife laufen. Die Seife bleibt auf ihrem Platz liegen, und ist die Wanne voll eingelaufen, hat man ein fein duftendes, gut reinigendes Seifenbad.

Milchbäder

Die Verwendung von Milch und Buttermilch im Badewasser ist ein herrliches Mittel, um die Körperhaut zu glätten. Im Milchbad wird die Haut samtig weich und zart. Man benutzt keine Seife, um die Wirkung der Milch nicht zu beeinträchtigen.

BUTTERMILCHBAD

Zum Buttermilchbad braucht man drei Liter Buttermilch auf eine volle Wanne Wasser. Man schüttet die Milch ins heiße Wasser, sie macht das Wasser weich und duftend. Das Bad darin wirkt sehr erfrischend, es hilft die Körperhaut zu regenerieren.

BUTTERMILCH-ÖL-KUR

Dieses Baderezept stammt von der Schauspielerin Nadja Tiller: Vor dem Baden massiert sie den ganzen Körper mit Olivenöl ein, insbesondere die Fußgelenke und die Ellbogen. Dann gießt sie drei Liter Buttermilch ins heiße Badewasser und steigt hinein. Die Verbindung von Öl, Buttermilch und warmem Wasser ist eine ideale Pflege der trockenen Haut.

HONIGMILCH-BAD

Dieses Bad ist ein wahres Luxusbad, nicht ganz billig. Das Rezept stammt aus Frankreich, es wurde von jenen Damen erfunden, die sich eine Haut wie Milch und Honig bewahren wollten. Tatsächlich bekommt man durch das Milchbad mit Honig eine weiche, zarte Haut und glänzende Schultern.

Für eine Badewanne rechnet man etwa einen Liter Milch und eine Kaffeetasse voll Bienenhonig. Die Milch wird leicht erwärmt und der Bienenhonig darin aufgelöst. Sobald der Honig völlig aufgelöst ist, schüttet man die Mischung ins Badewasser. Wer besonders trockene Haut hat, kann die angegebenen Mengen auch verdoppeln. Der Honig löst sich in der Milch und im heißen Badewasser vollkommen auf, keine Sorge also, daß ein klebriger Honigfilm auf der Haut zurückbleiben könnte.

HONIGMILCH-BAD À LA NINON DE L'ENCLOS

Das Rezept der französischen Marquise stammt aus dem 17. Jahrhundert. Man erzählte sich von der Dame, sie sei mit siebzig Jahren noch so schön gewesen, daß ein Jüngling in Leidenschaft für sie entflammt sei. Sie selbst soll ihr blühendes Aussehen ihren Honigmilch-Bädern verdankt haben, die sie zur Entschlackung der Haut mit Salz anreicherte.

Für das Bad braucht man ein Pfund Kochsalz, einen Liter Milch und eine Tasse voll Bienenhonig. Man schüttet das Salz in die trockene Badewanne und läßt heißes Wasser darauflaufen, damit es sich auslösen kann. Inzwischen hat man die Milch erwärmt und den Honig darin aufgelöst. Die Honigmilch wird nun ebenfalls ins heiße Wasser geschüttet.

Salz, Milch und Honig sind auch heute noch vorzügliche Mittel, um die Haut zu pflegen. Das Bad wirkt sehr erfrischend, aber man kann es trotzdem vor dem Schlafengehen nehmen. Bei sehr trockener Haut sollte man die Menge des Salzes reduzieren und statt dessen die Menge der Milch erhöhen.

Für dieses Bad benötigt man drei Liter Milch und 250 g Weizenkleie, die man im Reformhaus kaufen kann. Die Milch wird in einem entsprechend großen Topf erwärmt und die Weizenkleie in die warme Milch eingerührt. Nun läßt man alles auf kleiner Flamme zum Kochen bringen und rührt ab und zu um. Nach 15 Minuten Kochzeit wird die Kleiemilch ins Badewasser abgeseiht; den Kleiebrei drückt man gut aus. Das Milch-Kleie-Bad wirkt sehr gut bei trockener, unreiner Haut. Es entschlackt, erfrischt und belebt, es macht die Haut weich und rein.

MILCHPULVERBAD

Wer keine frische Milch im Haus hat, kann auch Milchpulver ins Badewasser geben. Man löst zweckmäßigerweise das Milchpulver nach Vorschrift auf, um damit etwa 2–3 Liter Milch zu gewinnen. Die Milch wird ins heiße Badewasser geschüttet, anschließend eine Handvoll Borax zugegeben. Es entsteht ein einfaches, erfrischendes Milchreinigungsbad, das sich gut für die allgemeine Körperpflege eignet.

Mehlbäder

Auf die hautverschönende Wirkung von Mehl schwören viele Baderezepte, insbesondere auf die Verwendung von Weizen- und Hafermehl. Das Mehlbad wirkt stärkend und hilft kleine Hautunreinheiten beseitigen. Auch zur Pflege der trockenen, zu Schuppenabsonderungen neigenden Haut ist es gut geeignet. Nach dem Mehlbad fühlt sich die Haut gesättigt, weich und zart an.

Früher bereitete man das Mehlbad, indem man Mehl mit Wasser zu einem dünnen Teil rührte und diesen dem Badewasser zufügte. Diese Art der Zubereitung läßt sich heute wegen der Abflußrohre nicht durchführen. Man füllt 300–500 g Weizen- oder Hafermehl – am besten unbehandeltes Mehl aus dem Reformhaus – in einen nicht zu dichten Leinensack oder in einen alten

Perlonstrumpf, der mit einer Schnur zugebunden wird. Der Sack sollte nicht zu prall gefüllt sein, damit man ihn noch leicht durchdrücken kann. Man legt ihn in die trockene Badewanne und läßt das Wasser einlaufen, bis die Badewanne voll ist. Unter Wasser drückt man nun den Mehlsack mehrmals kräftig aus und hängt ihn anschließend mit der Schnur so an den Wasserhahn, daß er ins heiße Wasser hängen kann. Während des Badens nochmals ausdrücken.

Mehl wird auch zu Abreibungen verwendet, wenn die Haut sehr fett und unrein ist. Man stellt sich dazu in die trockene Badewanne oder in ein Duschbecken und massiert mit eingemehlten, trockenen Händen den Körper gründlich ab so wie mit einem normalen Körperpuder. Anschließend wird geduscht oder gebadet.

Saure Bäder

Die sogenannten sauren Bäder sind ideal für die Behandlung der fetten, unreinen Körperhaut. Sie wirken adstringierend, erfrischend und reinigend, sie desinfizieren und entfetten auf schonende Weise.

ESSIG-BAD

Ein viertel Liter Obstessig im Badewasser ist für jede fette, unreine Haut eine gute Erfrischung und Belebung. Man verwendet dazu nur reinen Obstessig, den in einem biologischen Gärverfahren gewonnenen Apfelessig, den man in jedem Reformhaus kaufen kann. So gut der Essig auch zum Schutz des Säuremantels der Haut geeignet ist, sein Geruch ist leider nicht sehr angenehm. Das läßt sich schnell ändern, wenn man duftenden Kräuteressig herstellt. Hierzu rechnet man eine Handvoll getrockneter Pflanzenteile wie Blüten, Blätter oder Schalen, je nach Eignung, auf einen halben Liter Obstessig. Man füllt die getrockneten Pflanzenteile in ein fest verschließbares Glas, übergießt sie mit dem Essig und läßt alles etwa vierzehn Tage in der Sonne oder an einem warmen Platz im Haus mazerieren. Danach seiht man den Essig

ab und drückt dabei die Pflanzenteile gut aus; durch den Kaffeefilter klarfiltern. Man füllt den Essig zur Aufbewahrung in eine
dunkle Flasche.

Folgende Pflanzen eignen sich für die Herstellung von Kräuteressig: Rosmarin, Salbei, Thymian, Pfefferminze, Rosenblü-
ten, Melissenblätter, Kamillen- und Arnikablüten.

ESSIG-ZITRONEN-BAD

2–3 Zitronen gut waschen und mit der Schale in kleine Stücke
schneiden. Die kleingeschnittenen Zitronen mit einem halben
Liter Obstessig übergießen und bedeckt in einer Porzellanschüssel etwa zwei Stunden gut durchziehen lassen. Anschließend
wird die Flüssigkeit ins heiße Badewasser abgeseiht. Die Zitro-
nenstückchen füllt man nun in einen dünnen Leinensack, bindet
ihn zu und läßt das Zitronensäckchen ins Badewasser baumeln.
Das Bad ist sehr erfrischend, es reinigt und klärt die Haut und
verengt große Poren.

ZITRONEN-BAD

Zitronen werden gut gewaschen und mit der Schale in Scheiben
geschnitten. In eine Porzellanschüssel geben und mit kochendheißem Wasser übergießen, bis alles bedeckt ist. Einige Stunden
zugedeckt stehenlassen, dann die Flüssigkeit ins heiße Badewasser abseihen. Zitronenscheiben in ein Leinensäckchen füllen, zu-
binden und ins Badewasser hängen.

Das fein duftende Zitronenbad ist sehr erfrischend, es adstringiert die fette und klärt die unreine Haut. Wer das Bad noch ver-
feinern möchte, kann mit den Zitronenscheiben eine Handvoll
frischer oder getrockneter Zitronenmelisse ins Leinensäckchen
füllen. Das gibt dem Bad einen angenehmen Duft.

Dazu braucht man drei ungespritzte Zitronen, deren Schalen hauchfein abgeschält werden. Man muß wirklich sorgfälig schälen, denn erwischt man das weiße Fruchtfleisch der Zitronen, kann der Zitronen-Essig rasch zu gären beginnen. Die Zitronenschalen in eine Flasche füllen und mit einem Liter Obstessig übergießen. Gut verschlossen 14 Tage in der Sonne oder an einem warmen Platz im Haus durchziehen lassen. Danach wird der fein duftende Zitronen-Essig abgeseiht und durch den Kaffeefilter klargefiltert. Wer den Duft des Zitronen-Essigs noch intensivieren will, löst ein paar Tröpfchen Zitronenöl in ein wenig Alkohol auf und gibt die Mischung dazu. In einer dunklen Flasche wird der duftende Zitronen-Essig aufbewahrt. Als Badezusatz sorgt er für erfrischte, klare Körperhaut.

Salzbäder

Die Salzbäder bezeichnet man manchmal auch als Schlankheitsbäder, als Aufmunterungsbäder oder als Stärkungsbäder. Richtig sind diese Bezeichnungen alle, denn je nach der Menge des verwendeten Salzes kann man unterschiedliche Ziele erreichen. Will man das Salzbad als Schlankheitsbad verwenden, schüttet man 3 Pfund Kochsalz in die trockene Badewanne und läßt heißes Wasser einlaufen. Dieses Bad kann recht anstrengend sein, und es sollte nicht angewendet werden, wenn man ein schwaches Herz hat. Auch wenn man ganz gesund ist, sollte man das Salzbad nur gelegentlich nehmen. Nach dem Bad wickelt man sich sofort in eine warme Decke und legt sich zum Schwitzen ins Bett. Die Gewichtsabnahme wird durch das Schwitzen erzielt. Salz trocknet die Haut leicht aus, man sollte deshalb nach der Schwitzkur eine Körpermassage mit Körperlotion vornehmen. Ein Salzbad mit einem Zusatz von 250–500 g Salz im Badewasser wirkt anregend, stärkend und kräftigend. Auch hier empfiehlt es sich, das Salzbad nicht zu häufig zu nehmen und sich nach dem Baden mit einem fett- oder ölhaltigen Mittel einzureiben. Nach dem Salzbad sollte man sich immer etwas hinlegen.

Kräuter- und Blütenbäder

Die gute Wirkung der Heilkräuter spielt seit alters her eine wichtige Rolle in der Badekultur. Auch in neuerer Zeit haben die Kräuterzusätze nicht an Bedeutung verloren, zumal man inzwischen auch wissenschaftlich nachweisen kann, daß bestimmte Substanzen der Pflanzen von der Haut resorbiert werden, in die Blut- und Lymphbahnen gelangen und damit ihre spezifische Wirkung entfalten. Die pflanzlichen Wirkstoffe durchdringen zum großen Teil die natürliche Hautbarriere, werden in den Zellstoffwechsel integriert und in den Kreislauf eingeschleust. Die Ausscheidung dieser Stoffe erfolgt durch den Urin, den Schweiß und den Atem.

Ein Kräuter- oder Blumenbad kann auf verschiedene Weise hergestellt werden, auch die Menge der zu verwendenden Kräuter mag variieren. Generell rechnet man für ein Vollbad 250 g getrockneter Kräuter; mit dieser Menge erreicht man die volle Wirkung eines Kräuterbades. Wenn man nur ein leichtes, duftendes Bad nehmen will, dann genügen auch 100 g getrockneter Kräuter für ein Bad.

Der Kräuterzusatz läßt sich auf verschiedene Weise herstellen: Man kann eine sogenannte Abkochung herstellen, das heißt, die getrockneten Kräuter werden in eine ausreichende Menge siedenden Wassers gegeben, umgerührt und sollen bei kleiner Flamme etwa 15 Minuten ganz schwach sieden. Anschließend wird die Flüssigkeit abgeseiht und dem Badewasser zugesetzt.

Die zweite Möglichkeit der Zubereitung ist weniger aufwendig. Dazu füllt man ein Leinensäckchen mit den trockenen Kräutern, bindet es mit einer Schnur zu und legt es in die trockene Badewanne. Nun läßt man heißes Wasser einlaufen, bis die Wanne voll ist. Sobald man ins Wasser steigt, drückt man das Säckchen kräftig aus und hängt es an den Wasserhahn. Während des Badens nochmals ausdrücken und immer im Wasser hängen lassen! Das Kräutersäckchen nach dem Bad auszuschütten und zu reinigen, wäre eine mühsame, überflüssige Arbeit. Verwendet man statt des Säckchens einen ausgedienten Perlonstrumpf, kann man das ganze Päckchen nach dem Bad wegwerfen.

ENGLISCHES SCHÖNHEITSBAD

Zu diesem erfrischenden, duftenden Bad braucht man drei Handvoll getrockneten Rosmarin, eine Handvoll frische Rosenblätter, eine Handvoll getrocknete oder frische Lavendelblüten und ein wenig Borax.

Die Zutaten werden bis auf den Borax ins Kräuterpäckchen gefüllt, zugebunden und ins Badewasser gegeben; Borax setzt man dem heißen Badewasser getrennt davon zu.

Dieses erfrischende Bad wirkt stimulierend, es erfrischt die Haut und öffnet die Poren.

ROSMARIN-BAD

Mit der gewünschten Menge Rosmarin füllt man das Badesäckchen oder bereitet eine Abkochung. Will man den Rosmarinduft noch steigern, fügt man dem Badewasser ein paar Tropfen Rosmarin-Badeöl zu.

Das Rosmarin-Bad regt den Kreislauf an, hebt den Blutdruck, steigert die Durchblutung und macht beschwingt und munter. Man sollte es deshalb nicht vor dem Schlafengehen nehmen.

ROSENBLÄTTER-BAD

Rosenblätter sind reich an heilkräftigen Substanzen wie Gerbstoffe, Fett, Zucker, Zitronensäure und ätherische Öle. Man füllt die frischen Blätter in ein Badesäckchen und läßt es ins heiße Wasser hängen; je mehr Blätter man einfüllen kann, desto besser.

Will man die Rosenblätter selbst sammeln, dann sollte man sich ungespritzte Zier-, Garten- und Heckenrosen heraussuchen.

HEUBLUMEN-BAD

Das Heublumen-Bad ist vor allem ein wohltuendes, stoffwechselanregendes Bad. Man kann es auch als Schlankheitsbad verwenden, dazu muß man jedoch die Menge von 250 g Heublumen verarbeiten.

Die getrockneten Heublumen, die man in Reform- und Kräuterhäusern kaufen kann, werden entweder in den Kräutersack gefüllt oder es wird eine Abkochung hergestellt. Das Bad wirkt vor allem krampflösend, es beseitigt Gewebestauungen und wirkt gut bei beginnender Grippe. Nach dem Bad sollte man sich gleich in eine wärmende Decke wickeln und schwitzen.

HOPFENBLÜTEN-BAD

Ein Bad in getrockneten Hopfenblüten eignet sich für alle, die nicht einschlafen können; es ist der ideale Ersatz für die Schlaftablette, es stärkt und beruhigt die Nerven.

Die Menge der getrockneten Hopfenblüten wird je nach Bedarf eingesetzt. Will man ein richtiges Einschlafbad bereiten, stellt man eine Abkochung aus 250 g Blüten her. Das Badewasser sollte nicht zu heiß sein!

MELISSEN-BAD

Für das entspannende Melissenbad nimmt man entweder die getrockneten Melissenblätter oder die frische Zitronenmelisse aus dem Garten. Das Bad verströmt einen feinen, angenehm zitronenähnlichen Duft. Zu empfehlen ist das Melissenbad bei Nervosität, Migräne, gegen Verkrampfungen und Menstruationsbeschwerden.

LAVENDEL-BAD

Die getrockneten Lavendelblüten aus dem Kräuterhaus ergeben ein duftendes Bad, ausgelöst durch den reichen Gehalt der ätherischen Öle in der Lavendelblüte. Das Bad wirkt sehr entspannend, krampflösend und erfrischend.

LATSCHENKIEFERN-BAD

Dieses Bad wirkt am besten, wenn man ein wenig reines Latschenkiefernöl, das in der Apotheke für wenig Geld zu kaufen ist, ins heiße Badewasser gibt.

Eine Flasche Latschenkiefernöl gehört in jede gute Hausapotheke, dann hat man immer ein gutes Mittel gegen beginnende Erkältungen und Schnupfen im Haus. Nach dem Bad ins Bett gehen! Ein Bad mit Latschenkiefernöl wirkt vor allem krampflösend, sekretionslösend und bakterizid. Es macht die Atemwege frei und verschafft ein angenehm durchwärmtes Gefühl nach dem Baden.

PFEFFERMINZ-BAD

Dieses Bad ist besonders für die heiße Jahreszeit geeignet, es erfrischt, belebt den Kreislauf und reinigt die Poren. Man braucht dazu drei Handvoll getrocknete Pfefferminze, zwei Handvoll getrockneten Rosmarin und den Saft von vier Zitronen. Die Kräuter werden ins Kräutersäckchen gefüllt, die Zitronen preßt man aus und filtert den Saft ins heiße Badewasser.

SCHÖNHEITSBAD

Dieses Bad ist besonders für die Pflege der unreinen, schlecht durchbluteten Haut zu empfehlen. Man braucht dazu zwei Handvoll getrockneten Fencheltee, zwei Handvoll getrockneten Rosmarin, zwei Handvoll Pfefferminzblätter, zwei Handvoll Thymian und einen Eßlöffel Kampferspiritus. Die Kräuter werden vermischt und mit kochendheißem Wasser übergossen, bis sie gut bedeckt sind; anschließend auf kleinster Flamme 15 Minuten leise sieden. Dann seiht man die Flüssigkeit ab und rührt den Kampferspiritus darunter. Alles ins Badewasser schütten.

Die Gesamtheit der Inhaltsstoffe schafft eine komplexe Wirkung, das Bad reinigt und desinfiziert, es wirkt aber auch erfrischend und nervenstärkend.

SLEEP-WELL-BATH

Dieses amerikanische Baderezept ergibt ein beruhigendes, krampflösendes und gleichzeitig hautreinigendes Bad. Man braucht dazu 100 g Kamillenblüten und 150 g Lindenblüten, beides gibt es getrocknet im Reformhaus zu kaufen. Die Blüten werden miteinander vermischt und mit soviel kochendheißem Wasser übergossen, bis sie bedeckt sind. Auf kleiner Flamme läßt man die Mischung etwa 20 Minuten sieden und seiht die Abkochung anschließend ins heiße Badewasser.

Dieses Bad ist besonders dann zu empfehlen, wenn man sich abends nervös, überarbeitet und entkräftet fühlt. Nach dem Bad sollte man sich sofort ins Bett legen. Der gute, erholsame Schlaf läßt dann nicht lange auf sich warten.

KRÄUTERCOCKTAIL-BAD

Wer eine reiche Auswahl von Kräutern im Haus hat, sollte sich daraus ein Schönheitsbadevergnügen zusammenstellen: Lindenblüten, Kamille, Pfefferminze, Rosmarin, Fenchel, Heublumen, Lavendel und Salbei, je eine halbe Handvoll, ergeben eine wirksame Mischung. Die getrockneten Kräuter werden vermengt und mit heißem Wasser übergossen, bis sie bedeckt sind. Eine Stunde lang bedeckt durchziehen lassen, dann ins Badewasser abseihen, Kräuter dabei mit der Hand auspressen.

Das Bad wirkt belebend und anregend auf die erschlaffte Haut, es reinigt die Poren und fördert die Durchblutung.

KLEIE-BAD

Ein Säckchen Weizenkleie hing zu Großmutters Zeiten fast in jeder Badewanne. Dem Kleiebad sprach man eine ganze Reihe Wirkungen zu – es reinigt, erfrischt, ist gut gegen kleine Hautentzündungen, es macht die Haut zart und weich.

Für ein Kleiebad braucht man 250 g Weizenkleie. Man kann sie entweder ins Badesäckchen füllen und im heißen Badewasser auspressen oder eine Abkochung bereiten und den abgeseihten Extrakt ins Badewasser schütten. Das Kleiebad ist auch für die Badepflege von Kindern geeignet.

EUKALYPTUS-BAD

Das Eukalyptus-Bad hilft gut gegen Erkältungskrankheiten, beginnenden Schnupfen und Grippe. 20 g Eukalyptusöl werden mit 75 g Pflanzenöl und 1 Eßlöffel Tween 80 vermischt und gut durchgeschüttelt. Schon ein Spritzer Eukalyptus-Badeöl im heißen Badewasser genügt für ein wirksames Bad bei Erkältungskrankheiten für Erwachsene und Kinder. Das Bad regt den Kreislauf an, macht die Atemwege frei und wirkt sehr entspannend.

EICHENRINDEN-BAD

Das Eichenrinden-Bad ist eine Wohltat für die fette, unreine Haut, es adstringiert und klärt, erfrischt und belebt die Haut. Man verwendet dazu vier Handvoll getrockneter Eichenrinden, die es im Reformhaus zu kaufen gibt und bereitet daraus eine Abkochung. Nach einer Viertelstunde wird die abgeseihte Flüssigkeit dem heißen Badewasser zugesetzt.

Der Zusatz von Salbei im Bad wird am besten durch Abkochung hergestellt, um Verschmutzungen der Wanne durch die stark färbenden Blätter zu vermeiden. Weist die Emailbeschichtung der Wanne rauhe und spröde Stellen auf, darf die Abkochung nur in die volle Wanne geschüttet werden.

Salbei ist ein wirksamer Badezusatz bei erschlaffter oder unreiner Haut. Die gute Wirkung des Salbei kann man noch unterstützen, indem man einen Teil Kamillenblüten – bei zwei Teilen Salbei – in die Abkochung mischt.

Badeöle mit Kräutern und Blumen

Das Bad mit dem Zusatz von Auszügen duftender Blumen und Kräuter ist ganz sicher erfreulicher und gesünder als das von der kosmetischen Industrie fabrizierte Detergenzienschaumbad mit seinem abstoßenden Geruch nach Waschmitteln und synthetischen Duftstoffen. Wie köstlich sind im Vergleich dazu die zarten, natürlichen Duftnoten der ätherischen Öle, deren wohltuende Wirkungen man von alters her kennt. Pharmakologisch schätzt man den Wert der ätherischen Öle als wirksamen Heilstoff der Pflanzen, denn sie entwickeln im warmen Wasser aromatische Dämpfe, die durch die Atmung auf das Zentralnervensystem einwirken können. Über die Lungen gelangen die Dämpfe in den Körper und wirken auf die Atmungs- und Verdauungsorgane, auf Kreislauf und Nerven heilend und stimulierend ein. Das Baden mit Badeöl ist nicht nur eine Wohltat für die Haut, es ist auch eine Wohltat für Körper und Geist.

Es gibt viele Möglichkeiten duftende Badeöle herzustellen, und ich möchte Sie hier mit einzelnen Herstellungsarten vertraut machen. Rosenblätter, Veilchenblüten, Nelken, Weißdorn- und Apfelblüten, Lavendel und Thymian, Rosmarin und Kamillenblüten sind einige der beliebtesten Blüten, die man im Frühling und Sommer für das selbsthergestellte Badeöl verarbeiten kann. Sicher sollte sein, daß die Pflanzen nicht mit Chemikalien behandelt wurden, deshalb zupft man sie am besten selbst im Garten oder auf Spaziergängen. Wer Spaß an Mixturen hat, kann verschiedene Blüten und aromatische Blätter miteinander vermischen und so eigene Duftkompositionen für das Badeöl erfinden. Zu Hause bereiten Sie die frisch gesammelten Blüten und Blätter zur Trocknung vor. Legen Sie die Pflanzenteile ausgebreitet auf ein luftdurchlässiges Korbgeflecht oder binden Sie kleine Sträuße, die Sie umgekehrt zum Trocknen aufhängen. Immer muß die Trocknung der Pflanzen an einem luftigen, trockenen Platz vorgenommen werden, etwa in einem Speicherraum, auf dem Dachboden oder in einem trockenen Kellerraum. Je nach Pflanzenteil dauern die Trocknungszeiten unterschiedlich lange: Blätter sind dann trocken, wenn sie rascheln wie Herbstlaub; Blüten, wenn sie sich anfühlen wie feines Pergament.

Ölauszug aus Pflanzen

Den sogenannten öligen Auszug aus Heilkräutern, aus Blüten und Blättern, auch aus Wurzeln und Rinde, stellt man her, wenn die Pflanzenteile – wie die zuvor genannten – reich an ätherischem Öl sind. Die in Öl eingelegten Pflanzenteile geben ihren Duft an das neutrale Öl ab, und man gewinnt ein aromatisch duftendes Öl, das sich gut als Badeöl eignet oder sich in dieser Form weiterverarbeiten läßt.

Zum Einlegen der getrockneten Pflanzenteile eignet sich Olivenöl, Sojabohnenöl oder Distelöl. Diese kaltgepreßten Pflanzenöle bekommt man im Reformhaus, und sie eignen sich nicht nur für die gesunde Ernährung, sie sind auch ideal für die Körperpflege. Nehmen Sie je nach Volumen der getrockneten Blüten oder Blätter nur soviel Pflanzenteile, daß sie im Glas stets gut mit Öl bedeckt sind. Im Prinzip rechnet man auf 10 g getrocknete Pflanzenteile 100 g Öl. Aber 10 g Kamillenblüten haben beispielsweise viel mehr Volumen als 10 g Rosmarinblätter. So füllt man die getrockneten Pflanzenteile in ein gut verschließbares Glas mit breiter Öffnung, übergießt sie mit Öl, so daß alles gut bedeckt ist, und läßt den Ölauszug gut verschlossen an einem warmen, dunklen Platz im Haus stehen; ab und zu durchschütteln. Dann wird das duftende Öl abgeseiht, man drückt dabei die Pflanzenrückstände kräftig aus. Anschließend wird das Öl durch ein feinmaschiges Leinentuch klargefiltert.

Zutaten: 100 g Ölauszug
    1 Eßlöffel Tween 80

Zubereitung: Wenn Sie den Ölauszug aus duftenden Pflanzenteilen hergestellt haben, ist das Hydrophile Badeöl leicht zu machen. Beide Zutaten werden miteinander vermischt und kräftig durchgeschüttelt. Der Emulgator Tween 80 bewirkt, daß das von Natur aus wasserabstoßende Öl hydrophil, das heißt wasseraufnahmefähig gemacht wird. So vermeidet man, daß häßliche Ölflecken auf der Oberfläche des Badewassers schwimmen.

Anwendung und Wirkung: Die feine Verteilung von Öl in Wasser bewirkt auch, daß nach dem Bad ein ganz leichter Fettfilm auf der Haut zurückbleibt. So fühlt sich die Körperhaut nach dem Bad wunderbar gesättigt und weich an. Schon ein Spritzer des Hydrophilen Badeöls genügt für ein Vollbad.
    Das Baden mit Hydrophilem Badeöl ist nicht nur eine Wohltat für die trockene Haut, es ist auch dann zu empfehlen, wenn man im Bad oder nach dem Bad leicht friert. Hier bewirkt der Ölzusatz ein wohltuendes Gefühl der Erwärmung.

Duftende Badeöle mit ätherischen Ölen

Bei der Eigenherstellung des Ölauszugs aus Pflanzen kann man naturgemäß nur einen kleinen Teil des ätherischen Öls gewinnen, denn ätherisches Öl ist in den einzelnen Pflanzenteilen nur in verschwindend kleiner Menge vorhanden. Bei der professionellen Gewinnung ätherischer Öle bedient man sich verschiedener Methoden: Pressen, Destillation mit Wasser, Ausziehen der Blüten mit flüchtigen Lösungsmitteln oder Mazeration. Naturreine ätherische Öle kann man in der Apotheke kaufen, und viele von ihnen eignen sich für die Herstellung duftender Badezusätze.

Zutaten: 30 g ätherisches Öl
65 g Pflanzenöl
1 Eßlöffel Tween 80

Zubereitung: Hier folgt eine kleine Auswahl von heilwirksamen ätherischen Ölen, die aus Heilpflanzen gewonnen werden. Am besten stellt man sich verschiedene Badeöle her, dann hat man immer einen geeigneten Badezusatz für verschiedene Zwecke griffbereit. Alle Zutaten für das jeweilige Badeöl füllt man in eine 100 g fassende dunkle Apothekerflasche und schüttelt einmal kräftig durch.

Anwendung und Wirkung: Es genügt schon ein Spritzer Badeöl, um dem Bad einen angenehmen Duft zu verleihen. Die Zugabe des Emulgators bewirkt die Auflösung des Öls im Wasser, so können keine Fettaugen auf dem Badewasser schwimmen. Der fein verteilte Film des Öls im Wasser macht das Bad zur hautpflegenden und wohltuenden Schönheitskur für die Körperhaut und den gesamten Organismus.

Rosmarinöl: Rosmarin gehört zu den belebenden Heilpflanzen, und Rosmarinbad macht munter, es steigert die Durchblutung und regt den Kreislauf an. So ist das Rosmarinöl im Hydrophilen Duftbadeöl ein idealer Zusatz, wenn man müde und abgespannt nach Hause kommt und rasch wieder frisch sein möchte.

Melissenöl: Die Melisse wirkt vor allem krampflösend und entspannend. Das Melissenölbad verströmt einen feinen, angenehm zitronenähnlichen Duft und ist bei Nervosität, Abgespanntheit und Menstruationsbeschwerden zu empfehlen.

Latschenkiefer: Das Latschenkieferöl ist ein idealer Badezusatz für den Winter, denn ein Vollbad mit diesem duftenden Öl wirkt herrlich durchwärmend. Wenn man etwas gegen eine beginnende Erkältung unternehmen möchte, wenn man recht durchfroren nach Hause kommt, dann sollte man ein durchwärmendes Latschenkieferbad nehmen.

Zutaten: 1 Kaffeelöffel Parfümöl
 90 g Pflanzenöl
 1 Eßlöffel Tween 80

Zubereitung: Hier ist wieder einmal ein Grundrezept für experimentierfreudige Kosmetik-Köchinnen. Es gibt unendlich viele Möglichkeiten, duftende Luxusbäder herzustellen, doch hängt es auch von der individuellen Vorliebe für bestimmte Düfte ab, für welche Duftkomposition man sich entschließt. Hier einige Vorschläge für natürliche ätherische Öle, die man in Apotheken bekommt: Apfelsinenschalenöl, Geraniumöl, Jasminöl, Lavendelöl, Nelkenöl, Pfefferminzöl, Zimtöl, Zitronenöl; und schließlich bleibt noch das eigene Parfüm, das man dem Hydrophilen Parfüm-Badeöl untermischen kann.

Ganz einfach und schnell ist das Badeöl gemacht: Alle Zutaten geben Sie in eine dunkle Flasche und schütteln sie einmal kräftig durch.

Anwendung und Wirkung: Ein Spritzer Parfüm-Badeöl im Badewasser genügt für ein Vollbad. Im heißen Wasser entfalten die Parfümöle ihren wundervollen Duft, und so ist das Bad in duftenden Blüten eine Wohltat für Körper und Geist.

Schönheitspflege nach dem Bad

FEINER LAVENDELESSIG

Zutaten: 1 Handvoll getrocknete Lavendelblüten
1/2 l naturreiner Obstessig
100 g Rosenwasser
20 g Alkohol 70%
1 Kaffeelöffel Lavendelöl

Herstellung: Die duftenden Lavendelblüten füllen Sie in ein gut verschließbares Glas mit breiter Öffnung und gießen den Obstessig darüber. Gut verschlossen bleiben die Lavendelblüten an einem warmen Platz, wenn möglich in der Sonne, 14 Tage lang stehen; ab und zu durchschütteln. Dann seiht man die Flüssigkeit ab und drückt dabei die Pflanzenrückstände kräftig aus. Durch Kaffeefilterpapier wird nun die Flüssigkeit klargefiltert. Mit dem Rosenwasser aufgießen. Das Lavendelöl im Alkohol auflösen und untermischen. In eine dunkle Flasche abfüllen und einmal tüchtig durchschütteln.

Anwendung und Wirkung: Der wundervoll duftende Lavendelessig eignet sich vor allem für die Abreibung des Körpers nach dem Bad oder der Dusche. Er erfrischt und klärt die Haut, er adstringiert und verhilft zu einer raschen Regenerierung des Hautsäuremantels nach dem Bad.

KRÄUTER-ESSIG

Zutaten: 1 Kaffeelöffel Pfefferminze
1 Kaffeelöffel Salbei
1 Kaffeelöffel Lavendelblüten
1 Kaffeelöffel Rosmarin
1/2 l naturreiner Obstessig
100 g destilliertes Wasser
20 g Alkohol 70%
1/2 Kaffeelöffel Rosmarinöl

Herstellung: Die getrockneten Kräuter füllen Sie in ein gut verschließbares Gefäß mit breiter Öffnung und gießen den Obstessig darüber. Das gut verschlossene Glas wird nun 14 Tage an einen warmen Platz im Haus oder in die Sonne gestellt; ab und zu durchschütteln. Wichtig ist, daß die Kräuter immer schön im Essig schwimmen und nie von Flüssigkeit unbedeckt bleiben. Nach zwei Wochen seihen Sie die Mischung ab und drücken dabei die Pflanzenrückstände kräftig aus. Die Flüssigkeit anschließend durch Kaffeefilterpapier klarfiltern und mit dem destillierten Wasser aufgießen. Das Rosmarinöl im Alkohol lösen und dazugeben. In eine dunkle Flasche abfüllen und einmal kräftig durchschütteln.

Überprüfen Sie die Qualität Ihres Kräuter-Essigs: Wenn er für Ihren Geschmack zu konzentriert ist, können Sie ihn mit destilliertem Wasser noch weiter verdünnen. Sollten Sie sich den Duft von Rosmarin noch intensiver wünschen, lösen Sie erneut ein paar Tropfen Rosmarinöl in ein wenig Alkohol und fügen es der Mischung bei. Kosmetik zum Selbermachen, das heißt auch kreativ sein und Freude an der Sache haben, deshalb nenne ich Ihnen auch Möglichkeiten für Veränderungen der Rezepturen.

Anwendung und Wirkung: Der angenehm nach Rosmarin duftende Kräuter-Essig eignet sich vor allem als erfrischende Abreibung nach dem Bad, wenn man unreine und schlecht durchblutete Körperhaut hat. Er klärt die Poren und ist auch bei der Neubildung des Hautsäuremantels behilflich.

ROSEN-TONIKUM

Zutaten: 200 g Rosenwasser
2 g Alaunpulver
10 g Alkohol 70%
5 Tropfen synthetisches Rosenöl

Herstellung: Nehmen Sie ein wenig Rosenwasser auf die Seite, erwärmen Sie es und lösen Sie den Alaun darin auf. Dann lösen Sie das Rosenöl im Alkohol. Beide Flüssigkeiten miteinander vermischen und einmal kräftig durchschütteln, in eine dunkle Flasche abfüllen.

Anwendung und Wirkung: Dieses schöne Tonikum für erfrischende und herrlich duftende Körperabreibungen wurde früher mit echtem Rosenöl zubereitet. Leider ist das echte Rosenöl sehr teuer geworden, als Ersatz bietet sich das synthetische Rosenöl an. Die Abreibungen mit dem duftenden Rosen-Tonikum wirken vor allem durch die Zugabe von Alaun mild adstringierend und desodorierend. Sie sind für die morgendliche Körperpflege ideal.

JOJOBA-BODY-SOFT

Zutaten: 10 g Lanolin anhydrid (1 Kaffeelöffel)
10 g Kakaobutter
60 g Jojobaöl
20 g Avocadoöl
Parfümöl bei Bedarf

Herstellung: Die ersten beiden Zutaten werden auf dem Wasserbad geschmolzen. Dann die Öle hinzufügen und so lange weiterwärmen, bis eine klare Fettschmelze entstanden ist. Vom Feuer nehmen und mit dem Kochlöffel umrühren. Bevor die Mischung erkaltet, Parfümöl einrühren. In eine Flasche abfüllen.

Für die Parfümierung wählen Sie am besten eine Duftnote, die Ihnen persönlich am besten gefällt. Nehmen Sie ein paar Tröpfchen Ihres Parfüms oder suchen Sie unter den natürlichen ätherischen Ölen den passenden Duft aus. Es eignen sich Geraniumöl, Nelkenöl, Rosmarinöl, Melissenöl. Unter den synthetischen Parfümölen, die es in Indiengeschäften gibt, findet man Duftnoten wie Apfelblüte, Iris, Hyazinthe, Rose, Irisches Moos.

Parfümieren Sie sparsam und geben Sie vorsichtshalber das Parfümöl tropfenweise zu. Verstreichen Sie ein wenig Jojoba-Body-Soft auf der Innenseite des Unterarms und überprüfen Sie den Duft, bevor Sie weitere Tropfen zugeben.

Das Jojobaöl gehört zu den besten Pflanzenölen für die Hautpflege, leider ist es relativ teuer. Sie können das Jojoba-Body-Soft auch mit preisgünstigerem Pflanzenöl herstellen, etwa mit süßem Mandelöl, mit Distelöl oder Traubenkernöl.

Anwendung und Wirkung: Von Kopf bis Fuß kann man sich mit dem herrlichen Body-Soft einreiben. Man braucht nur wenig davon, denn die Mischung ist sehr fein verstreichbar und ungemein ergiebig. Die kostbaren Pflanzenöle machen die Körperhaut babyzart, sie kleben nicht und verbinden sich sehr rasch mit dem natürlichen Hautfett. Die beste Wirkung erzielt man nach einem warmen Bad oder nach der Dusche, wenn die Körperhaut noch erwärmt ist. Durch den Kontakt mit der warmen Haut entfaltet auch das Parfümöl seinen Duft.

MASSAGE-ÖLE

Zutaten: I
1 Teil Olivenöl
1 Teil süßes Mandelöl

II
2 Teile süßes Mandelöl
1 Teil Weizenkeimöl

III
1 Teil süßes Mandelöl
1 Teil Avocadoöl
1 Teil Weizenkeimöl
1 Teil Sesamöl

Nach dem Bad ist die Körperhaut für eine Einreibung oder Massage mit pflegenden Ölen besonders aufnahmebereit. Die in den Ölen enthaltenen Fettsäuren und Vitamine bringen rauhe und schuppige Hautstellen zum Verschwinden und beugen auch frühzeitiger Faltenbildung vor, sie halten die Haut weich und geschmeidig. Sie können verschiedene Ölmischungen herstellen. Die Öle sollten so frisch wie möglich und in kleinen Mengen verarbeitet werden, da sie nur begrenzt haltbar sind. Kühl lagern!

Wenn Sie Freude an duftenden Massageölen haben, setzen Sie Ihrem Öl noch ein paar Tröpfchen Parfümöl zu. Durch die Körperwärme entfalten die Parfümöle ihren Duft, und so wird die Massage auch zum Vergnügen!

KÖRPERPUDER

Zutaten: 30 g Talkum
5 g Zinkoxyd
2 Tropfen Parfümöl

Herstellung: Die Zutaten einschließlich des Öls in eine gut verschließbare Dose füllen und durch kräftiges Schütteln miteinander verbinden. Dieser feine weiße Puder hat durch den Zusatz von Zinkoxyd eine besonders stark desinfizierende Wirkung. Als Parfümierung wählt man am besten unter den erfrischend duftenden Parfümölen aus, etwa Melissenöl, Zitronenöl oder Pfefferminzöl.

Anwendung und Wirkung: Puder saugt nach dem Duschen oder Baden Feuchtigkeit auf und beugt Hautreizungen vor. Bei fetter und unreiner Haut ist dieser Puder besonders zu empfehlen, da er leicht desinfizierend, entgiftend und saugfähig wirkt.

PFEFFERMINZ-KÖRPERPUDER

Zutaten: 30 g Talkum
10 g Bolus alba
5 g Zinkoxyd
4–5 Tropfen Pfefferminzöl

Herstellung: Die Herstellung des Körperpuders ist höchst einfach: man gibt alle Zutaten, einschließlich des Pfefferminzöls, in ein gut verschließbares Gefäß und schüttelt kräftig durch. Es entsteht ein sehr erfrischender, kühl duftender Puder, der besonders durch die Boluszugabe große Mengen von Feuchtigkeit zu binden vermag.

Anwendung und Wirkung: Betupfen Sie einen Wattebausch mit ein wenig Puder und stäuben Sie ihn unter die Achseln. So haben Sie den ganzen Tag über ein angenehm frisches Gefühl. Auch als Fußpuder läßt sich der Pfefferminzpuder gut verwenden.

Körperpackungen

Wer je eine Schönheitsfarm besucht hat, wird die Körperpak-
kungen schätzen gelernt haben, die man zur allgemeinen Hautpflege einmal in der Woche anwendet. Im Gegensatz zu einer
Gesichtspackung soll die Körperpackung möglichst über Nacht
einwirken und nicht mehr abgewaschen werden. Man trägt die
Packung nach dem Bad auf, wickelt sich in ein Leinentuch und
legt sich ins Bett. Am nächsten Morgen ist die Haut zart und
weich, glatt und geschmeidig.

NÄHRPACKUNG

Zutaten: 1 Eigelb
1 Spritzer Zitronensaft
4 Eßlöffel süßes Mandelöl
4 Eßlöffel Olivenöl
2 Eßlöffel Weizenkeimöl
1/2 Kaffeelöffel Obstessig
4 Tropfen Melissenöl

Herstellung: Schlagen Sie das Eigelb in eine kleine Porzellanschüssel. Die Pflanzenöle mit Ausnahme des Melissenöls nun
langsam, zunächst tropfenweise unter das Eigelb rühren, so daß
eine schöne Mayonnaise entsteht. Dann Zitronensaft, Obstessig
und Melissenöl unterrühren.

Anwendung und Wirkung: Mit der schönen goldgelben Sahne
reibt man den ganzen Körper verschwenderisch vom Hals bis
zur kleinen Zehe ein. Rauhe und schrundige Hautstellen an den
Knien oder an den Ellbogen bedeckt man besonders reichlich.
Die Packung eignet sich für jede Haut, sie ist aber ganz besonders bei trockener und spröder Haut zu empfehlen, als Nachur-
laubskur oder als Hautpflegemittel nach dem Winter, wenn man
die Haut fürs Frühjahr schnell »auf Hochglanz« bringen will.

LANOLIN-KUR

Die Lanolin-Packung ist schnell herzustellen und wirkt wohltuend auf die spröde und trockene Haut. Man braucht dazu etwa zwei Eßlöffel Lanolin und etwas süßes Mandelöl. Lanolin im Wasserbad leicht erwärmen, aber nicht zum Schmelzen bringen; süßes Mandelöl einrühren, bis eine gut streichfähige Creme entsteht. Vom Wasserbad nehmen und leicht warm auftragen. Die Creme sollte über Nacht einwirken.

KÖRPERPACKUNG

Zutaten: 2 Kaffeelöffel Lanolin
4 Eßlöffel Weizenkeimöl
15 Tropfen Arnikatinktur

Herstellung: Lanolin auf dem Wasserbad leicht erwärmen. Bevor der Schmelzpunkt erreicht ist, Weizenkeimöl unterrühren, vom Wasserbad nehmen und Arnikatinktur einrühren.

Dieses Rezept für eine Körperpackung eignet sich auch für die Pflege der unreinen und fetten Körperhaut.

DEODORANT

Zutaten: 30 g reinen Alkohol 96%
1 g Menthol
50 g Hamameliswasser
1 g Alaun

Herstellung: Man löst zunächst das Menthol im Alkohol auf, dann erwärmt man das Hamameliswasser leicht, um darin das Alaunpulver zu lösen. Nun gießt man beide Flüssigkeiten zusammen. Am besten füllt man die Flüssigkeit in eine praktische Kunststoff-Flasche mit Spritzverschluß ab, so kann man die gewünschte Menge tropfenweise in die Hand träufeln lassen und sich damit abreiben. Man nimmt die Einreibung nach dem Waschen vor, sie hinterläßt auf der Haut ein angenehmes, kühlendes und frisches Gefühl.

Anwendung und Wirkung: Unter nervösen Schweißausbrüchen leidet man heutzutage viel mehr als früher: Schuld daran ist häufig der vermehrte Konsum von Zigaretten, Kaffee, Alkohol, aber auch psychisch bedingte Reize, wie Aufregung, nervöse Hast, Hektik und Angstzustände. Frauen, die viel Achselsprays verwenden, werden bald feststellen, daß sie ohne ihre Sprayflasche nicht mehr leben können. Sie regulieren damit nicht die selbständigen Funktionen der Schweißtätigkeit, sondern unterbrechen sie und müssen immer mehr Spray verwenden, um die unangenehmen Gerüche zu beseitigen. Es wäre den Versuch wert, sich auf dieses leichte, regulierende Mittel umzustellen. Man sollte dabei etwas Geduld aufbringen und dem Körper Zeit lassen, sich auf ein leichteres Mittel einzustellen.

Desinfizierend wirken die Teeaufgüsse aus Rosmarin, Thymian und Kamille, die man als Körperlotion verwenden kann. Man sollte mehrmals täglich die Achselhöhlen damit abreiben, wenn man unter starker Schweißabsonderung zu leiden hat.

8.
Das Haar

Eine blonde Frau hat im Durchschnitt 140000 Haare auf dem Kopf, eine Brünette etwa 110000 und eine Rothaarige 88000. Auf einem Quadratzentimeter Kopfhaut wachsen im Durchschnitt 120 Haare. Jedes Kopfhaar wächst innerhalb von 2–4 Tagen etwa 1 mm und lebt im Durchschnitt 6 Jahre. Nach dieser Zeit löst sich die Haarwurzel von den umgebenden Zellen, der Haarpapille, fällt aus und macht dem neuen Haar Platz. Man verliert täglich etwa 50 Haare, wenn das Haar gesund nachwächst, werden die verlorenen Haare ständig durch neuen Nachwuchs ersetzt.

Obwohl feststeht, daß die blonden Haare am reichlichsten sprießen, hat das blonde Haar die feinste Beschaffenheit, während das dunklere oder rote Haar eine festere Struktur aufweist. Unabhängig von der Farbe des Haares baut sich jedes Haar gleich auf – das einzelne Haar liegt mit seiner Wurzel eingepflanzt in der Haut, umgeben von Blutgefäßen, Nerven und Talgdrüsen. Jedes einzelne Haar besteht aus verschiedenen Schichten, von außen nach innen betrachtet aus der Hornschicht, der Rinde und dem Mark.

Die Hornschicht ist eine dichte Lagerung von einzelnen Hornblättchen. Der Hornstoff, das Keratin, aus dem das Haar besteht, ist chemisch gesehen eine schwefelhaltige Eiweißverbindung.

Die Rinde oder Rindenschicht bildet die Hauptmasse des einzelnen Haares, sie besteht aus verhornten Zellen, die auch jene Pigmente enthalten, welche die Haarfarbe bestimmen. Die Pigmentversorgung der Rindenschicht geht von der Haarwurzel aus; läßt die Zufuhr nach, werden die Haare grau. Das Ergrauen des Haares hängt teilweise von Erbfaktoren ab, aber auch andere Ursachen, Fehlernährung, Neuralgien oder Infektionskrankheiten können den Pigmentstoffwechsel des Haares stören und zu frühzeitigem Ergrauen führen. Bei der generellen Pflege des Haares spielt die Durchblutung der Kopfhaut eine große Rolle, da man durch Kopfmassagen das Wachstum der Haare anregen und auch den Pigmentstoffwechsel fördern kann.

Die Ernährung und die Regeneration des Haares findet in der Haarwurzel statt; man kann also den Zustand und das Aussehen des Haares von innen durch die Ernährung beeinflussen. All jene Stoffe, die zum Aufbau der Hornsubstanz des Haares nötig sind, sollte man dem Haar durch die Ernährung zuführen – Schwefel, Eisen, Kieselsäure, Kalk und Jod. Umgesetzt auf die Kost finden sich diese Stoffe beispielsweise in Vollkornbrot, unpoliertem Reis, frischen Gemüsen, Zwiebeln, Fisch, Leber, Milch und Eiern. Auch Vitamin B wirkt sich in der Ernährung besonders günstig auf den Zustand des Haares aus. Der berühmte amerikanische Schönheitsexperte Gayelord Hauser bezeichnet Vitamin B sogar als das Anti-Ergrauungsvitamin. Sein Rezept gegen frühzeitige Ergrauung, gegen Haarausfall und mangelnden Haarwuchs lautet:

»Trinkt einen Liter Yoghurt täglich und nehmt einen Löffel Bierhefe nach jeder Mahlzeit. Nehmt $1/2$ Tasse Weizenkeime mit einem Eßlöffel Rohrzucker-Melasse. Eßt so oft als möglich Seefische und Leber. Nehmt außerdem Tabletten aus pulverisierten grünen Algen oder Jod-Ersätzen und erwartet keine Wunder über Nacht! Es wird sich nichts ereignen. Doch werdet ihr nach sechs Monaten, falls ihr meinen Rat befolgt habt, sehr wahrscheinlich entdecken, daß euer Haar dichter und glänzender geworden ist.«

Die chemische Löslichkeit verschiedener Substanzen des Haares macht es den Friseuren leicht, mit konzentrierten Säuren und chemischen Farben die Struktur des Haares zu verändern. Beim Dauerwellen wird beispielsweise durch die Einwirkung auf bestimmte Schwefelverbindungen der natürliche Haarkitt gelöst, beim Färben werden chemische Substanzen aufs Haar gebracht, die in den Haarschaft eindringen müssen, um dort ihren Pigmentstoff zu entwickeln. Jeder Eingriff dieser Art greift die Substanz des Haares an und schadet der Schönheit des Haares. Nimmt man all diese Eingriffe vor, sollte man sich darüber im klaren sein, daß viel Pflege notwendig ist, um die nachfolgenden

Schäden und Veränderungen des Haares zu verdecken. Präpariertes Haar wird leicht trocken, spröde und brüchig, es verliert seine natürliche Spannung und seinen Glanz. Bevor man sich entschließt, dem Haar all diese Strapazen zuzumuten, sollte man vorsorglich alle einfachen Mittel ausprobieren, um den Zustand und das Aussehen des Haares zu verbessern.

Gesundes, normales Haar, das weder fette noch trockene Tendenzen aufweist, das niemals von vorübergehenden Veränderungen beeinflußt ist, gibt es, genau betrachtet, überhaupt nicht. Gesundes Haar hat wie normale gesunde Haut auch natürliche Reaktionen. Hält man sich zum Beispiel viel in der Sonne auf, neigt das Haar zu Trockenheit und spröden Spitzen. Hat man, wenn auch nur kurzfristig, unter gesundheitlichen Störungen zu leiden, reagiert das Haar mit: es fallen mehr Haare aus als normal, das Haar hängt schlaff und glanzlos herunter. Normal reagiert das Haar auch, wenn es von Dauerwellen, Haarfarben und Trockenhauben geplagt, sein natürliches Aussehen ungünstig verändert.

Reinigung

Die wichtigste Regel, das Haar zu pflegen, ist die Sauberhaltung des Haares und der Kopfhaut. Man wäscht das Haar, wenn es schmutzig ist, genauer gesagt, wenn es anfängt schmutzig zu werden. Verschmutzte Luft, trockene staubige Büroluft, engsitzende Mützen im Winter beeinflussen das Aussehen des Haares – aber auch innerliche Umstände tragen dazu bei. Wem das seelische Barometer auf »tief« steht, was häufig prämenstruell geschieht, wer zuwenig schläft oder zuviel Alkohol getrunken hat, dem hängen auch die normalsten Haare schnell strähnig und müde vom Kopf.

Um die Kopfhaut zu durchbluten und um Staub und Schmutz aus dem Haar zu entfernen, bürstet man das Haar täglich mit einer nicht zu weichen Haarbürste aus Naturborsten. Der Schmutz darf nicht in das Haar, sondern muß aus dem Haar herausgebürstet werden, das läßt sich am einfachsten durchführen, indem man den Kopf nach vorne beugt und das Haar gegen den

Strich bürstet. Dieses Bürsten mit dem Kopf nach unten macht nicht nur schönes Haar, es bewirkt auch mit der Durchblutung der Kopfhaut eine gute Durchblutung der Gesichtshaut. Wer seine täglichen 100 Bürstenstriche absolviert, wird auch immer einen guten Teint haben.

Daß die Haarbürste immer peinlich sauber gehalten werden muß, ist selbstverständlich. In vielen Haushalten werden Kämme und Bürsten von mehreren Personen gemeinsam benutzt, das ist mindestens ebenso unhygienisch, wie die gemeinsame Familienzahnbürste. Gesundes Haar, selbst wenn es sehr fein ist, verträgt häufiges Waschen. Wenn das Haar nicht durch falsche Pflege, durch Dauerwellen oder chemische Haarfarben geschädigt ist, verfügt es ausreichend über das sogenannte Sebum, eine fettige Substanz, die das Haar gegen äußere Einflüsse schützt. So ist es also weniger wichtig, wie oft man das Haar wäscht, es kommt vielmehr darauf an, wie man es wäscht. Normalerweise glaubt der Verbraucher von Haarshampoos, sie hätten keine andere Funktion, als das Haar und die Kopfhaut zu reinigen. Mit jedem handelsüblichen Haarshampoo wird dieser Anspruch auch erfüllt, die Schwierigkeit besteht jedoch darin, daß er sozusagen übererfüllt wird. In der Praxis heißt das: Jedes handelsübliche Haarshampoo wird heutzutage auf Detergenzien aufgebaut. Das sind waschaktive Substanzen, auch Tenside genannt, und vom Baby- bis zum Superbeauty-Shampoo, vom Spülmittel bis zum Autowaschmittel finden sie ihre Verwendung als Reinigungsmittel. Es gibt davon mehrere chemische Gruppen, die man in anionische, kationaktive, ampholytische und nichtiogene Typen einteilen kann. Für den Laien ist es weniger interessant, in welcher Form die Detergenzien in Haarshampoos eingearbeitet werden, er will nur nach der Kopfwäsche sauberes und glänzendes Haar haben. Die Superwaschkraft der Detergenzienshampoos wäscht jedoch nicht nur Schmutz aus dem Haar. Durch ihre stark entfettende Wirkung greift sie auch das Sebum des Haares an. Laboruntersuchungen zeigen eine Entfettung des Haares von 70 bis 80 Prozent. Hinzu kommt, daß die Detergenzien auch tieferliegende Hautpartien und selbst die Haarfollikel entfetten können.

Beim Geschirrspülen mag diese Radikalentfettung ihre Berechtigung haben, nicht jedoch beim lebenden Gewebe. Das Sebum bildet einen natürlichen Schutzfilm um jedes einzelne Haar. Es schützt das Haar vor äußeren Einflüssen – nicht nur vor Sonne, auch vor Licht und Staub. Es gibt dem Haar Kraft und Körper. Wird das Haar nun durch die Wäsche radikal entfettet, verliert es Standkraft, es schmutzt viel schneller nach und muß häufiger gewaschen werden, außerdem fliegt es. Das natürliche Sebum verleiht dem Haar Glanz, deshalb bewirkt die Radikalentfettung auch Glanzlosigkeit und Mangel an Elastizität. Heute bietet die Industrie dem Verbraucher Haarshampoos mit sogenannten rückfettenden Substanzen an. Das haben wir schon einmal erlebt, als die detergenzienhaltigen Schaumbäder nicht nur den Schmutz von der Haut lösten, sondern auch das natürliche Hautfett angriffen. Damals wurde empfohlen, sich in Schaumbäder zu setzen, die mit nachfettenden Mitteln angereichert sind. Aber warum muß man die Haut zuerst mit aggressiven Mitteln entfetten, um sie dann mit künstlichen Mitteln wieder anzufetten? Offensichtlich ist die Dummheit vieler Verbraucher grenzenlos, sonst wären derartige »Schönheitsmittel« kein Erfolg. Ähnlich verhält es sich mit den üblichen Haarshampoos, die das Haar von außen wieder anfetten sollen, nachdem durch die Wäsche viel Schaden angerichtet wurde.

Wenn Sie das Haar mit Detergenzienshampoo waschen, dann stellen Sie auf jeden Fall eine Verdünnung her. Bringen Sie niemals das Shampoo in direkten Kontakt mit Ihrem Haar und Ihrer Kopfhaut. Verdünnen Sie ein wenig Detergenzienshampoo in etwas warmem Wasser und waschen Sie damit das Haar. Lassen Sie sich auch beim Friseur niemals Shampoo direkt auf den Kopf schütten, es ist immer zu aggressiv, auch wenn Ihnen der Friseur etwas von Kurshampoo erzählt, das in aufwendigen Laboruntersuchungen getestet worden sei. Ich denke bei solcher Argumentation höchstens an die vielen Tiere, die ihr Leben lassen mußten. Das Haar zu stark zu entfetten, ist niemals eine Haarkur, und die blumige Industriesprache darf Sie nicht in die Irre führen.

Um die Aggressivität der Detergenzien etwas abzuschwächen, kleidet man sie neuerdings in geleeartige Stoffe ein. Diese Gelatineshampoos haben gewiß Vorteile gegenüber den üblichen Shampoos, denn durch das sogenannte Einschmelzen der aggressiven Mittel in weniger spreitende Stoffe wird eine Schwächung der Aggressivität erzielt. Trotzdem sind die Haarshampoos noch immer stark entfettend und sollten mit Wasser verdünnt werden.

Bevor uns die industrielle Fertigung von Kosmetika die Detergenzienära bescherte, haben sich die Leute auch das Haar gewaschen, und das Haar der Frauen war schön und glänzend, dafür gibt es genug historische Dokumente. Das klassische Haarshampoo basierte auf weißer Schmierseife, mit der man vorzügliche Haarshampoos herstellen kann. Die weiße Schmierseife bekommt man unter der lateinischen Bezeichnung »Sapo kalinus albus« in der Apotheke. Bei der Haarwäsche mit seifenbasiertem Haarshampoo wird das Haar nur wenig entfettet und trotzdem gründlich gereinigt. Ein »Muß« bei der Anwendung ist jedoch die saure Spülung mit verdünntem Obstessig oder Zitronensaft nach der Haarwäsche. Dadurch werden nicht nur die Kalkrückstände im Haar entfernt, die saure Spülung regeneriert auch den natürlichen Säuremantel von Haar und Kopfhaut.

DUFTENDES SEIFENSHAMPOO

Zutaten: 3/4 l destilliertes Wasser
50 g weiße Schmierseife (Silberseife)
10 g Pottasche
50 g Alkohol 70%
zirka 1–2 Kaffeelöffel Parfümöl

Herstellung: Bringen Sie zuerst das destillierte Wasser in einem hochrandigen Topf zum Kochen. Dann lösen Sie die weiße Silberseife darin auf und fügen die Pottasche hinzu. 30 Minuten köcheln lassen, wobei sich die Seifenlösung auf einen halben Liter reduzieren wird. Abkühlen lassen.

Nun wird das Parfüm im Alkohol gelöst. Es hängt von der Intensität Ihres Parfüms ab, wieviel Sie davon in Alkohol lösen, um das Shampoo zu parfümieren, damit der Geruch von Schmierseife verschwindet, das Shampoo aber auch nicht so intensiv parfümiert ist, daß man beim Haarewaschen die Bindehaut der Augen damit reizt. Deshalb gebe ich Ihnen hier einige Richtwerte für Parfümöle: 1/2 Kaffeelöffel Pfefferminzöl für duftendes Pfefferminzshampoo; 2 Kaffeelöffel synthetisches Rosenöl für feines Rosenshampoo; 2 Kaffeelöffel Zitronenöl für erfrischendes Zitronenshampoo; 1 Kaffeelöffel Lavendelöl für angenehm duftendes Lavendelshampoo; 1 Kaffeelöffel Rosmarinöl für würzig duftendes Rosmarinshampoo. Neben diesen Duftnoten gibt es in Indiengeschäften preiswerte synthetische Parfümöle. Hier sind erfahrungsgemäß 2 Kaffeelöffel ausreichend, um das Haarshampoo gut zu parfümieren. Empfehlenswerte Duftnoten sind Apfelblüte, Veilchen, Pfirsichblüte, Jasmin, Irisches Moos.

Nun gießen Sie die abgekühlte Flüssigkeit zusammen mit dem parfümierten Alkohol in eine hübsche Flasche und schütteln alles einmal tüchtig durch.

Anwendung und Wirkung: Das duftende Haarshampoo sparsam auf dem nassen Haar verteilen. Nach der zweiten Wäsche gründlich mit warmem Wasser spülen. In das letzte Spülwasser geben Sie einen Schuß Obstessig oder Zitronensaft, wenn das Haar blond ist. Durch die gründliche Reinigung und die sparsame Entfettung des Haares wird das Haar glänzend und gut frisierbar, es behält Stand und Form.

Haarspülungen

BIRKENBLÄTTER-SPÜLUNG

Getrocknete Birkenblätter aus dem Kräuterhaus oder fertiger Birkenblättertee aus dem Reformhaus wird für die Spülung wie Tee zubereitet: 1 Teelöffel Blätter auf eine Tasse Wasser. Man übergießt die Blätter mit kochendheißem Wasser und läßt den Aufguß abkühlen, bis er lauwarm ist, erst dann seiht man den Tee durch ein feinmaschiges Haarsieb ab.

Wirkung: Die Spülung hilft den Haarboden gesundhalten, sie macht das Haar weich und glänzend und wirkt auch gut gegen Haarausfall. Nicht für blondes Haar geeignet.

BRENNESSEL-SPÜLUNG

Die getrockneten Brennesseln oder der fertige Brennesseltee aus dem Reformhaus werden ebenfalls wie normaler Tee zubereitet: 1 Teelöffel Blätter auf eine Tasse Wasser. Es empfiehlt sich, nur getrocknete Brennessel zu verwenden, da frische Brennesseln grün färben.

Wirkung: Brennessel sind ein altbekanntes Hausmittel, um die Haarwurzeln zu stärken und um Schuppenbildung zu verhindern. Nicht für blondes Haar geeignet.

KAMILLEN-SPÜLUNG

Die Kamille ist eine der beliebtesten Pflanzen für die Kräuterspülung des Haares. Sie wirkt desodorierend und heilend, in einem alten Kräuterbuch der Volksheilkunde heißt es sogar: »Mit einem Kamillenabsud das Haupt gewaschen, stärket das Gehirn!« Die Kamillenspülung stellt man wie Kamillentee her: 1 Teelöffel Kamillenblüten auf eine Tasse Wasser. Die Blüten werden mit kochendem Wasser überbrüht und müssen bis zum Abkühlen durchziehen, bevor man sie abseiht.

Wirkung: Kamille macht das Haar nicht nur seidig und glänzend, es hellt auch nachgedunkeltes, blondes Haar auf. Blondes Haar bekommt durch die Kamillenspülung einen schönen Glanz. Wer blondes Haar besonders verwöhnen will, wäscht es statt mit Wasser nur mit Kamillentee und fügt der letzten Spülung den Saft einer halben Zitrone bei.

Tips für die Haarpflege

Nach dem Waschen werden die Haare mit einem Frotteehandtuch getrocknet. Kräftiges Rubbeln mit dem Frotteehandtuch nach der Haarwäsche mag eine angenehme Kopfmassage sein, für das Haar ist es aber nicht gut. Legen sie das Handtuch um das nasse Haar und klopfen sie es leicht mit den Händen. Dann wird das Haar ausfrisiert; anschließend wickeln Sie ein trockenes Handtuch um den Kopf und lassen das Haar 15 Minuten vortrocknen.

Ob man das Haar auf Lockenwickler legt oder nur in Form bürstet, in jedem Fall sollte man es so oft wie möglich in der Luft trocknen lassen und auf die Trockenhaube verzichten. Die heiße Luft der Trockenhaube ist für das Haar, die Kopfhaut und vor allem für die Gesichtshaut eine Strapaze; wer viel unter der Trockenhaube sitzt, bekommt schnell sprödes Haar und trockene Haut. Wenn man es einrichten kann, sollte man versuchen, das Haar statt unter der Trockenhaube wenigstens mit dem Fön zu trocknen.

Wer Zeit hat, sollte das Haar in der frischen Luft oder im warmen Zimmer trocknen lassen, das strapaziert weder die Haut noch das Haar. Nicht zu empfehlen ist ein Trockenbad in praller Sonne, es sei denn, man hat an Schuppen oder Schuppenflechten zu leiden.

– Benutzen Sie keine Metallkämme oder engzinkige Kämme, sie sind schlecht für Haar und Kopfhaut. Ideal ist der Hornkamm mit weit auseinanderliegenden Zinken.

– Vermeiden Sie Lockenwickler mit Bürsten oder Drahteinsätzen, haarschonend sind glatte, weiche Kunststoffwickler.

– Haarbalsam macht das Haar weich und schwer. Das ist besonders ungünstig für feines Haar. Außerdem erfordert das zu weiche Haar einen Haarfestiger, damit die Frisur hält. Versuchen Sie den Honig-Festiger als Ersatz für Balsam und Haarfestiger.

– Verdünnen Sie Haarbalsam mit Wasser, dann wirkt der Weichspüler weniger erweichend auf das Haar.

– Normale, gesunde Kopfhaut braucht kein Haarwasser zur täglichen Haarpflege. Um die Kopfhaut zu durchbluten, genügen die täglichen 100 Bürstenstriche oder eine Massage mit den

Fingerspitzen. Man greift dazu unters Haar und bewegt die Kopfhaut mit leichtem Druck hin und her, ohne zu zerren und zu reiben. Über den Ober- und Hinterkopf massiert man so bis in den Nacken.
– Das Haar braucht ab und zu eine Packung. Besonders im Sommer neigen die Haarspitzen zu Trockenheit, im Winter fehlt den Haaren Sauerstoff und auch die winterlich überheizten Räume tragen nicht dazu bei, die Struktur des Haares zu verbessern.

Packungen

EIGELB-PACKUNG

Unter ein Eigelb – oder zwei, wenn das Haar lang ist – rührt man einen Eßlöffel voll Pflanzenöl. Es eignen sich Olivenöl, Avocadoöl oder Weizenkeimöl. Rühren Sie eine schöne glatte Mayonnaise, die gleichmäßig auf das Haar verteilt wird. Je wärmer man die Packung auf dem Kopf hält, desto besser wirkt sie. Man setzt sich deshalb eine Plastikhaube auf den Kopf und wickelt ein warmes Frotteehandtuch darüber. Einwirkungszeit: mindestens eine Stunde.

Wirkung: Eigelb enthält Lezithin, ein guter Nährstoff fürs Haar; auch Öl führt dem Haar Nährstoffe zu, macht es weich, glänzend, zart und gut frisierbar.

ÖL-PACKUNG

Das Haar muß nicht extrem trocken sein, um eine Ölkur anzuwenden, denn Öl ist gut für jedes gesunde Haar. Wer gefärbtes oder dauergewelltes Haar hat, sollte vor jeder Haarwäsche die Spitzen mit angewärmtem Öl einmassieren und das Öl eine Weile einziehen lassen. Süßes Mandelöl, Klettenwurzelöl, kaltgepreßtes Olivenöl und Avocadoöl kommen für die Öl-Packung in Frage. Das angewärmte Öl wird sparsam ins Haar massiert, um es warm zu halten, setzt man eine Plastikhaube auf. Je länger man Zeit hat, das Öl einwirken zu lassen, desto besser fürs Haar.

Wirkung: Öl nährt das Haar, macht es weich, locker und gut frisierbar.

KRÄUTERÖL-PACKUNG

Die gute Wirkung von Kräutern läßt sich bei der Haarpflege nicht nur durch eine Spülung mit aufgebrühtem Tee erzielen. Man kann die Kräuter auch in Öl einlegen, bevor man das Öl als Packung für das Haar verwendet.

Die getrockneten oder frischen Kräuter werden in kaltgepreßtes Olivenöl gelegt, man rechnet etwa eine Handvoll Kräuter auf eine Tasse Öl. In einem gut verschlossenen Glas oder Porzellantöpfchen wird das Öl anschließend an einem dunklen, kühlen Platz aufbewahrt und so eine Woche lang stehengelassen. Vor der Anwendung wird das Öl abgeseiht. Ziehen die Kräuter im Ölbad sehr viel Öl auf, muß man beim Abseihen solange mit der Hand pressen, bis der letzte Tropfen des kostbaren Öls gewonnen ist. Wer in der Kosmetik-Küche rationell arbeiten will, setzt das Öl nicht nur für eine einmalige Haarpackung an, sondern gleich für mehrere Male. Je länger der Ölauszug steht, desto aromatischer wird er, man kann ihn ruhig bis zu vier Wochen stehenlassen. Wer in Eile ist, kann das Kräuteröl auch in einer Art Schnellverfahren herstellen. Dazu gibt man das Öl in eine feuerfeste Glasschüssel, setzt sie aufs heiße Wasserbad, wirft die Handvoll Kräuter hinein und erwärmt alles. Die Kräuter sollen etwa 15–20 Minuten auf dem Wasserbad durchziehen, bevor man das Öl abseiht.

Als Zusatz fürs Kräuteröl eignen sich vor allem Birkenblätter, Brennessel, Rosmarin, Kamille, Kleeblüte, Klettenwurzel, Kresse und Ehrenpreis.

Anwendung und Wirkung: Das Kräuteröl wird nach dem Abseihen kurz erwärmt, es sei denn, man hat das Öl bereits im Wasserbad hergestellt. Man verteilt das Kräuteröl sparsam aufs Haar, in erster Linie aber auf die Haarspitzen. Einwirken sollte das Öl so lange wie möglich, mindestens eine Stunde. Mit dem Öl läßt sich auch eine vorzügliche Eigelb-Packung herstellen.

Die Kräuteröl-Packung hilft, kleine Anomalien, die etwa durch Witterungseinflüsse entstehen, zu beseitigen. Das Öl stärkt und kräftigt das Haar, macht es weich, glänzend und gut frisierbar.

GLANZ-NÄHR-PACKUNG

Zutaten: ¹/₂ Tasse Olivenöl
 ¹/₂ Kaffeelöffel Lanolin
 1 Kaffeelöffel getrocknete Birkenblätter
 1 Kaffeelöffel getrocknete Brennesseln
 1 Kaffeelöffel getrocknete Kamillen
 1 Eigelb
 1 Spritzer Zitronensaft

Herstellung: Man schmilzt das Lanolin mit dem Olivenöl im Wasserbad, fügt der geschmolzenen Mischung die getrockneten Kräuter bei und läßt alles eine halbe Stunde lang auf dem kochenden Wasserbad gut durchziehen. Anschließend seiht man das Öl ab, indem man die Mischung durch einen Leinenbeutel preßt. Nun wird das Eigelb mit einem Spritzer Zitronensaft verrührt und das abgekühlte Kräuteröl langsam unter das Ei gerührt, sodaß eine schöne Mayonnaise entsteht.

Anwendung und Wirkung: Man verteilt die Packung gleichmäßig aufs Haar und hält sie unter einer Plastikhaube warm. Nach einer Einwirkungszeit von etwa einer Stunde wird das Haar zunächst mit der Packung gewaschen, als sei die Packung ein Haarshampoo. Erst bei der nächsten Wäsche wird etwas Shampoo verwendet. Die Nähr-Packung ist eine wahre Wunderpackung. Sie macht das Haar seidenweich, geschmeidig und glänzend. Wer dauergewelltes oder gefärbtes Haar hat, wird von dieser Packung sehr begeistert sein, denn nach ihrer Anwendung läßt sich das Haar spielend leicht einlegen und gut frisieren.

Haarfestiger

BIERSPÜLUNG

Helles Bier ist ein hervorragendes festigendes Mittel für jedes Haar; es genügt eine Tasse Bier, das man gleichmäßig über das ganze Haar verteilt und anschließend nicht mehr abwäscht. Das Bier hinterläßt im Haar weder Geruch noch einen grauen Belag, im Gegenteil. Neben seiner festigenden Wirkung macht es das Haar seidig und glänzend.

Wer eine pflegende Kräuterspülung nach der Haarwäsche vornehmen will, das Bier aber als Festigungsmittel braucht, kann mit einem kleinen Trick beides tun: nach der Kräuterspülung wird das Haar auf die Lockenwickler gedreht, anschließend betupft man jeden einzelnen Wickler mit einem in Bier getränkten Wattepad.

KAMILLENFESTIGER

Zutaten: 2 Handvoll Kamillenblüten
1 Zitrone

Herstellung: Die getrocknete Kamille mit etwa einem halben Liter kochendheißem Wasser übergießen und eine halbe Stunde durchziehen lassen. Anschließend seiht man die Flüssigkeit durch ein Haarsieb und danach durch Kaffeefilterpapier, damit alle feinen Blütenreste entfernt sind. Nun wird die Zitrone ausgepreßt und ihr Saft ebenfalls durch den Kaffeefilter geseiht. Man vermischt die beiden Flüssigkeiten miteinander und massiert das Haar gleichmäßig damit ein.

Anwendung und Wirkung: Der Kamillenfestiger ist besonders für blondes Haar geeignet. Er gibt dem Haar einen schönen Glanz, hellt es leicht auf und macht die Frisur gut haltbar.

Zutaten: 1 Kaffeelöffel reiner Bienenhonig
$^1/_4$ l warmes Wasser
1 Spritzer Obstessig

Herstellung: Die Zutaten sind für halblanges Haar berechnet, bei kurzem Haar nimmt man entsprechend weniger warmes Wasser und Honig. Der Honig wird im warmen Wasser aufgelöst, und sobald er vollkommen gelöst ist, gibt man den Spritzer Essig dazu.

Anwendung und Wirkung: Das festigende Honigbad wird sanft in die Kopfhaut und ins Haar einmassiert. Es verleiht dem Haar herrlichen Glanz, gute Griffigkeit und Fülle. Nach der Honigbadbehandlung läßt sich das Haar leicht einlegen, gut fönen und locker frisieren.

FARBFESTIGER

Zutaten: Farbgebende Pflanzenteile
$^1/_2$ l Wasser
1 Kaffeelöffel Bienenhonig

Herstellung: Zahlreiche Heilpflanzen lösen in heißem Wasser ihre Farbe und sind schnell und einfach als Farbfestiger zu verwenden. Aus den getrockneten Kräuterteilen bereitet man eine Abkochung. Rechnen Sie mit der angegebenen Menge Kräuterteile auf $^1/_2$ l Wasser. Geben Sie die Pflanzenteile in das siedende Wasser und stellen Sie die Temperatur der Herdplatte gleich auf kleinster Stufe ein. So läßt man die Pflanzenteile rund 20 Minuten bedeckt sieden, oder besser: eher ziehen als sieden. Die fertige Abkochung wird durch ein feinmaschiges Küchensieb geseiht, die Pflanzenrückstände preßt man dabei gut aus. Wenn man es für nötig hält, kann man die Flüssigkeit anschließend noch durch Kaffeefilterpapier klarfiltern. In der warmen Flüssigkeit wird nun der festigende Bienenhonig aufgelöst. Es wird Ihnen nach der Abkochung etwa $^1/_4$ l Flüssigkeit übrigbleiben, für diese Menge ist der Bienenhonig berechnet. Die Pflanzen nehmen aber erfahrungsgemäß unterschiedlich viel Flüssigkeit auf, so daß Sie die Menge des Bienenhonigs nach der Menge der gewonnenen farbgebenden Flüssigkeit ausrichten müssen. Wer seinen Farbfestiger regelmäßig herstellt, hat das genaue Mischungsverhältnis ganz schnell herausgefunden.

Blondes Haar: 2 Handvoll Kamillenblüten oder Schalen von ungespritzten Zitronen oder 1 Handvoll Rhabarberwurzeln (Rhabarberwurzeln testen, wenn das Haar mit chemischen Haarfarben gefärbt ist).

Rotes Haar: 1 Handvoll rotes Sandelholz oder 1 Handvoll Quebrachorinde.

Braunes Haar: 1 Handvoll Walnußschalen oder 2 Handvoll Walnußblätter oder 2 Handvoll Artischockenkraut.

Graues Haar: 2 Handvoll Kornblumen oder 1 Handvoll violette Malvenblütenblätter (Malvenblüten kalt ansetzen, sie lösen ihre Farbe in kaltem Wasser).

Anwendung und Wirkung: Haarfestiger aus pflanzlichen Haarfarben sind eine gute Alternative zu den Haarfestigern der chemischen Industrie. Handelsübliche Farbfestiger lagern Farbstoffe auf der Kopfhaut ab, das kann zur Verklebung der Poren und zu Haarausfall führen. Auch der farblose Festiger führt durch seinen Anteil an Harzen zu einer dauernden Verschmierung der Haut und des Haares. Auf der Kopfhaut werden dadurch die Ausscheidungen von Schweiß und Talg teilweise verhindert.

Der Farbfestiger aus pflanzlichen Farben wird wie eine Spülung angewandt und gleichmäßig ins Haar massiert. Das Haar bekommt schönen Glanz, gute Griffigkeit und gute Frisierbarkeit. Der Festiger wirkt pflegend auf Haar und Kopfhaut und kann beliebig oft verwendet werden.

Haarfarben

Seit Menschengedenken haben die Frauen versucht, mit vielerlei Hilfsmitteln dem Haar eine glanzvollere Farbe zu geben als die, welche die Natur ihnen geschenkt hat. Lange Jahre waren die alten Rezepte für natürliche Haarfärbemittel in Vergessenheit geraten. Je mehr man jedoch über die Schädlichkeit chemischer Haarfärbemittel weiß, desto interessanter wird wieder die Anwendung unschädlicher, natürlicher Pflanzenfarben.

Amerikanische Giftexperten sind der Meinung, daß chemische Haarfärbemittel höchstwahrscheinlich die Liste der gefährlichsten aller gebräuchlichen Kosmetika anführen. Es kann nicht genug darauf hingewiesen werden, daß die üblicherweise verwendeten Oxydationsfarben giftig sind und nachgewiesenermaßen krebserregende Substanzen enthalten, die von der Kopfhaut resorbiert werden können. Die resorbierten Stoffe gelangen in den Organismus; bei später auftretenden Krankheiten, etwa bei Leber- und Nierenerkrankungen, werden die Haarfarben als Verursacher der Erkrankung allerdings nicht mehr erkannt. Immer wieder liest man in der amerikanischen Fachpresse über die Verbote von bestimmten Phenylenverbindungen in Oxydationsfarben. Die strenge Auszeichnungspflicht in den USA ermöglicht es dem Verbraucher immerhin, unter den giftigen Haarfarben die weniger gefährlichen auszuwählen. Vor mir liegen eine Gebrauchsanleitung und das Verpackungsmaterial chemischer Haarfarben, die dem Friseur geliefert werden. Da ist keine Rede von der chemischen Zusammensetzung des Präparats, geschweige denn von der Auszeichnung der einzelnen Inhaltsstoffe; man kann deshalb mit Sicherheit annehmen, daß der Friseur nicht weiß, mit welch gefährlichen Chemikalien er die Köpfe seiner Kundinnen behandelt. Gehen wir also davon aus, daß Oxydationsfarben nicht nur schädigend für das Haar, sondern auch für die Gesundheit sind, und vergessen wir nicht, daß jede Farbe, die das Haar aufhellt, eine giftige Oxydationsfarbe ist.

Wenn Sie Ihre Haarfärbemittel im Geschäft kaufen, informieren Sie sich genau über die Inhaltsstoffe, falls sie ausgezeichnet sind, und boykottieren Sie die Oxydations-Haarfärbemittel, auf

deren Packungen darauf hingewiesen wird, daß sie Phenyldiamin, Toluylendiamin und Diaminophenol enthalten.

Wenn Sie das Haar nicht mit natürlichen Farben tönen wollen, sollten Sie als aufgeklärte Verbraucherin wenigstens mit chemischen Farben sparsam umgehen und sie dosiert anwenden, wie Gift. Wählen Sie eine Art der Färbung, wie etwa Strähnchen, die seltene Nachfärbung erfordert. Bleiben Sie bei einer Veränderung der Haarfarbe so nahe wie möglich bei den Schattierungen der Naturfarbe, damit Sie seltener nachfärben müssen. Solange Sie das Haar tönen können, sollten Sie es tönen und nicht färben. Bedenken Sie aber, daß alle Farben, die aufhellen, Wasserstoff enthalten und Oxydationsfarben sind, sowohl bei der Tönung wie bei der Färbung. Die Konzentration von Wasserstoff beträgt 6 bis 18 Prozent. Je weniger man aufhellen muß, desto besser für das Haar, denn alle Oxydationsfarben greifen die Substanz des Haares an. Lassen Sie sich als Verbraucherin nicht irreführen, wenn sie sogenannte Tönungen kaufen, die in Wahrheit Metalloxydationsfarben sind. Noch einmal: Alles was aufhellt, ist nicht Tönung, sondern Farbe.

Chemische Haarfarben haben den großen Nachteil, daß der Farbstoff in das Haar eindringt und somit die Haarstruktur verändert. Deshalb nehmen die natürlichen Pflanzenfarben in der Haarpflege neuerdings eine Vorrangstellung ein, und in vielen weltberühmten Frisiersalons von New York bis Paris schwören die Friseure auf ihre Anwendung, unter anderem bei Carita in Paris und bei Kenneth in New York sowie bei Sassoon in London.

Die in den nachfolgenden Rezepten verwendeten Farben können intensiv tönen oder färben. Wie die richtige Farbmischung und Einwirkungsdauer für das eigene Haar bemessen sein muß, das hängt von der natürlichen Haarfarbe und der Haarstruktur ab. Auch wird dauergewelltes und mit chemischen Farben behandeltes Haar anders reagieren als naturbelassenes Haar. Es ist deshalb empfehlenswert, den ersten Versuch mit Pflanzenfarben an einer einzelnen Haarsträhne zu machen. Schneiden Sie aus dem Deckhaar eine kleine Strähne aus und binden Sie sie zusammen. Waschen Sie die Strähne, um sie zu entfetten. Tragen Sie die Farbe auf und lassen Sie die Mischung lange genug einwirken. Die Strähne muß nach dem Abwaschen völlig trocken sein, erst am trockenen Haar sehen Sie das Ergebnis genau. Wenn Sie später die Farbe auf das Haar auftragen, achten Sie darauf, die Kopfhaut nicht mit einzufärben. Ziehen sie dünne Gummihandschuhe an, um die Hände nicht anzufärben. Heben Sie die jeweilige Haarsträhne an und tragen Sie die Farbe mit einem breiten, weichen Pinsel auf. Das erfordert etwas Geschick und Übung. Legen Sie sich ein altes Handtuch um die Schultern, denn Pflanzenfarben färben nicht nur das Haar, sondern auch Stoffe.

Viele Frauen begehen den Fehler, daß Haar aufzuhellen und die Augenbrauen dunkel zu lassen. Färben Sie unbedingt die Augenbrauen mit, wenn Sie sich das Haar tönen oder färben. Dazu nimmt man ein feines Pinselchen und trägt die Farbe gleichmäßig auf, ohne die Haut mit einzufärben.

RHABARBER-BLONDTÖNUNG

Zutaten: 3 Handvoll Rhabarberwurzel
Saft von 1 Zitrone
1 Spritzer Pflanzenöl

Herstellung: Die Rhabarberwurzel ist eine Heilpflanze, und man bekommt sie in Apotheken oder Kräuterhandlungen, entweder in kleinen Stücken oder auch pulverisiert. Falls Sie nur Wurzelstückchen bekommen, mahlen Sie die Wurzelteile in der elektrischen Kaffeemühle staubfein. Zitronensaft und ein wenig Pflanzenöl dazugeben. Umrühren, bis ein zäher Brei entsteht. Nun fügen Sie langsam etwas heißes Wasser hinzu und rühren immer weiter, bis Sie einen streichfähigen Brei haben. 15 Minuten ziehen lassen und erneut mit etwas heißem Wasser streichfähig machen.

Anwendung und Wirkung: Nach der ersten Haarwäsche den Brei mit einem breiten Pinsel gleichmäßig auf das Haar verteilen. Wenn Sie Strähnchen einfärben wollen, unterlegen Sie jedem Strähnchen einen schmalen Streifen Alufolie und tragen die Farbe mit dem Pinsel auf. Dann rollen Sie die Folie auf und drücken sie fest.

Um die Farbpackung warmzuhalten, setzen Sie am besten eine Plastikhaube auf und wickeln ein Frotteehandtuch um den Kopf.

Die konstante Wärme ist für die bessere Einwirkung der Farbe sehr wichtig. Wenn Sie eine Trockenhaube haben, können Sie sich auch bei lauer Wärme daruntersetzen.

Nun hängt es einerseits von Ihrer natürlichen Haarfarbe und andererseits von dem gewünschten Effekt ab, den Sie erzielen wollen, wie lange die Tönung einwirken soll. Testen Sie die Tönung unbedingt an einer Haarsträhne, vor allem dann, wenn Ihr Haar mit Oxydationsfarbe gefärbt ist, damit es keine unliebsamen Überraschungen gibt! Als Richtlinie kann man sagen, daß bei natürlich aschblondem Haar nach einer halben Stunde Einwirkungszeit eine sanft honigblonde Tönung erreicht ist. Prüfen Sie am besten ab und zu nach, wie Ihr Haar auf die Tönung reagiert. Wie intensiv die Rhabarberwurzel zu tönen vermag, zeigt schon die Tatsache, daß Farbflecke davon auf einem Frotteehandtuch selbst in der Kochwäsche nicht mehr zu entfernen waren. Sie haben es hier also mit einer richtigen Farbe zu tun, und vorsichtige Handhabung ist sehr wichtig.

Die vitamin- und stärkehaltige Rhabarberwurzel verleiht hellem Haar einen herrlichen goldenen Glanz und eine unnachahmlich natürliche Farbe. Gleichzeitig pflegt sie das Haar und führt bei regelmäßiger Anwendung zu einer schönen Aufhellung der natürlichen Haarfarbe. Ideal zum Einfärben von Strähnchen.

WALNUSS-SCHALEN-BRAUNTÖNUNG

Zutaten: 3 Handvoll Walnußschalen
1 Spritzer Obstessig
1 Spritzer reines Pflanzenöl

Herstellung: Die zerkleinerten Walnußschalen bekommt man in Kräuterhandlungen zu kaufen. In der elektrischen Kaffeemühle werden die Schalen staubfein gemahlen; Essig und Pflanzenöl zugeben und nun vorsichtig so viel kochendheißes Wasser zufügen, bis ein gut streichfähiger Brei entstanden ist. 15 Minuten durchziehen lassen. Das heiße Wasser wird sehr rasch aufgesaugt, und es ist vielleicht notwendig, daß man später nochmals ein wenig heißes Wasser zugibt, um den Brei streichfähig zu halten.

Anwendung und Wirkung: Das Haar einmal waschen und frottieren. Mit einem breiten Pinsel wird die Farbe auf das gescheitelte Haar gleichmäßig aufgetragen. Am Schluß eine Plastikhaube aufsetzen, um die Packung warmzuhalten. Die Walnußschalen bewirken eine recht intensive Tönung; als Richtwert für die Einwirkungszeit kann man davon ausgehen, daß nach 20 Minuten Einwirkungszeit die natürliche Haarfarbe um einen Ton dunkler getönt ist. Das Haar nochmals gründlich waschen.

ARABISCHE HENNAFÄRBUNG

Zutaten: 1 Tasse rotfärbendes oder schwarzfärbendes Hennapulver
1 Eigelb
2 Eßlöffel Olivenöl
starker schwarzer Tee

Herstellung: Ganz originalgetreu nach dem arabischen Rezept – das ich einer Leserin aus Bagdad verdanke – stellt man die Hennamischung einen Tag vor der Anwendung her und läßt die Mischung bedeckt über Nacht ziehen. Zunächst vermischt man das Hennapulver mit dem Eigelb und dem Olivenöl und gibt nun langsam so viel starken schwarzen Tee dazu, bis der Brei gut streichfähig ist. Ist der Brei am nächsten Tag zu trocken, gießt man nochmals mit etwas schwarzem Tee auf.

Anwendung: und Wirkung: Auf das frisch gewaschene und leicht vorgetrocknete Haar wird die Farbe mit einem breiten Pinsel gleichmäßig aufgetragen. Wie es in der Originalanweisung heißt, soll nun die Packung etwa zwei Stunden in der Sonne trocknen, aber diese lange Einwirkungsdauer ist für das schwarze Haar der arabischen Frauen berechnet. Wärme wirkt sich bei der Hennafärbung stets sehr günstig aus, und wenn man das Haar nicht in der Sonne wärmen kann, sollte man es unter einer Plastikhaube warmhalten. Danach muß man das Haar gründlich waschen, um alle öligen Rückstände zu entfernen. Die arabische Hennafärbung gibt dem Haar herrlichen Glanz, denn durch die pflegenden Beigaben Öl und Ei bewirkt sie gleichzeitig eine vorzügliche Haarpackung gegen trockenes und glanzloses Haar. Man kann die gleiche Rezeptur auch mit nichtfärbendem Henna machen, das es auch unter der Bezeichnung »neutrales Henna« gibt.

Im Handel wird rotfärbendes und schwarzfärbendes Henna angeboten. Während das schwarzfärbende Henna ausschließlich zur Färbung schwarzen Haares geeignet ist, gibt es für rotfärbendes Henna zahlreiche Anwendungsmöglichkeiten. Mit rotem Henna kann man das Haar färben oder tönen, der Effekt wird von der natürlichen Haarfarbe und der Einwirkungsdauer bestimmt. Das gefürchtete Henna-Karottenrot entsteht, wenn man entweder die Färbung zu lange einwirken läßt oder blondgefärbtes Haar mit Henna behandelt. Bei richtiger Anwendung wird naturblondes Haar mit Henna tizianrot, kastanienbraunes Haar hell-mahagonirot; dunkelbraunem und schwarzem Haar gibt Henna sanfte Rotreflexe. Wenn man für braunes Haar ein warmes Rotbraun wünscht, kann man das Hennapulver mit pulverisierten Walnußschalen zu gleichen Teilen vermischen. Bei Verwendung von Henna ist es besonders wichtig, vor dem Auftragen der Farbe einen Test an einer Haarsträhne zu machen, damit es keine unliebsamen Überraschungen gibt. Dazu schneidet man aus dem unteren Deckhaar eine kleine Strähne, bindet sie zusammen und bestreicht sie mit wenig Hennamischung. Nun kann man die Einwirkungsdauer feststellen, wobei die Strähne nach Einwirkung der Farbe ausgewaschen und getrocknet sein sollte.

Pflege für trockenes Haar

Gegen trockenes, störrisches Haar gibt es viele gute Hausmittel, die bei regelmäßiger Anwendung zu einer dauerhaften Verbesserung der Haarstruktur führen. Trockenes Haar kann anlagebedingt sein, wenn die Talgdrüsen zuwenig natürliches Hautfett produzieren. Dabei tritt das trockene Haar meist zusammen mit trockener Haut auf. Aber auch andere Ursachen kommen für die Trockenheit der Kopfhaut und des Haares in Frage, zum Beispiel chemische Haarfärbemittel, Dauerwelle, zuviel Sonnenbestrahlung, zuviel Trockenhaube oder der ständige Aufenthalt in schlecht gelüfteten, überheizten Räumen.

Die Durchblutung der Kopfhaut ist sehr wichtig bei der Pflege trockenen Haares, um die Produktion der Talgdrüsen anzuregen. Täglich 100 Bürstenstriche mit der Naturborstenbürste oder tägliche Kopfmassage mit den Fingerspitzen helfen die Kopfhaut richtig zu durchbluten.

Reinigung

Auch für trockenes Haar gibt es keine Regel, wie oft man es waschen soll; man wäscht es dann, wenn es schmutzig zu werden beginnt. Für die Haarwäsche sind alle Mittel zu vermeiden, die das Haar noch mehr austrocknen, dazu gehört auch stark kalkhaltiges Wasser. Wenn man sich nicht die Mühe machen will, das Waschwasser abzukochen, sollte man auf jeden Fall nach jeder Haarwäsche eine Spülung vornehmen, mit welcher alle Rückstände wie Chlor oder Kalk aus dem Haar entfernt werden: Kräuterspülungen mit etwas Obstessig sind geeignet.

Ein Berg von Seifenschaum auf dem Kopf mag zwar auf Reklamefotos lustig aussehen, bei trockenem Haar sollte man aber lieber das Haarshampoo mit Wasser stark verdünnen, denn Detergenzienshampoos entziehen dem Haar zuviel Sebum.

Wichtig für die Pflege trockenen Haares ist die Behandlung vor und nach der Wäsche. Wenn man keine Zeit hat, eine Pakkung aufzutragen, sollte man wenigstens die Spitzen vor der Wäsche einölen oder mit Lanolin einfetten. Süßes Mandelöl oder Weizenkeimöl kommen für die Schnellbehandlung in Frage. Das Öl sollte mindestens zehn Minuten einwirken, bevor man das Haar wäscht. Die Mühe lohnt sich, denn das Haar bleibt nach dem Trocknen schön geschmeidig und weich. Man verrührt dazu – je nach Haarlänge – einen oder zwei Eidotter mit dem Saft einer halben Zitrone und wäscht mit der Mischung das Haar wie mit jedem anderen Shampoo. Bei der zweiten Wäsche muß das Haar lang und sorgfältig gespült werden, damit keine Eigelbreste im Haar zurückbleiben. Der Eidotterwäsche sollte man allerdings keine Ölkur vorausgehen lassen, sonst bekommt man das Haar nicht mehr frei von Ölresten.

Nach jeder Haarwäsche gehört trockenes Haar nachgespült. Hat man das Haar mit seifenhaltigen Shampoos gewaschen, sollte eine saure Spülung der Haarwäsche folgen. Ein Schuß Obstessig oder etwas Zitronensaft im letzten Spülwasser neutralisieren die Rückstände und machen das Haar glänzend und weich. Auch Kräuterspülungen helfen, das trockene Haar geschmeidig und zart zu machen und den Haarboden zu gesunden. Birkenblätter, Brennessel, Kamille und Huflattich kann man als Kräuterzusatz für trockenes Haar verwenden.

Wichtig für die Behandlung nach der Wäsche ist das richtige Trocknen des Haares. Die Trockenhaube sollte man nach Möglichkeit vermeiden, der heiße Wind, der ihr entströmt, ist nicht nur schlecht für trockenes Haar, er schadet auch der Haut. Kann man auf die Trockenhaube aus zeitlichen Gründen nicht verzichten, sollte man sie nur lauwarm einstellen.

Am schonendsten trocknet man das Haar im Freien, wenn es warm genug ist, oder im warmen Zimmer. Wer es eilig hat mit dem Haaretrocknen, sollte den Fön benutzen. Wenn man das Haar selbst auf Wickler legt, sollte man die Haarspitzen mit einem speziellen Seidenpapier einwickeln. Man bekommt es in der Parfümerieabteilung der Kaufhäuser. Überreden Sie auch Ihren Friseur dazu, Spitzenpapier beim Einlegen zu verwenden, es schont nicht nur die spröden Spitzen, es macht auch die Frisur viel haltbarer.

Wenn sich das Haar nach dem Trocknen zart und geschmeidig anfühlt, traktieren Sie es möglichst nicht mit Haarspray, der das Haar austrocknet. Vermeiden Sie auch starkes Toupieren, Bleichen oder Färben.

Die Durchblutung der Kopfhaut ist, wie bereits erwähnt, das A und O der Pflege trockenen Haares. Tägliches Bürsten und Kopfmassage sollten auf dem Pflegeprogramm an erster Stelle stehen. Wenn die Kopfhaut spannt, greifen Sie sich unter das Haar und massieren die Kopfhaut leicht mit den Fingerspitzen durch. Man braucht dazu kein Haarwasser, das ruiniert meist nur die Frisur.

Packungen

Auch Packungen, besonders die Eigelb- und Glanznährpak-
kung, helfen bei regelmäßiger Anwendung, die trockenen, stör-
rischen Haare zu bändigen. Erwärmtes Öl ist ebenfalls ein wirksames Mittel.

ÖLKUR

Man vermischt einen Eierbecher voll Rizinusöl und Weizenkeimöl und erwärmt die Ölmischung auf dem Wasserbad. Anschließend wird das Haar in einzelne Partien gescheitelt und das
warme Öl direkt mit den Fingerspitzen auf die Kopfhaut aufgetragen. Wenn alles gut eingestrichen ist, wird das Haar mit einem
großzinkigen Kamm durchfrisiert, damit sich das Öl auf das ge-
samte Haar gleichmäßig verteilt. Dann setzt man eine Plastikhaube auf und wickelt ein in heißes Wasser getauchtes Frotteehandtuch um den Kopf. Sobald das Handtuch abkühlt, erneut in
heißes Wasser tauchen, bis die Sitzung zu Ende ist. Je länger das
warme Öl einwirkt, desto besser – mindestens sollte es 20–30
Minuten wirken, wenn man eine gute Wirkung erzielen will.
Waschen Sie das Haar nachher lang und sorgfältig durch, bis alle
Ölreste aus dem Haar verschwunden sind. Ins letzte Spülwasser
geben Sie einen Schuß Obstessig. Die Ölkur macht das Haar
wunderbar weich, zart und gut frisierbar. Das Öl nährt und kräftigt das Haar, und bei regelmäßiger Anwendung hilft die Kur,
die Struktur des Haares auf Dauer zu verbessern.

Pflege für fettes Haar

Wer unter fettem Haar leidet, hat meist auch eine fette Gesichtshaut, denn die Talgdrüsen der Haut und der Kopfhaut produzieren zuviel Fett. Zu der Überproduktion gesellt sich meist noch ein zweites Übel: die Kopfhaut sondert Schweiß und kleine Schüppchen ab. Diese Fett-, Schweiß- und Schuppenmischung bewirkt, daß das Haar bereits kurze Zeit nach dem Waschen zusammenfällt und in fettigen Strähnen herunterhängt. Ist das fette Haar anlagebedingt, läßt sich außer einer regelmäßigen, sorgsamen Pflege recht wenig für eine dauernde Besserung unternehmen. Man kann es allerdings schon als einen großen Fortschritt bezeichnen, wenn das Haar mindestens fünf Tage lang nach dem Waschen locker und trocken bleibt. Diesen Erfolg erreicht man, wenn man die Kopfhaut regelmäßig mit sanft desinfizierenden, adstringierenden und schwach entfettenden Mitteln behandelt. Krasse Entfettungskuren mit stark alkoholhaltigem Haarwasser, häufig angewandte Anti-Fett-Shampoos oder gar Anti-Fett-Haarspray führen zum Gegenteil von dem, was man erreichen will: Die traktierte Kopfhaut wird zu immer intensiverer Talgproduktion angeregt und das Haar wird immer noch fetter und strähniger.

Prüfen Sie auch die Ernährung, wenn das Haar schnell fettet. Fettes Fleisch, Süßigkeiten, Kuchen, geräucherter Fisch und scharfe Gewürze sollten selten auf dem Speiseplan zu finden sein. Auch gesundheitliche Störungen mögen vorliegen, wenn das Haar ohne ersichtlichen Grund mehr fettet als gewöhnlich. Zu den organischen Gründen, die zu einer intensiven Talgabsonderung führen, gehören auch hormonelle Veränderungen, das betrifft vor allem die Tage vor der Menstruation, wo die Talgdrüsen mehr Talg absondern als gewöhnlich.

Produziert die Kopfhaut außerordentlich viel Talg und Schuppen, zeigen sich sogar Entzündungen oder Ekzeme, müssen Sie schleunigst zum Arzt gehen. Die ärztliche Hilfe kann schon einsetzen, bevor diese Übel auftreten: Gegen fettes Haar hilft beispielsweise die Quarzlampenbestrahlung.

Sorgen Sie bei stark fettendem Haar für einen lockeren, problemlosen Haarschnitt und vermeiden Sie komplizierte Frisuren und lange, glatt herabhängende Haare. Sie werden wahrscheinlich darauf angewiesen sein, das Haar sehr häufig selbst zu waschen, und abgesehen davon, daß niemand die Zeit und das Geld aufbringt, jeden zweiten oder dritten Tag zum Friseur zu gehen, schadet die heiße Luft der Trockenhaube dem Haar und der Haut.

Ist das Haar sehr dünn und leicht fettend, hilft zwar eine leichte Dauerwelle, dem Haar etwas Stand und Lockerheit zu geben, man sollte sich aber möglichst eine Dauerwelle machen lassen, die nicht eingelegt werden muß, sondern selbst in Form gefönt werden kann.

Vermeiden sollte man enganliegende Kopftücher, Mützen und Hüte, die das Haar zu eng an die Kopfhaut andrücken.

Reinigung

Waschen Sie das fette Haar so oft wie nötig, wenn es sein muß, jeden zweiten Tag. Häufiges Waschen schadet dem Haar viel weniger als zuwenig Waschen. Die Ansammlung von Talg und Schweiß auf der Kopfhaut bildet einen idealen Nährboden für Bakterien, und wer die Pflege schnell fettenden Haares nachlässig betreibt, wird bald mit Schuppen, in schlimmeren Fällen sogar mit Ekzemen rechnen müssen. Die Reinhaltung der Kopfhaut ist also die wichtigste Maßnahme, um eine dauerhafte Besserung zu erzielen.

Wenn das Haar sehr häufig gewaschen wird, sollte man das Haarshampoo mit Wasser verdünnen, denn Detergenzienshampoos entfetten das Haar zu stark.

Häufig wird die Eidotterwäsche mit frischen Eidottern auch für die Behandlung des fetten Haares empfohlen. Sie ist für häufige Anwendung insofern wenig geeignet, weil Eigelb das Haar sehr weich macht. Je weicher das fette Haar aber wird, desto schneller fällt es zusammen und legt sich an die Kopfhaut an. Wenn man trotzdem gelegentlich eine nährende Eidotterwäsche anwenden will, eignet sich eine Mischung von Eidotter und Brandy. Man rechnet auf ein Eigelb ein Schnapsgläschen Brandy, mischt alles gut zusammen und massiert die Mischung in das angefeuchtete Haar. Dann gut auswaschen, damit keine

Eigelb-Reste zurückbleiben. In die letzte Spülung gibt man den Saft einer halben Zitrone oder einen Schuß Obstessig.

Nach jeder Haarwäsche sollten Sie eine Kräuterspülung vornehmen.

KRÄUTERSPÜLUNG

Thymian, Huflattich, Zinnkraut oder Rosmarin sollte man immer im Haus haben, wenn man fettes Haar hat. Alle diese Pflanzen, die man getrocknet in der Kräuterhandlung kaufen kann, sind ideale Mittel, um die Kopfhaut und das fette Haar schonend zu pflegen. Hier noch ein kurzer Wegweiser dafür, welche Kräuter welchem Zweck am dienlichsten sind:

Huflattich – enthält Schwefel und hilft die übermäßige Aktivität der Talgdrüsen zu bremsen.

Rosmarin – wirkt leicht gefäßerweiternd und erleichtert den Abfluß von Talgsekretionen.

Thymian – desinfiziert und reinigt.

Zinnkraut – wirkt heilend bei leicht entzündbarer Kopfhaut.

Herstellung und Anwendung: Die Kräuterspülung ist schnell zubereitet, sie wird wie ein Tee hergestellt. Man rechnet auf eine Tasse Wasser etwa einen Teelöffel getrockneter Kräuter. Man übergießt die Kräuter mit kochendheißem Wasser und läßt den Aufguß abkühlen, bis er lauwarm ist. Dann seiht man die Flüssigkeit durch Kaffeefilterpapier und spült sie mit leicht massierenden Bewegungen ins Haar, damit auch die Kopfhaut etwas davon abbekommt. Anschließend wird das Haar nicht mehr ausgewaschen.

Nach der Haarwäsche und Spülung trocknet man das Haar mit vorgewärmten Frotteehandtüchern sanft und schonend ab. Wann immer sich die Gelegenheit bietet, sollte man das Haar in der Sonne trocknen lassen, sie wirkt heilend auf den Haarboden und hilft, die Schuppen zu vertreiben. Doch man soll sich nicht in die pralle Mittagsonne setzen, denn starke Hitze wirkt reizend auf die Kopfhaut. Diese ungünstige Reizwirkung hinterläßt auch die Trockenhaube, schalten Sie deshalb die Haube immer auf halbe Hitze, wenn Sie beim Friseur sind.

Wenn Sie das Haar auf Lockenwickler drehen, lassen Sie es eine Weile vortrocknen, bevor es eingelegt wird, das verkürzt die Trockenzeit. Braucht das Haar zum Einlegen einen Festiger, verzichten Sie besser auf einen fertigen Festiger. Benutzen Sie lieber eine Tasse Bier oder machen Sie eine Honigspülung, das verklebt das Haar nicht und gibt ihm einen schönen Glanz.

Je mehr die Kopfhaut massiert wird, desto mehr regt man die Talgdrüsenproduktion an. Kopfmassagen und die obligatorischen 100 Bürstenstriche pro Tag sind also für die stark fettende Kopfhaut nicht geeignet. Wichtig für die Pflege der Kopfhaut ist neben der Reinigung die schonende Desinfizierung. Auch ohne intensive Massage läßt sich ein Haarwasser in die Kopfhaut einmassieren. Am besten eignet sich für diesen Zweck reines Hamameliswasser. Man trägt es auf, indem man das Haar in einzelne Partien scheitelt und das Wasser mit der Pipette auf die Kopfhaut träufelt. Mit einer Hand wird geträufelt, mit den Fingerspitzen der anderen Hand wird das Hamameliswasser leicht verrieben. Das Hamameliswasser sollte regelmäßig benutzt werden, es hilft die Talgdrüsenproduktion der Kopfhaut regulieren, es desinfiziert schwach und schonend und pflegt die empfindliche, leicht entzündbare Kopfhaut. Riechen Sie am Hamameliswasser, wenn Sie es in der Apotheke besorgen! Es soll einen würzigen Kräuterduft haben; in manchen Apotheken bekommt man es zu wäßrig und geruchlos zu kaufen. Füllen Sie das Hamameliswasser um in eine kleine Pipettenflasche, die man ebenfalls für ein paar Groschen in der Apotheke bekommt.

Wer fettes Haar hat, leidet meist auch unter trockenen, porösen Haarspitzen. Nicht unschuldig daran sind oft die gewaltsamen Entfettungskuren mit Haarspray, Trockenshampoo, Festiger und Haarwasser. Um die trockenen Spitzen schnell wieder loszuwerden, massiert man sie vor der Haarwäsche mit etwas Öl ein. Während der Einwirkungszeit bleiben die Haare unbedeckt.

Mindestens einmal im Monat braucht das fettige Haar eine Kurpackung, mit der man nicht nur die Kopfhaut, sondern auch das Haar pflegen soll. Es eignet sich die Kräuteröl-Packung oder diese wirksame Zitronen-Packung.

Für die Zitronensaft-Packung braucht man nicht mehr als den Saft von zwei frischen Zitronen. Der Saft wird nicht direkt aufs Haar, sondern auf die Kopfhaut aufgetragen und einmassiert. Je trockener die Haarspitzen sind, desto weniger Zitronensaft sollte mit ihnen in Berührung kommen. Nachdem der Saft einmassiert ist, wird mit einem Kamm das Haar leicht durchfrisiert, bei spröden Spitzen kämmt man nur bis zur Haarhälfte. Nach 20 Minuten Einwirkungszeit abwaschen.

Zitronensaft ist ein vorzügliches Mittel gegen fettes Haar, er wirkt antiseptisch, adstringierend und durchblutungsfördernd. Er macht das Haar glänzend und gut frisierbar.

Haarprobleme

Abbrechende und gespaltene Haarspitzen

Wenn die Haarspitzen abbrechen, kann das verschiedene Ursachen haben. Dauergewelltes, blondiertes oder gefärbtes Haar bricht leicht ab, wenn es falsch behandelt und zu heiß getrocknet wird. Wenn Sie das Haar färben, ziehen Sie die Farbe nicht durch das ganze Haar, sondern färben Sie nur den Ansatz. Haarspitzen, die beim Eindrehen auf Wickler zu stark abgeknickt und dann zu heiß getrocknet werden, neigen ebenfalls zum Abbrechen, auch wenn das Haar nicht präpariert ist. Brechende, sich spaltende Spitzen kann man nur kurzfristig mit einer Haarkur behandeln, spätestens bis zur nächsten Haarwäsche wird man die porösen Stellen am Haar wieder sehen. Am besten läßt man deshalb die Spitzen abschneiden. Vor jeder Haarwäsche reibt man die Spitzen mit reinem Lanolin ein. Liegen bei schulterlangem Haar die Haarenden auf den Schultern auf, spalten sich die Spitzen besonders schnell. Sorgen Sie für eine Frisur, die künftig die Haarspitzen von den Schultern und Krägen fernhält. Dafür gibt es mehrere Möglichkeiten: Lassen Sie das Haar entweder noch etwas länger wachsen oder kürzer abschneiden, oder tragen Sie es aufgesteckt.

Spalten sich bereits kurze Nachwuchshaare, sollte man sich vom Arzt untersuchen lassen. Eine gesundheitliche Störung mag der Grund dafür sein, wenn die Ursache des Übels nicht auf strapazierende Verschönerungsmittel zurückzuführen ist.

Feines, fliegendes Haar

Bei der Haarpflege sollte man alles vermeiden, was das Haar noch mehr zum Fliegen bringt: Haarbürsten mit synthetischen Borsten oder Kämme aus Kunststoff. Vermeiden sollte man auch Haarspray, er trocknet das feine Haar aus und klebt es zusammen. Fliegt und elektrisiert das Haar sehr stark, beruhigen Sie es mit den eigenen Händen. Streichen Sie mit den warmen Händen einige Male ganz langsam übers Haar, dann brauchen Sie kein Haarspray mehr, um das elektrisierte Haar zu entladen. Wenden Sie öfter eine Haarpackung an und spülen Sie das Haar nach jeder Wäsche mit einer Kräuterspülung, die Ihrem Haartyp entspricht. Dadurch läßt sich das Haar leichter frisieren und es fällt besser in die gewünschte Form. Ist das Haar sehr trocken, leicht elektrisierend und fliegend, reiben Sie nach der Haarwäsche einen Hauch von Lanolin aufs feuchte Haar.

Haarausfall

Man rechnet, daß pro Tag etwa 50 Haare beim Kämmen und Bürsten ausfallen dürfen. Im Frühjahr und Herbst sind auch etwa 80 Haare pro Tag noch normal. Stellt man fest, daß ohne ersichtlichen Grund mehr Haar als gewöhnlich ausgeht, sollte man einen Arzt fragen. Der Mensch reagiert mit Haut und Haaren auf gesundheitliche Störungen, auf psychische Probleme oder auf eine bereits überstandene Krankheit. Für die Hautärzte ist der tiefere Grund für den Haarausfall in den meisten Fällen auf innere Störungen zurückzuführen. Bei 28 von 100 Frauen, die heute untersucht werden, ist der Hormonhaushalt nicht in Ordnung, bei 46% liegen neurotische Störungen vor. Viele junge Frauen leiden heute auch unter Eisenmangel, weil sie sich falsch ernähren. Bei Haarausfall wird deshalb vom Arzt meist der Eisenstoffwechsel untersucht und notfalls medikamentös ausgeglichen. Bei Haarausfall fordern die Ärzte, das Haar nicht zu kräftig zu bürsten und nicht mit Haarshampoos zu waschen, die waschaktive Stoffe enthalten.

Allgemein anerkannt ist heute, daß der Haarausfall, der besonders bei Männern zur Kahlheit führt, erblich sein kann. Seit Menschengedenken werden Mittel angeboten, um das schwindende Haupthaar zu retten, aber alle angeblichen Wunderkuren versagen. Ein bewährtes Heilmittel gegen Kahlheit gibt es zur Zeit jedenfalls noch nicht.

Neben den organischen Störungen, die zum Haarausfall führen können, muß auch die Erkrankung der Kopfhaut erwähnt werden, die zu umfassendem oder partiellem Haarausfall führen kann. Die erhöhte Abschilferung der Kopfhaut, die man als Schuppen bezeichnet, steht damit in engem Zusammenhang. Eine alte ärztliche Regel besagt: »Solange Schuppen fallen, bleibt das Haar bestehen; hören die Schuppen auf, dann beginnt das Haar auszufallen.«

Stellen Sie fest, ob die falsche Frisur am Haarausfall die Schuld tragen kann. Wer tagein, tagaus einen festen Knoten trägt oder eine straff sitzende Pferdeschwanzfrisur, wer regelmäßig auf Lockenwicklern schläft oder das Haar falsch behandelt, kann schnell mehr Haare verlieren, als ihm lieb ist.

Um das Haar bei Haarausfall zu regenerieren, kann man folgende Kur anwenden: Man bringt einen viertel Liter Obstessig kurz zum Kochen und übergießt damit etwa eine Handvoll getrockneter Brennesseln. Die Mengenangaben können entsprechen verdoppelt werden, wenn man für langes Haar mehr Flüssigkeit braucht. Man läßt die Brennesseln eine Viertelstunde im heißen Essig ziehen, dann seiht man die Flüssigkeit ab. Mit der abgekühlten Lotion wäscht man jeden zweiten Abend das Haar leicht durch, trocknet es ab und massiert anschließend den Haarboden leicht mit etwas Klettenwurzelöl durch. Vor dem Schlafengehen bereitet man sich eine Tasse Zinnkrauttee, der nicht zu heiß getrunken werden soll. Die Regenerationskur wird vervollständigt, wenn man morgens auf nüchternen Magen ein Glas frischen Kressesaft trinkt.

Diese Kur klingt recht kompliziert, aber sie ist eine wunderbare Therapie, wenn man nach einer Krankheit oder einer

Schwangerschaft unter Haarausfall zu leiden hat. Sie hat natürlich nur dann Zweck, wenn man sicher ist, daß keine akuten gesundheitlichen Störungen vorliegen.

Schuppen

Wer fettes Haar hat, dem macht meist auch eine gesteigerte Absonderung von Hornzellen zu schaffen: Die fettigen Schuppen sind verkrustet, sie haben eine gelblich-grünliche Farbe. Die trockenen Schuppen dagegen, die man nicht als echte Schuppen bezeichnen kann, sehen aus wie kleine, weiße Flocken.

Tritt die fettige Schuppenabsonderung zusammen mit Haarausfall auf, ist Vorsicht am Platze. Eine Erkrankung der Kopfhaut, seelische oder organische Störungen mögen vorliegen. In einem solchen Fall kann nur der Arzt die Ursachen erkennen und behandeln.

Die schuppende Kopfhaut löst meist Juckreiz aus. Die abgestoßenen Schuppen bilden zusammen mit den meist überaus aktiv arbeitenden Talgdrüsen auf der Kopfhaut eine klebrige Schicht, einen idealen Nährboden für Bakterien. Gibt man dem Juckreiz nach, können auf der Kopfhaut Verletzungen entstehen, und die Bakterien haben dann ein leichtes Spiel: Ekzeme, Schorf und feine Narben sind die Folge. Wenn Sie unter den öligen Schuppen leiden, vermeiden Sie alle Haarpflegemittel, welche die Kopfhaut austrocknen und die Produktion der Talgdrüsen noch mehr anregen. Waschaktive Haarshampoos, Haarspray und alkoholhaltige Festiger müssen vermieden werden.

Schonendste Reinhaltung und absolute Sauberkeit mit den Bürsten und Kämmen ist das erste Gebot bei der Behandlung der öligen Schuppen. Man wäscht das Haar so oft wie möglich mit verdünntem Haarshampoo, damit die Absonderungen der Kopfhaut keine Keime hervorbringen können. Nach der Haarwäsche hilft eine Kräuterspülung oder eine leichte Kopfmassage mit Hamameliswasser, um die Kopfhaut schonend zu desinfizieren. Um den Haarboden einzureiben, kann man auch nach der Haarwäsche ein entzündungshemmendes Kopfwasser anwenden:

Zutaten: 2 Handvoll Brennesseln
1 kleiner Schuß Alkohol, 96%
20 Tropfen Arnikatinktur
Ca. 1/2 Liter destilliertes Wasser

Herstellung: Man übergießt die getrockneten Brennesseln mit dem reinen Alkohol und gießt so viel destilliertes Wasser nach, bis die Blätter alle gut bedeckt sind. Etwa 2 Tage stehen lassen, abseihen und durch Kaffeefilterpapier laufen lassen. In die gewonnene Flüssigkeit träufelt man nun die 20 Tropfen Arnikatinktur ein.

Anwendung und Wirkung: Das Haarwasser wird nach der Haarwäsche sanft in die Kopfhaut einmassiert. Das Kopfwasser erfrischt die Kopfhaut und hilft kleine Entzündungen heilen.

Auch Öle sind ein gutes Mittel, um die Absonderungen des Haarbodens schonend abzutragen. Besonders gut ist Klettenwurzelöl geeignet, das man leicht selbst herstellen kann.

KLETTENWURZELÖL

Zutaten: 15 g Klettenwurzel
100 g Olivenöl oder Traubenkernöl

Herstellung: Traubenkernöl ist weniger dickflüssig als reines Olivenöl; es eignet sich aus diesem Grund besser für die Zubereitung. Traubenkernöl gibt es in Reformhäusern und Apotheken. Füllen Sie die Klettenwurzelteilchen in ein dunkles Apothekerglas mit breiter Öffnung und gießen Sie das Öl darüber. Gut verschließen und die Flasche drei Wochen lang an einem warmen Platz im Haus stehen lassen; öfter durchschütteln. Dann seihen Sie das Öl ab und bewahren es in einer dunklen Flasche auf.

Anwendung und Wirkung: Massieren Sie die Kopfhaut damit ein, bevor Sie das Haar waschen und lassen Sie das Öl unter einer wärmenden Plastikhaube einziehen. Das warme Öl macht die Kopfhaut weich und geschmeidig und löst auf die schonendste Weise die Absonderungen.

Um den Haarboden schonend zu desinfizieren, kommen Kräuterspülungen mit Thymian, Kamille, Huflattich und Salbei in Frage. Vorsicht ist allerdings im Umgang mit Salbei geboten, da er leicht bräunlich färbt und möglichst nicht für helles Haar verwendet werden soll.

Auch Pfefferminze gilt als ein gut wirksames Mittel gegen Schuppen. Auf der Basis von Pfefferminze läßt sich ein Tonikum herstellen, mit dem man die Kopfhaut vor dem Haarewaschen einmassieren kann: Eine Handvoll Pfefferminze, getrocknet oder frisch, wird mit einer Tasse Obstessig und zwei Tassen Wasser auf kleinster Flamme etwa 10 Minuten lang erwärmt. Die abgekühlte, abgeseihte Flüssigkeit wird in die Kopfhaut einmassiert.

Neben den Kräuterspülungen hilft auch Weizenkleie vorzüglich gegen ölige und trockene Schuppen. Man bereitet eine Weizenkleieabkochung und verwendet den abgeseihten Extrakt als Spülung. Der Kleieextrakt wird leicht in die Kopfhaut einmassiert und soll mindestens eine halbe Stunde einwirken, bevor man ihn abwäscht. Gegen die trockenen Schuppen, die meist auf trockener, spröder Kopfhaut gedeihen, hilft auch die Eigelb-Packung.

9.
Augen

Augenbäder

Die tägliche Reinigung der Augen ist das beste Mittel, um die Augen klar und glänzend zu erhalten, denn Wimpern, Augenlider und auch die Bindehaut sind Verschmutzung ebenso ausgesetzt wie die Haut oder das Haar. Die Reinigung der Augen sollte am Abend vor dem Schlafengehen vorgenommen werden. Man verwendet dazu eine kleine Augenbadewanne, die es in der Apotheke zu kaufen gibt, oder einen Eierbecher mit abgerundetem Rand. Man füllt die Hälfte des Bads mit der entsprechenden Lotion, drückt das Bad leicht gegen die Augen und lehnt den Kopf möglichst weit zurück. Das Auge wird im Bad geöffnet. Die reinigende und beruhigende Kräuterlotion fürs Augenbad stellt man ausreichend für mehrere Augenbäder her. Fürs Augenbad wird immer wieder Borwasser empfohlen, selbst für kleine Kinder. Wie man neuerdings festgestellt hat, wird Borwasser von der Schleimhaut resorbiert und seine Anwendung kann zu Entzündungen und sogar zu Vergiftungserscheinungen führen.

So gut der Zusatz von Kamille für die Hautpflege ist, so wenig eignet auch er sich als Zusatz fürs Augenbad. Selbst nach dem Filtern vermag Kamillentee noch feine Staubpartikelchen zu enthalten, die als Reizstoff ins Auge eindringen können. Wenig zu empfehlen ist auch eine Kochsalzspülung, die immer wieder als angeblich bewährtes Hausmittel angeführt wird. Die dehydrierende Wirkung von Salz ist viel zu radikal, um die Augen damit mild und schonend zu pflegen.

FENCHELTEE

Man übergießt einen Eßlöffel Fenchelblätter mit etwa einem viertel Liter kochendheißem Wasser und läßt den Tee mehrere Stunden durchziehen. Die gefilterte Flüssigkeit ergibt ein vorzügliches Augenwasser; es klärt den Blick und macht müde, überanstrengte Augen wieder munter.

PETERSILIENTEE

Küchenpetersilie ist ein hervorragendes Mittel zur Reinigung und Belebung der Augen. Petersilie gut waschen, eine Handvoll mit einem halben Liter kochendheißem Wasser übergießen und einige Stunden durchziehen lassen. Der gefilterte Tee kann als Augenbad oder Augenkompresse verwendet werden. Sind die Augen sehr müde und überanstrengt, kann man dem Petersilientee noch eine halbe Handvoll frischer Rosenblätter bei gleicher Menge Wasser zufügen. Man sollte allerdings nur ungespritzte Rosen aus dem eigenen Garten verwenden.

ANDERE KRÄUTERZUSÄTZE

Sanfte Augenlotionen kann man auch mit Augentrost, Kerbel, Kornblumenblüten, Rosmarin oder Veilchenblättern herstellen. Die Kornblumenblüten, die man heute leider nur noch in der Kräuterhandlung kaufen kann, nannte man früher auf dem Lande den »Brillenzerstörer«, und tatsächlich wirkt der Kornblumentee als Augenlotion sehr erfrischend und belebend.

Augenbrennen

Rote, juckende und brennende Augen bekommt man leicht durch angestrengtes Lesen, langes Fernsehen, Aufenthalt in staubiger, rauchiger Luft oder auch durch unverträgliches Augen-Make-up. Eine häufige Ursache ist auch die Unkenntnis über vorhandene Sehstörungen; dazu kann man in einer Statistik lesen, daß rund acht Millionen Bundesbürger zwar wissen, daß mit ihren Augen etwas nicht in Ordnung ist, aber trotzdem keine Brille tragen.

Um brennende, juckende Augen zu beruhigen, wendet man eine Augenkompresse an. Praktisch und einfach sind dafür Kamillen-, Pfefferminz- oder Fencheltecbeutel, die man kurz in heißem Wasser ziehen läßt und dann warm auflegt. Die für die Teekanne vorgesehene Schnur kann man sehr gut zweckentfremden, indem man sie hinter die Ohren legt – so fällt der Teebeutel beim Trocknen nicht herunter.

Das Rezept für ein selbsthergestelltes Augentonikum: Man bringt eine Teetasse voll Wasser zum Kochen, nimmt es vom Feuer und löst in der Flüssigkeit einen schwachen Teelöffel voll Bienenhonig. Das lauwarme Honigwasser wird tropfenweise in die Augen geträufelt und soll bei geschlossenen Augen zehn Minuten lang einwirken.

Augencremes

Augencremes, Balsame oder Öle sollen helfen, die Haut um die Augen weich und geschmeidig zu erhalten, die zarte Haut zu pflegen und zu schützen. Viele im Handel befindliche Augencremes enthalten Quellmittel. Diese Mittel lassen die Augenfalten vorübergehend hochquellen, so daß der Eindruck entsteht, sie seien verschwunden. Benutzt man die Cremes nicht mehr, treten die Falten meist noch intensiver auf als vorher, dazu ist die Haut meist noch ausgetrockneter und die Lidränder entzündet.

Frisches süßes Mandelöl und Avocadoöl kommen zur Pflege der Augenpartie in Frage. Diese Öle enthalten ungesättigte Fettsäuren, sie sind leicht verstreichbar und dringen schnell in die äußeren Hautschichten ein. Man trägt das Öl am Abend auf, läßt es eine Weile einwirken und nimmt die überschüssigen Reste nach kurzer Einwirkungszeit ab. Sind die Falten um die Augen schon recht verhärtet, empfiehlt es sich, eine geringe Menge des verwendeten Öls kurz im Wasserbad anzuwärmen und als Kur auch tagsüber aufzutragen. Als Kompresse angewandt, trägt man das erwärmte Öl reichlich auf, gibt eine Mullkompresse auf die Augen und läßt es so lange wie möglich einziehen. Eine leichte Augencreme, die besonders wirksam gegen sehr trockene Haut um die Augen ist, stellt man schnell selbst her.

AUGENFÄLTCHEN-ÖL

Zutaten: 1 Kaffeelöffel Kakaobutter
10 g Lanolin anhydrid (1 gehäufter Kaffeelöffel)
50 g süßes Mandelöl
3 Tropfen Melissenöl

Herstellung: Auf dem kochenden Wasserbad Kakaobutter und Lanolin schmelzen, das Mandelöl dazugeben und alles auf 60 Grad erwärmen. Vom Feuer nehmen und mit dem elektrischen Handrührmixer auf kleinster Stufe mit dem Kaltrühren beginnen; sobald die Mischung handwarm ist, das Melissenöl zufügen und kaltrühren. Kühl lagern!

Anwendung und Wirkung: Das biologisch hochwertige Augenfältchen-Öl ist eine ideale Pflegekur für die Augen: Das leichte Mandelöl dringt rasch in die Haut ein, ohne Fettspuren zu hinterlassen, während das duftende Melissenöl sanft stimuliert. Wer zu starker Fältchenbildung um die Augen herum neigt, sollte das Öl mehrmals täglich hauchdünn auftragen. Das Augenfältchen-Öl wirkt bei regelmäßiger Anwendung glättend und nährend, es arbeitet zunehmender Faltenbildung entgegen und hält die empfindliche Haut um die Augen herum weich und geschmeidig. Mit einem idealen pH-Wert von 5,5 entspricht das Augenfältchen-Öl dem natürlichen Säuremantel der Haut.

Augen-Make-up

Dekorative Kosmetika für das Augen-Make-up sollen die Augenpartien nicht unbedingt pflegen, sondern in erster Linie optisch verschönern. Es hängt von der eigenen Verträglichkeit ab, welche Wimperntuschen, Lidschatten oder Augenbrauenstifte man verwendet oder nicht. Abgebrochene Wimpern, tränende Augen oder chronische Lidrandentzündung sind Zeichen unverträglicher Mittel. Meist sind es die Farbstoffe oder die in dekorativer Kosmetika häufig vorzufindenden Schwermetalle wie Blei, Arsen und Ladmium, durch die Reizerscheinungen hervorgerufen werden.

Auch wenn man die angewandten Mittel verträgt, sollte man auf die gründliche Entfernung der Farben den größten Wert legen. Mit normalen Reinigungsmitteln lösen sich die Farben meist nicht auf, man versucht deshalb erst gar nicht, mit Wasser und Seife an den Augen herumzureiben. Eine milde und schonende Reinigung, die trotzdem gründlich wirkt, erzielt man mit der Abschminke.

ABSCHMINKE

Zutaten: 5 g weißes Wachs
20 g Lanolin anhydrid (2 gehäufte Kaffeelöffel)
5 g Kakaobutter
40 g Olivenöl oder süßes Mandelöl
40 g Orangenblütenwasser oder Rosenwasser
2 Tropfen Melissenöl

Herstellung: Auf dem kochenden Wasserbad zuerst das weiße Wachs schmelzen, dann Lanolin und Kakaobutter zugeben. Sobald diese Zutaten geschmolzen sind, Olivenöl oder süßes Mandelöl zugeben und alles auf 65 Grad erwärmen. Inzwischen in einem feuerfesten Porzellantöpfchen auch das Orangenblütenwasser oder Rosenwasser auf 65 Grad erwärmen. Die Fettschmelze vom Feuer nehmen, das Orangenblütenwasser zugeben und mit dem Handrührmixer auf kleinster Stufe verrühren.

Sobald die Mischung abgekühlt ist und eine Temperatur von etwa 40 Grad erreicht hat, mit dem Melissenöl parfümieren. Parfümieren Sie wirklich sehr vorsichtig, denn zuviel Parfümöl in der Abschminke könnte die Augen reizen.

Anwendung und Wirkung: Make-up ist öllöslich, deshalb ist diese Abschminke als öllösliches Reinigungsmittel gut zu gebrauchen. Massieren Sie die Abschminke leicht um die Augen herum ein. Durch Kontakt mit der Hautwärme schmilzt die Creme. Nun drücken Sie ein Wattepad unter warmem Wasser aus und nehmen damit vorsichtig die Creme ab.

Augenringe

Schwarze Ringe unter den Augen können durch Nervosität, Schlafmangel, falsche Ernährung, Erschöpfung oder als Anzeichen einer Krankheit z. B. der Nieren, auftreten. Amerikanische Ärzte haben herausgefunden, daß die schwarzen Ringe unter den Augen auf eine bestimmte Allergie zurückzuführen sein können: Staub, winzige Schimmelpilze, die in der Großstadtluft schweben und mit bloßem Auge überhaupt nicht zu sehen sind, lassen die Schleimhäute in der Nase und ihren Nebenhöhlen anschwellen. Dadurch wird der Blutstrom im Gesicht teilweise blockiert und das dunkelrote, gestaute Blut schimmert durch die zarte Haut der Augenlider hindurch. Außer Ringen unter den Augen können sich bei dieser allergischen Reaktion mit der Zeit auch Tränensäcke bilden.

Krähenfüße

Eine amerikanische Schönheitsexpertin schrieb vor kurzem in einer Frauenzeitschrift, das beste Mittel, um Krähenfüße zu verhindern, sei eine gute, vom Arzt verordnete Sonnenbrille. Tatsächlich ist die schnellste Art, sich Krähenfüße zuzulegen, der Aufenthalt in grellem Licht, ohne die Augen und ihre unmittelbare Umgebung zu schützen.

Hat man bereits unter Krähenfüßen zu leiden, erfrischt man die Haut um die Augen mit schwarzem Tee im Beutel oder mit Pfefferminztee im Beutel, beides als Kompresse anzuwenden. Eine kühlende Erfrischung erzielt man auch mit Eisbeuteln. Sind die Krähenfüße einmal da, gilt es, sie weich und geschmeidig zu erhalten. Zur täglichen Pflege der Augen gehört dann eine leichte Klopfmassage mit süßem Mandelöl oder Augenfältchen-Öl oder Avocadoöl. Besonders gute Wirkungen erzielt man, wenn das Öl vor dem Auftragen kurz erwärmt wurde. Auch Ölkompressen, die man möglichst lange einwirken lassen sollte, helfen die trockene Haut unter den Augen weich und geschmeidig zu erhalten. Man taucht eine kleine Mullkompresse in das erwärmte Öl, drückt sie leicht aus und legt sie auf die Augen. Anschließend deckt man die Augen mit einem weichen Tuch ab. Bei der Auswahl der Hautpflegemittel sollte man alles vermeiden, was zur Verhärtung der Krähenfüße beitragen könnte: stark alkoholische Gesichtswasser, trockenes Make-up oder auch stark alkalische Seifen.

Gegen beginnende, kleine Krähenfüße und Lachfalten empfiehlt ein französisches Schönheitsrezept eine Mixtur aus Honig, Lauch- und Karottensaft zu gleichen Teilen. Die Mischung soll täglich aufgetragen und nach dem Einziehen nicht mehr abgewaschen werden.

Tränensäcke

Tränensäcke müssen nicht unbedingt die Zeichen eines turbulenten Privatlebens sein. Eine Schwellung des Unterlids weist häufig auch auf nervöse Erschöpfungszustände, Kreislaufstörungen oder Nierenerkrankungen hin.

Liegt keine Erkrankung vor, hilft meist schon eine kurze Regenerationszeit, um die häßlichen Tränensäcke zu vertreiben. Zur äußerlichen Unterstützung wendet man zusätzlich Wechselkompressen mit einem Zusatz von Lindenblüte oder Augentrost an. Um die empfindliche Haut unter den Augen zu schonen, sollte die Auflage nicht zu heiß sein. Zur Bereitung eines Kräuterabsuds verwendet man normalerweise eine Handvoll getrockneter Kräuter auf einen halben Liter Wasser, beim Augentrost dagegen genügt auf eine Tasse Wasser ein halber Teelöffel, wobei man das Kraut nicht länger als höchstens zwei Minuten im heißen Wasser ziehen lassen soll.

Wimpernpflege

Schöne lange, seidige Wimpern sind selten angeboren. Gehört man zu den wenigen Glücklichen, die über einen dichten, sanftgeschwungenen Wimpernkranz verfügen, sollte man mit Dekorationsmitteln recht sparsam umgehen, denn allzuviel Farbe und Wimpernklebstoff kann die gesunden Wimpern auf die Dauer spröde und brüchig machen. Bürstet man die Wimpern täglich mit einem Tropfen Wimpernpaste, bleiben sie glänzend, kräftig und gesund.

Sind die Wimpern sehr hell, kann man sie optisch verlängern, indem man sie ab und zu von einer Kosmetikerin färben läßt, das ist schonender als tägliches Tuschen und erleichtert auch die abendliche Reinigung. Sprießen die Wimpern nur spärlich, sollte man sie nicht zusätzlich noch mit Farben traktieren, es besteht sonst die Gefahr, daß sie brüchig werden.

Plötzlich ausfallende Wimpern können auf krankhafte Zustände hinweisen, in diesem Fall gehört die Behandlung in ärztliche Hände. Auch manche Augenschminke reizt die Augen, läßt die Lider anschwellen und die Wimpern brüchig werden. Meist werden die Unverträglichkeitserscheinungen durch Farbstoffe und Schwermetalle hervorgerufen. Neuerdings sind Präparate auf dem Markt, die ausschließlich natürliche Farbstoffe enthalten – ob auch sie Reizungen auslösen, hängt von der individuellen Reaktion ab, es kommt also auf einen Versuch an. Für die tägliche Wimpernpflege ist Rizinusöl nicht geeignet, denn es hat die Eigenschaft zu kleben und den Schmutz anzuziehen. Wer sich viel in staubiger Luft aufhält, fängt mit eingeölten Wimpern mehr Staub auf als mit getuschten Wimpern. Hier ein Rezept für eine Wimpernpaste, die sich als wenig staubanziehend erwiesen hat:

WIMPERNPASTE

Zutaten: 2 g Kakaobutter
5 g süßes Mandelöl
2 g Lanolin ($^1/_4$ Kaffeelöffel)

Herstellung: Alle Zutaten werden auf dem Wasserbad geschmolzen. Nach dem Schmelzvorgang abkühlen lassen. Wird die Paste zu fest, mit etwas Weizenkeimöl verdünnen und in gut verschließbaren kleinen Cremetopf abfüllen.

10.
Der Mund
und die Zähne

Zum Zähneputzen verwendete man zu Großmutters Zeiten Kochsalz, Zitronenscheiben, Salbeitee und verschiedene Mundwässer aus der Werkstatt des Apothekers. Dies alles waren schwach desinfizierende, adstringierende Mittel, die zur gründlichen Zahnreinigung vollkommen ausreichend waren.

Heute ist es anders. Wir leben in einer Zeit der Zahnpastakultur und der Desinfektionsmanie. Für den Verbraucher ist es gewiß ganz interessant zu erfahren, was eine moderne Zahncreme alles enthalten muß, um dem allgemeinen Geschmack zu entsprechen: Die Hauptbestandteile einer Zahncreme sind Putzkörper, Bindemittel, Feuchthaltemittel, Süßungsmittel, Schaummittel, Aromastoffe, Konservierungsstoffe, Bakterizide und Wasser. Von den Putzkörpern verlangt man eine gründliche Schleifwirkung, während die Bindemittel der Zahncreme Glanz und cremige Konsistenz verleihen sollen. Als Feuchthaltemittel wird häufig Glyzerin, Sorbitsirup oder eine Kombination aus beiden Stoffen verwendet, als Süßungsmittel meist Saccharin. Die Seife ist als Schaummittel bei der Herstellung von Zahncremes fast völlig verdrängt worden, statt Seife werden in modernen Zahncremes Tenside (waschaktive Substanzen) verwendet. Die Konservierungsmittel in den Zahncremes haben die Aufgabe, die Binde- und Feuchthaltemittel vor dem Verderben zu schützen. Der Aromastoff spielt für den kommerziellen Erfolg der Zahncreme eine wichtige Rolle, ätherische Öle oder synthetische Duftstoffe werden dazu verwendet. Und bei den Bakteriziden greifen die Hersteller gerne in den Giftschrank. In seinem Beitrag: »Gift und Allergie in der Kosmetik«, schreibt der bekannte Kosmetikchemiker Dr. Michael Babor dazu: »Zu den Kontaktgiften, welche hauptsächlich Mund, Rachen und die Intimsphäre belasten, zählen Zahnpasten, Gurgelwässer, Rachen-

und Intimsprays. Die bei den meisten dieser Mittel verwendeten aktiven Stoffe sind dieselben, welche als Desodoranzien, Antiperspiranzien und andere, angeblich die Haut schützende Stoffe bezeichnet werden.« Und im weiteren Text führt er chemische Formeln aus Patentschriften für Zahnputzmittel auf, in welchen die damals noch in Seveso und heute an anderen Plätzen produzierten Gifte als Bakterizide zum Einsatz kommen. Obwohl sich die Zahnärzte und Verbraucher darüber einig sind, daß Zahn- und Mundpflegemittel nicht schädlich sein dürfen, begnügen sich die Hersteller der Zahncreme mit dem nichtssagenden Stempel »Klinisch getestet«, ohne die Inhaltsstoffe einer Zahncreme auf der Verpackung anzugeben. Das wäre jedoch für die Verbraucher ganz besonders wichtig, da die Mundschleimhaut für viele Substanzen durchdringbar ist. Waschaktive Stoffe, Konservierungsmittel und Bakterizide im Mund können durch die Mundschleimhaut dringen, und die Funktionen der normalen Mund-, Darm- und Magenflora stören.

Es ist gar keine Frage, daß die gründliche, tägliche Reinigung der Zähne gegen Gärungsvorgänge im Mund anzukämpfen hat. Wohl steht die Gärung in Zusammenhang mit den Mundbakterien, die Bakterien selbst sind aber nicht die Ursache der Gärungsvorgänge, sondern das, was durch die Ernährung bei den entsprechenden Bakterienstämmen erst in Tätigkeit gesetzt wird. So wirken beispielsweise schon die desinfizierenden Fähigkeiten des Speichels gegen die Gärungsvorgänge im Mund, was ebenfalls bedeutet, daß die Zahnpflege mit Rücksicht auf die normale Aktivität der Mundflora geschehen soll. Ein durch Zahncreme nahezu keimfrei gemachter Mund- und Rachenraum bildet den Nährboden für Krankheitserreger aller Art, denn die schützende Front der abwehrtüchtigen Mundbakterien ist abgetötet und kann nicht zum Einsatz kommen.

Während früher die Parodentose eine Erkrankung älterer Menschen war, findet man sie heute bereits bei jungen Leuten. Auch ein kariesfreies Gebiß stellt heute eine Rarität dar, und das alles in einer Zeit, in der die angeblich wirkungsvollsten Zahncremes gegen Karies und Parodentose verwendet werden. Karies und Parodentose treten am häufigsten in hochzivilisierten, industrialisierten Gegenden auf. Die Ärzte bezeichnen die Karies heute bereits als Zivilisationskrankheit und führen die Ursache größtenteils auf denaturierte Ernährung zurück: zu viele Speisen, die kein kräftiges Kauen verlangen, Süßigkeiten, raffinierter Zucker und präpariertes Mehl werden als die Hauptfeinde der gesunden Zahnsubstanz betrachtet.

Neben der unzulänglichen Ernährung kann auch die völlige Mißachtung der Zahnpflege zu Schädigungen verschiedenster Art führen. Durch eine Befragung wurde ermittelt, daß nur 11% der Bundesbürger die Zähne zweimal täglich putzen, 37% täglich einmal, 7% sehr unregelmäßig, 45% putzen die Zähne nie. Viele der Befragten besaßen nicht einmal eine eigene Zahnbürste. Bei solch ungepflegten oder gar nicht gepflegten Gebissen stellt der Arzt dicke Schichten aus organischem Material auf den Zähnen fest. Diese sogenannten Plaques führen zu Gärungsvorgängen, die Säuren entstehen lassen, welche den Schmelz der Zähne angreifen.

Wissenschaftliche Erkenntnisse führen schließlich zu der Forderung, die Zähne zweimal täglich gründlich zu putzen und zwar von oben nach unten. Als schonendstes und sinnvollstes Instrument gilt dafür die elektrische Zahnbürste, die gleichmäßig auf mechanischem Weg die Zähne reinigen kann. Die Anschaffung ist auch für eine größere Familie preiswert, denn auf dem Unterbau lassen sich beliebig viele Zahnbürsten aufsetzen. Auch kann die Reinigung mit der elektrischen Zahnbürste ohne Zahncreme erfolgen, etwas Kochsalz oder Zitronensaft auf der Zahnbürste genügt vollkommen. Gut zur Zahnreinigung ist Emser Salz geeignet. Verwendet man es zum Zähneputzen, füllt man eine kleine Menge Salz in ein verschließbares Gefäß, aus welchem man mit der angefeuchteten Zahnbürste eine kleine Menge entnimmt. Salz wirkt adstringierend und reinigend, gut gegen Zahnfleischbluten und hinterläßt im Mund einen frischen, angenehmen Geschmack.

Mit der Innenseite der Zitronenschale kann man sich gelegentlich die Zähne abreiben, das macht die Zähne weiß und stärkt das Zahnfleisch. Zur täglichen Anwendung kann man sich auch aus einfachen Mitteln reinigende und erfrischende Mundwässer herstellen:

EUKALYPTUS-MUNDWASSER

Zutaten: 70 g destilliertes Wasser
30 g Alkohol, 96%
10 Tropfen Eukalyptustinktur
Ein paar Körnchen Menthol

Herstellung: Man löst das Menthol in Alkohol und mischt die Lösung zusammen mit der Eukalyptustinktur unter das destillierte Wasser. Alles gut durchschütteln und in eine Flasche abfüllen.

Anwendung: Das Mundwasser muß vor der Anwendung verdünnt werden. Man rechnet ca. 1–2 Kaffeelöffel auf ein Zahnputzglas Wasser.

MYRRHE-MUNDWASSER

Zutaten: 60 g destilliertes Wasser
20 g Alkohol, 96%
15 Tropfen Pfefferminzöl
15 Tropfen Myrrhentinktur

Herstellung: Man mischt alle Zutaten zusammen und schüttelt sie gut durch. In ein Glas abfüllen.

Anwendung: Die milchige Flüssigkeit wird ebenfalls verdünnt angewendet. Man rechnet 1–2 Kaffeelöffel auf ein Zahnputzglas Wasser. Sie ist besonders zu empfehlen bei entzündlichen Vorgängen im Mund- und Rachenraum.

Lippenpflege

Die zarte Haut der Lippen ist empfindlich gegen intensive Witterungseinflüsse, gegen starke Sonne, kalten, nassen Wind und eisige Kälte. Es ist deshalb eine praktische Angewohnheit, in der Handtasche immer eine kleine Dose Lippenpomade unterzubringen. Die Pomade schützt die Lippen nicht nur gegen die schädlichen Wirkungen des Wetters, sie ist auch, sparsam aufgetragen, eine gute Unterlage für den Lippenstift.

LIPPENPOMADE

Zutaten: 5 g weißes Wachs
　　　　　 5 g Kakaobutter
　　　　　 10 g süßes Mandelöl

Herstellung: Alle Zutaten werden im Wasserbad geschmolzen und die geschmolzene Masse noch warm in einen Cremetopf abgefüllt. Kleine Portion in Pillendöschen für die Handtasche abfüllen.

Verschiedene andere Mittel helfen, die Lippen weich und geschmeidig zu halten. Man kann sie mit einer ganz weichen Kinderzahnbürste, die man mit einem Tupfen Lanolin bestrichen hat, bürsten. Das regt die Blutzirkulation an und macht die Lippen rosig.

Man streicht etwas Butter mit dem Finger auf die Lippen, das hilft, rissige Lippen geschmeidig zu machen. Oder man tupft ein wenig Bienenhonig auf die Lippen, auch das ist ein altes Hausmittel, um die Lippen zart und weich zu halten.

Neigen die Lippen zu chronischer Trockenheit oder gar zu Entzündungen, kann ein unverträglicher Lippenstift schuld sein. Man erzielt eine rasche Besserung mit folgender Packung: Quark und Honig werden zu gleichen Teilen gemischt und sollen mindestens eine halbe Stunde lang einwirken. Mehrmals täglich auftragen!

11.
Die Pflege der Hände und Arme

Die Hände

In der Küche finden sich viele gute und einfache Mittel zur täglichen Handpflege. Eines der besten Mittel gegen die roten, rissigen, aufgesprungenen und verfärbten Hände ist die Zitrone. Benutzen Sie jede Gelegenheit, die Hände rasch mit Zitronenschale oder etwas Saft abzureiben. Die Zitronen machen die Hände zart, sie desinfizieren und bleichen auf schonendste Weise.

Eine Mischung aus Zitronensaft, Honig und Milch ergibt eine gute Lotion zur Handpflege; stellen Sie eine Flasche davon griffbereit in die Küche und reiben Sie die Hände damit ein, wenn Ihnen eine fetthaltige Creme nicht angenehm ist. Die Lotion ist sehr einfach herzustellen: man erwärmt eine Tasse Milch, löst einen Kaffeelöffel Bienenhonig darin auf und rührt den Saft einer halben Zitrone darunter.

Je fetter die Seife ist, die man zum täglichen Händewaschen benutzt, desto weniger wird die Haut ausgetrocknet. Bürsten Sie die ganze Hand beim Händewaschen mit der Handbürste durch, das kräftigt die Muskulatur und entfernt überflüssige Hautschüppchen. Nach dem Waschen mit Seife müssen die Hände immer gut nachgespült und abgetrocknet werden, zurückbleibende Seifen- und Wasserreste trocknen die Haut aus und machen sie spröde. Wer sich die Hände, vielleicht berufsbedingt, sehr oft waschen muß, sollte sich auch gegen das kalkhaltige Wasser schützen. Um die Alkalispuren zu neutralisieren, gibt man ins letzte Spülwasser einen Schuß Obstessig oder Zitronensaft.

Im allgemeinen decken sich die kosmetischen Mittel, die zur Hautpflege bestimmt sind, auch mit den Mitteln, die man zur

Handpflege benutzen kann. Verwenden Sie getrost Ihre beste selbsthergestellte Hautcreme auch für die Hände, insbesondere, wenn sie zu schnellem Verbrauch bestimmt ist. Gut für die Handpflege sind alle Cremes geeignet, die Lanolin, Wachs, Kakaobutter, Mandel-, Oliven- und Avocadoöl enthalten.

Bleibt noch etwas Lanolin aus der letzten Cremeproduktion übrig, reiben Sie die Hände am Abend damit ein, oder mixen Sie eine kleine Packung für die Hände: rühren Sie einen Eßlöffel Lanolin mit einem halben Eigelb und einem halben Kaffeelöffel Mandelöl zusammen. Man trägt die Paste dick auf die Hände auf und zieht ein Paar kochfeste Baumwollhandschuhe darüber. Nun läßt man die Packung so lange wie möglich einziehen, am besten über Nacht. Die Packung ist eine wahre Wunderkur gegen rauhe, rote und rissige Hände und Schrunden an den Fingerkuppen. Haben Sie die Handpackung nicht ganz aufgebraucht, dann rühren Sie in den Rest noch einen Spritzer Zitronensaft und tragen Sie die Mischung als Handcreme auf.

Hier noch ein leicht herzustellendes Mittel für die tägliche Handpflege. Diese Creme ist vor allem geeignet, die Hände zu schützen, sie läßt das Wasser abperlen und schützt gegen Witterungseinflüsse. Man schmilzt auf dem Wasserbad einen Teil Kakaobutter, einen Teil Lanolin und einen Teil süßes Mandelöl. Die Fettschmelze wird nur kaltgerührt und in den Cremetopf abgefüllt.

Bei der Herstellung von Cremes für die Gesichtspflege kann man immer einen zweiten Cremetopf für die Handpflege füllen. Fetthaltige Cremes sind schützend und pflegend, sie eignen sich deshalb zum Auftragen am Abend vor dem Schlafengehen oder als Schutzmittel bei der Hausarbeit. Als Schutzcreme bei der Hausarbeit eignet sich auch folgende Vaselinecreme:

CRÈME DE VASELINE

Zutaten: 70 g Vaseline
15 g Kakaobutter
10 g Lanolin anhydrid (1 gehäufter Kaffeelöffel)
5 Tropfen Zitronenöl

Herstellung: Diese klassische Handschutzcreme ist sehr einfach herzustellen. Zuerst schmilzt man die Vaseline auf dem kochenden Wasserbad, dann fügt man Kakaobutter und Lanolin anhydrid hinzu und schmilzt alles bis auf 70 Grad. Mit dem elektrischen Handrührmixer rühren; sobald die Mischung abgekühlt ist, parfümieren und kaltrühren. In Cremedose abfüllen. Statt Zitrone können Sie auch andere Duftnoten nehmen, etwa Lavendel, Melisse oder Pfefferminze.

Anwendung und Wirkung: Durch die Zugabe von Vaseline ist diese schützende Handsalbe stark wasserabstoßend und hautschützend. Die regelmäßigen Einreibungen der Hände schützen die Haut vor Rissen, Schrunden, Röte und Entfettung. Man kann sich einen Topf mit Crème de Vaseline in die Küche stellen, damit man nicht vergißt, sich vor und nach der Küchenarbeit die Hände damit einzumassieren. Daneben ist die Crème de Vaseline auch eine gute Handschutzsalbe bei naßkaltem Wetter, für die Gartenarbeit und für alle Arbeiten, die man im Freien verrichtet.

Strapazierte Hände

Sind die Hände sehr angegriffen, rauh, rissig, spröde und gerötet, brauchen sie natürlich eine Extrabehandlung. Die Pflege sollte damit beginnen, künftig auf besseren Schutz der Hände zu achten: Gummihandschuhe für die groben Arbeiten, nicht zu enganliegende, wärmende Winterhandschuhe zum Schutz gegen Kälte, sorgfältiges Abtrocknen nach dem Händewaschen und nährende Handpflegemittel sind dann obligatorisch.

Gegen Schrunden und aufgesprungene Hände helfen Abreibungen mit verdünntem Obstessig oder Zitronensaft, Handbäder mit Kamillen-, Salbei- oder Thymiantee. Anschließend reibt man die erweichte Haut dick mit einer Mischung aus zwei Teilen Lanolin und einem Teil Zinksalbe ein. Am besten läßt man die Packung über Nacht einwirken. Um die Bettwäsche nicht zu beschmutzen, kann man kochfeste Baumwollhandschuhe anziehen. Die Anwendung von reiner Zinksalbe empfiehlt sich dann, wenn die Hände stark rissig sind und leichte Entzündungen zeigen. Statt Zinksalbe kann man auch das leichter verstreichbare

Zinköl verwenden, das man in jeder Apotheke kaufen kann. Daneben sollten allerdings die fetthaltigen Cremes weiterverwendet werden, denn Zinksalbe und Zinköl haben zwar eine heilende, aber wenig pflegende Wirkung.

Ein gut wirksames Mittel gegen rissige Hände ist neben der Lanolinpackung, die man über Nacht einwirken läßt, das Handbad in angewärmtem Öl. Man kann reines Olivenöl dazu nehmen, wie man es zum Kochen gebraucht. Das Öl wird leicht erwärmt, in eine Kaffeetasse oder in eine passende Schale gefüllt und die Hände darin gebadet. Nach dem Bad sind die Nagelhäute besonders weich, schließen Sie deshalb gleich eine Maniküre an.

Aufgesprungene Hände sollten so wenig wie möglich mit Wasser und Seife in Berührung kommen. In akuten Fällen helfen Waschungen mit Magermilch, Kamillen- oder Zinnkrauttee. Wichtig ist es vor allem, die Risse und Sprünge so weich wie möglich zu halten, deshalb ist das Eincremen der Hände nach jeder Waschung unbedingt erforderlich. Es empfiehlt sich zur täglichen Pflege eine Mischung aus Lanolin und Zinksalbe, Vorsicht ist im Umgang mit glyzerinhaltigen Handcremes geboten, denn sie vermögen die entzündbare Haut zu reizen.

Rote Hände

Die roten Hände sind ein schwierig zu behandelndes Schönheitsproblem. Sie können angeboren oder durch Erfrierungen, chronische Hyperämie oder Kreislaufstörungen anderer Art entstanden sein. In diesen Fällen muß der Arzt zunächst die Ursache klären. Mit der Anwendung von Wechselbädern, Massagen und Kurzwellenbestrahlung haben sich bei der äußerlichen Behandlung gute Erfolge erzielen lassen.

Wer unter roten Händen zu leiden hat, sollte bei der kosmetischen Behandlung vor allem auf den Schutz der Hände bedacht sein. Vermeiden Sie die Berührung von zu heißem oder zu kaltem Wasser, gehen Sie niemals bei kaltem oder nassem Wetter ohne Handschuhe aus dem Haus. Achten Sie darauf, daß die Handschuhe nicht zu knapp sitzen, durch zu enge Lederhandschuhe können in den Gefäßen Stauungen entstehen, die durch

Kälteeinwirkung zu Frostschäden führen. Tragen Sie an kalten Wintertagen gefütterte Fäustlinge, die genug Spielraum zwischen Hand und Handschuh bieten.

Benutzen Sie zum täglichen Gebrauch weiße Babyseife und trocknen Sie die Hände nach dem Waschen sehr sorgfältig ab. Baden Sie die Hände gelegentlich in Kamillentee oder in angewärmter Milch, insbesondere in den kalten Wintermonaten. Stammen die roten Hände von Erfrierungen, sind die Hände sogar von Frostbeulen verunziert, kann man mit speziellen Bädern helfen. Eichenrindenabkochungen und Meersalzbäder haben sich bewährt. Für das Meersalzbad braucht man etwa 100 g Meersalz auf einen Liter Wasser. Die Mischung wird kurz aufgekocht und, sobald sie lauwarm ist, badet man die Hände darin. Für das Eichenrindenbad rechnet man eine Handvoll getrockneter Eichenrinde auf einen halben Liter Wasser. Die Eichenrinde wird ins kochendheiße Wasser gegeben und soll auf kleiner Flamme weitere 15 Minuten leise sieden. Die abgeseihte Flüssigkeit wird lauwarm angewendet.

Feuchte Hände

Feuchte Hände sind häufig ein Zeichen großer Nervosität; neben manchen psychischen Gründen können allerdings auch organische Störungen vorliegen.

Die äußerliche Behandlung des Handschweißes bleibt meist unbefriedigend, wenn die innerlichen Ursachen nicht erkannt und beseitigt werden. Man kann versuchen, mit Salbei zu helfen: den Teeaufguß nimmt man dazu für die innerliche und als Handbad für die äußerliche Anwendung. Auch Handbäder in lauwarmem Essigwasser können helfen, wenn auch nur vorübergehend. Man badet die Hände in einer Mischung aus 2–3 Eßlöffeln Obstessig auf einen Liter warmen Wassers.

Handbäder mit einem Zusatz von Kamille oder Eichenrinde sind geeignet. Ein anderes Rezept gegen feuchte Hände rät zu einer Thymiananwendung. Dazu übergießt man am Abend eine Handvoll Thymian mit einem halben Liter kochendheißem Wasser und läßt den Tee über Nacht durchziehen. Abseihen und eine Messerspitze Alaun zusetzen, darin die Hände mehrmals täglich baden.

Schwielen und Verfärbungen

Die Hornhautverdickungen an den Händen lassen sich mit etwas Geduld durch häufige Abreibungen mit Bimsstein entfernen. Man badet zunächst die Hände in einer warmen Seifenlauge, um die Hornhaut zu erweichen, während des Badens bürstet man die Hände unter Wasser kräftig durch. Nach dem Händetrocknen werden die Schwielen vorsichtig mit dem Bimsstein bearbeitet. Anschließend werden die Hände mit einer fetthaltigen Creme einmassiert.

Verfärbungen an den Händen, zum Beispiel Nikotin- oder Obstflecken, kann man ebenfalls mit Bimsstein abreiben. Schonender allerdings ist die Behandlung mit Zitronensaft:

Nach dem Händewaschen reibt man mit der Schale die betreffenden Stellen ab und massiert anschließend schonend etwas Zitronensaft ein.

Maniküre

Schöne Fingernägel sollen glatt und kräftig sein und keine Verfärbungen unter dem Nagel zeigen. Fingernägel sind ein vorzüglicher Gradmesser für den Gesundheitszustand des Körpers: bei Vitaminmangel splittern die Nägel und reißen ein. Das Übel läßt sich durch vitaminreiches Essen wieder beheben; vor allem Vitamin A macht die Nägel kräftig und widerstandsfähig. Es ist in Karotten, Leber und Lebertran, in Eigelb, Butter, Käse, Milch und grünen Gemüsen enthalten. Die alte Meinung, daß Kalkmangel an schnell abbrechenden Nägeln schuld sei, ist nie bewiesen worden. Man nimmt als Ursache heute neben Vitaminmangel vielmehr auch die äußerliche Berührung mit Chemikalien an.

Die Struktur des gesunden Fingernagels weist eine wellenförmige Querlinie auf: Verändern sich die Linien, werden sie zu tief und zu stark, kann das ein Anzeichen gesundheitlicher Störungen sein. Neben der Form der Fingernägel bestimmt vor allem die gut gepflegte Nagelhaut das Aussehen der Hände. Die richtig behandelte Nagelhaut ist elastisch, weich und verschiebbar, sie ist nicht angewachsen oder abgeschnitten und vor allem nicht durch häufiges Abschneiden verhärtet. Schon aus Gründen der

Vernunft sollte die Nagelhaut nicht geschnitten werden, denn sie bildet einen guten Schutz gegen Druck und Schlag.

Nimmt man sich planmäßig die Maniküre einmal in der Woche vor, braucht man dafür nur wenig Zeit aufzuwenden. Der beste Zeitpunkt für die Maniküre wäre nach dem Baden oder Haarewaschen, dann ist die Haut um den Nagel weich und ganz leicht zu pflegen. Sonst badet man sie in einer warmen Seifenlauge, bei trockener Nagelhaut in warmem Olivenöl.

Bevor man die Hände in warmem Wasser oder Öl erweicht, sollte die Maniküre bereits beginnen, indem man die Nägel mit einer Sandblattfeile in Form feilt. Sind die Nägel sehr hart, nimmt man eine Saphirfeile, die zwar nicht gerade billig ist, dafür aber sauber und schonend feilt.

Nach dem Öl- oder Wasserbad werden die Hände sorgfältig abgetrocknet und die Nagelhaut mit etwas Nagelhautentferner eingerieben. Hier ein Rezept dazu:

NAGELHAUTENTFERNER

Zutaten: 10 g Tween 80
10 g Glyzerin
30 g destilliertes Wasser

Die Herstellung ist höchst einfach: Schütten Sie alle Zutaten ineinander und rühren Sie alles gut durch.

Tragen Sie den Nagelhautentferner sparsam auf die Nagelhaut auf und lassen Sie ihn einwirken, anschließend schieben Sie die Nagelhaut mit einem weichen Orangenholzstäbchen, das mit Watte umwickelt ist, zurück. Hautreste, die sich nicht aufgelöst haben, werden nun mit einer Hautzange vorsichtig weggezupft, aber nicht weggeschnitten.

Anschließend werden die Hände gewaschen und mit der Handbürste gebürstet. Sind die Hände abgetrocknet, feilt man mit der Sandfeile nochmals die Fingernägel leicht nach, um alle kleinen, abstehenden Nagelreste zu entfernen. Nun werden die Hände mit einer fetthaltigen Creme einmassiert. Wer keinen Nagellack auftragen will, kann die Fingernägel nach der Maniküre mit einem Wildlederkissen polieren.

Es wird immer wieder behauptet, daß Nagellack die Fingernägel versiegelt und ihnen die Luft zum Atmen raubt. Das ist purer Unsinn, da der Fingernagel eine Hornhaut ist, weder von Blutgefäßen und Nerven durchlaufen ist noch atmet. Das besorgt das Nagelbett für ihn. Es ist aus diesem Grund richtig, den Nagel nicht vollkommen auszulackieren, sondern zwischen Nagelhaut und Lack einen kleinen Zwischenraum zu lassen. Hinzu kommt, daß der Nagellack häufig Quecksilberderivate oder schlechtverträgliche Farbstoffe enthält, die mit der Nagelhaut nicht in allzu enge Berührung kommen sollen. Um Verfärbungen der Nägel durch Nagellack vorzubeugen, trägt man immer einen farblosen Unterlack auf. Allergische Reaktionen auf bestimmte Bestandteile des Nagellacks sind durchaus möglich, sie können auch nur gelegentlich auftreten, zum Beispiel vor der Menstruation. Die Unverträglichkeitserscheinungen zeigen sich häufig nicht nur an den Händen, sondern auch im Gesicht oder als Reaktion bei anderen Personen, mit denen man in enge Berührung gekommen ist.

Die Arme

Zwischen dem Handgelenk und den Schultern wird die Schönheitspflege meist nur sehr oberflächlich betrieben. Beginnt dann die warme Jahreszeit, in der man gerne ärmellose Kleider tragen will, stellt man unschöne rauhe Stellen an den Ellbogen, verunzierenden Hautgrieß an den Oberarmen und blasse, schlechtdruchblutete Haut an den Innenseiten der Arme fest. Man kann nur empfehlen, den ganzen Winter über eine tägliche Bürstenmassage durchzuhalten, dann treten derartige Schönheitsfehler gar nicht erst auf. Bei sehr trockener und empfindlicher Haut an den Armen kann man sich vor der Bürstenmassage leicht einölen und statt eines Sisalhandschuhs eine weiche Körperbürste verwenden. Man massiert damit die Arme kräftig vom Handgelenk bis zum Oberarm.

Ist die Haut an den Oberarmen dicht mit Grießkörnchen besetzt und sind die Ellbogen verhornt, dann ist zusätzliche Pflege unbedingt nötig. Ein gutes und einfaches Mittel gegen Grießkörnchen, das sich auch zur allgemeinen Armpflege eignet, ist Seesand-Mandelkleie. Man rührt das Pulver mit lauwarmem Wasser zu einem dünnen Brei, den man mit kreisenden Bewegungen einmassiert. Nachdem der Brei eingetrocknet ist, wäscht man ihn mit warmem Wasser ab und duscht anschließend kalt nach. Dann massiert man die Arme mit einer fetthaltigen Creme ein.

Zeigt die Haut an den Armen trockene, schuppige und rote Stellen, trägt man eine nährende Packung auf, das glättet. Hier eignet sich vor allem das Rezept für die Körperpackung (siehe Seite 190). Gehen Sie verschwenderisch mit der Packung um, bedecken Sie auch das Dekolleté, die Schultern und den Hals damit. Lassen Sie die Packung über Nacht einwirken und bürsten Sie die Haut an den Armen am nächsten Morgen mit einer weichen Bürste ab.

Wenn die Oberarme, die Schultern und das Dekolleté von kleinen Hautunreinheiten bedeckt sind, wie das häufig bei Jugendlichen der Fall ist, hilft eine Heilerdepackung, die mindestens einmal in der Woche aufgetragen werden sollte. Man rührt den Heilerdebrei nicht zu flüssig an und läßt ihn bis zum Trocknen einwirken. Dann reibt man ihn mit den Händen trocken ab und duscht anschließend kalt nach. Eine nachfolgende Abreibung mit Franzbranntwein und tägliches Bürsten mit einer weichen Körperbürste unterstützt die Behandlung.

Gut gegen Hautunreinheiten an den Armen und Schultern ist auch eine Leinsamenpackung; der feingeschrotete Leinsamen wird mit heißer Milch zu einem Brei angerührt und möglichst heiß aufgetragen. Um den Brei rutschfest auf der Haut zu halten, umwickelt man die Arme mit einem Handtuch. Nach einer Einwirkungszeit von etwa 30 Minuten wäscht man die Packung mit warmem Wasser ab.

Bei der täglichen Körperpflege hilft neben dem Bürsten auch die Massage mit erfrischenden und pflegenden Mitteln, um die Haut der Arme und Schultern weich, zart und rein zu halten. Gehen Sie verschwenderisch mit Ihrem Toilettenessig um, greifen Sie auch ruhig etwas tiefer in den Topf mit pflegender Creme. Alle Cremes, die Lanolin und pflegende Öle enthalten, sind zur abendlichen Armpflege gut geeignet.

Es liegt mehr im kommerziellen Interesse der Kosmetikindustrie, als im Interesse der Kundin, für die Pflege sämtlicher Körperteile immer wieder neue, angeblich ganz spezielle Pflegemittel auf den Markt zu bringen: etwas für die Körperpflege, etwas anderes aber für die Arme, Beine, Hände oder Füße. Die Hautcremes für die Gesichtspflege sind ohnehin so teuer, daß keine Frau es je wagen würde, auch ihre Füße damit einzureiben. Warum eigentlich nicht? Bei der hausgemachten Kosmetik kann man auf diese sinnlose Einteilung sehr wohl verzichten: ist eine Hautcreme gut, naturrein und dazu noch billig in der Herstellung, kann man sich getrost damit einreiben, wo man will.

Wer auf glänzend weiße Arme und ein schönes Dekolleté Wert legt, kann eine regenerierende Packung aus Bierhefe auflegen, die man in Pulverform im Reformhaus kaufen kann. Bierhefe ist nicht nur gut zur innerlichen Einnahme, sie regeneriert auch die Haut von außen. Man rührt ein paar Eßlöffel davon mit warmer Milch zu einem Brei und streicht die Arme, das Dekolleté und die Schultern damit ein. Sobald der Brei getrocknet ist, nimmt man ihn mit warmem Wasser oder warmer Milch ab. Diese Packung läßt sich noch mit Honig anreichern; man löst einen Teelöffel voll Bienenhonig in warmer Milch auf und rührt erst dann mit der Bierhefe den Brei an.

Die Ellbogen müssen täglich gebürstet werden: zu empfehlen ist vor allem eine kräftige Bürstenmassage unter Wasser. Das kann man in der Badewanne machen, unter der Dusche oder im Waschbecken. Wird die Behandlung konsequent durchgeführt, erweichen sich die verhärteten Hautstellen von selbst. Nach der Massage unter Wasser duscht man die Ellbogen kalt ab und massiert Nährcreme ein. Zur täglichen Erfrischung am Morgen kann man die Ellbogen auch mit Franzbranntwein oder Toilettenessig einreiben.

Als zusätzliche Pflege gegen problematische Ellbogen helfen auch Zitrusfrüchte und warme Ölbäder. Werfen Sie die ausgepreßten Hälften der Zitronen, Orangen und Grapefruits nicht in den Mülleimer, sondern stützen Sie zuvor ihre Ellbogen in die Schalen, das bleicht die dunklen Stellen und macht sie weich. Sind die Zitronenhälften zu klein, um den Ellbogen darin aufzustützen, schneiden Sie die Schalen auf oder reiben Sie mit dem Innern der Schale die Ellbogen ab.

Um verhärtete Haut an den Ellbogen zu erweichen, hilft vor

allem erwärmtes Öl. Erwärmen Sie etwas Oliven- oder Mandelöl im Wasserbad, füllen Sie zwei ausreichend große Schalen damit halbvoll und stützen Sie die Ellbogen darin auf. Behalten Sie die Ellbogen so lange im Öl, bis es abkühlt. Wenn Sie in Ihrer Kosmetikküche rationell arbeiten, dann erwärmen Sie das Öl nochmals und nehmen ein Handbad vor der Maniküre darin.

Aus Amerika stammt ein gutes Rezept gegen rauhe Ellbogen, man kann es auch gegen rauhe Haut an den Knien anwenden. Eine halbe Tasse voll Mandelmehl, das man im Reformhaus kaufen kann, wird mit warmer Milch zu einem teigartigen Brei angerührt. Man streicht die Ellbogen damit ein oder die Knie und reibt die Paste, sobald sie vollkommen trocken ist, mit den Händen ab. Das entfernt trockene Schuppen und macht die Haut zart.

Ein anderes, gut wirksames Rezept gegen die rauhe Haut an den Armen und Ellbogen besteht aus einer Mischung von Bienenhonig und Zitronensaft. Erwärmen Sie zwei Eßlöffel reinen Bienenhonig, und rühren Sie einen Eßlöffel voll Zitronensaft darunter; damit pinselt man die Ellbogen ein. Diese Mischung tut auch rauhen Händen gut. Man wäscht die Honig-Zitrone-Packung nach 20 Minuten ab und massiert anschließend etwas Nährcreme in die Haut.

Schnell und leicht läßt sich die Eiweiß-Packung herstellen; auch sie hilft, die Haut an den Armen weich und geschmeidig zu machen. Man schlägt ein Eiweiß zu Schnee und unterrührt einen halben Teelöffel voll Bienenhonig sowie die gleiche Menge Zitronensaft. Die Mischung wird auf die Arme gestrichen und nach einer halben Stunde mit warmem Wasser abgewaschen. Will man auch die Schultern und das Dekolleté mit dieser glättenden und reinigenden Packung behandeln, braucht man die Mengen der Zutaten nur zu verdoppeln.

12.
Die Pflege der Beine und Füße

Schöne, gesunde Beine brauchen viel Bewegung und gute Durchblutung. Wessen Beruf nur wenig Bewegung zuläßt, sollte für Ausgleich sorgen. Radfahren, Laufen und Schwimmen sind die wirksamsten sportlichen Übungen für die Beine. Wer es möglich machen kann, sollte soviel wie möglich barfuß laufen. Zu empfehlen ist auch das Barfußgehen in Holzsandalen, die Füßen und Beinen Bewegung abverlangen.

Die tägliche Bürstenmassage, das A und O der Durchblutung, ist für die Beine ganz besonders wohltuend. Mit einer weichen Bürste kann man die Beine durchmassieren, immer vom Fuß hinauf bis zu den Oberschenkeln. Hat man zwei Bürstenhandschuhe, geht's noch schneller, mit zwei Händen lassen sich die Beine auch gleichmäßiger massieren. Rubbeln Sie die Füße und die Knie mit den Handschuhen, das durchblutet, wärmt und entfernt rauhe Hautstellen.

Welches Mittel man auch immer für die tägliche Beinpflege verwenden mag, wichtig ist, daß eine kleine Massage mit der Einreibung verbunden ist. Kneten Sie die Füße und Fesseln kräftig durch, bevor Sie mit streichenden Aufwärtsbewegungen die Schienbeine, Waden und Oberschenkel einreiben.

Auf dem Schönheitsfahrplan für die Beinpflege steht auch die Entfernung der störenden Härchen. Dabei schwört fast jede Frau auf ihre eigene Methode; die einen rasieren die Beine am liebsten mit Rasierschaum und Messer, die anderen benutzen einen elektrischen Rasierapparat, andere tragen Wachs auf. Ich glaube, daß die Rasur mit einem kleinen elektrische Rasierapparat, den es speziell zur Beinpflege zu kaufen gibt, zumindest ungefährlicher ist als die Naßrasur. Der Nachteil der Elektrorasur besteht allerdings darin, daß die Beinhaare relativ schnell wieder nachwachsen und in ihrer Struktur borstig werden. Diesen

Nachteil hat die Haarentfernung mit Wachs nicht. Die Entfernung der Beinhaare mit Wachs ist ganz einfach: Erwärmtes Bienenwachs aus der Apotheke wird dick auf die lästigen Haare aufgetragen, am besten mit einem Holzspatel, und mit den Fingern angedrückt. Sobald das Wachs erstarrt, reißt man es mit einem Ruck gegen den Haarwuchs los; die Härchen bleiben am Wachs kleben. Bei dieser Methode entfernt man auch zahlreiche Härchen mit der Wurzel, sie wachsen nicht mehr nach, und allmählich wird der Haarwuchs an den Beinen spärlicher.

Bein Make-up

Die ersten Frühlingstage bringen sie zutage, die bleichen Winterbeine, die besonders stark auffallen, wenn man vom Skilaufen eine schöne braune Gesichtsfarbe mit nach Hause gebracht hat. Man muß in der Übergangszeit ein wenig nachhelfen. Massieren Sie die Beine mit getönter Tagescreme (siehe Seite 103) oder mit Fond de Teint (siehe Seite 102) ein. Das verdeckt die Winterblässe und pflegt die Haut.

Zellulitis

Die Oberschenkel sind das Sorgenkind so mancher Frau. Für fast alle Probleme, die damit zusammenhängen, hat sich heute das Schlagwort Zellulitis als Eigendiagnose in Mode gebracht. Jedes kleine Fettpolster an den Oberschenkeln, das durch zuviel Essen und zuwenig Bewegung entstanden ist, kann in den Augen vieler Frauen nur Zellulitis bedeuten, und eiligst werden Tabletten dagegen eingenommen, obwohl mit etwas Diät und Gymnastik schon geholfen wäre. Man kann heute wohl sagen, daß die Krankheitsbezeichnung Zellulitis als ein Dachbegriff für viele verschiedene Veränderungen an der Haut und am Gewebe des Oberschenkels verwendet wird. Die Chirurgen halten Zellulitis für eine Krankheit, die auf einer Entzündung des Gewebes beruht, ausgehend vom Unterleib der Frau. Die Rheumatologen dagegen betrachten die Zellulitis als eine rheumatische Erkrankung, die das lockere Gewebe befällt, von welchem die Gelenke umgeben werden. Damit sind wiederum die Dermatologen nicht einverstanden, denn sie glauben eher an eine entzündliche Erkrankung des subkutanen Gewebes.

Man nimmt neuerdings an, daß Wasserstauungen eine Veränderung der Haut an den Oberschenkeln bewirken können, auch eine Verdickung der Oberschenkel kann auf eine Wasserstauung zurückzuführen sein. Es wird deshalb empfohlen, bei langsam sich verdickenden Oberschenkeln eine Diät einzuhalten, die vor allem das Fett und Wasser beseitigt. Neben dieser Möglichkeit der Diagnose sind die Ärzte heute auch der Meinung, daß hormonale Störungen, Störungen des Nervensystems als Ursache für die Veränderungen der Haut am Oberschenkel in Frage kommen können. Wie immer die Diagnose des Arztes im Einzelfall lauten möge, so wird man bei der allgemeinen Körperpflege immer darauf hinzielen, diesen Veränderungen von außen entgegenzuwirken. Um den Stoffwechsel des Gewebes anzuregen, helfen Massagen, welche die Durchblutung fördern, Bewegung durch Schwimmen, Laufen, Radfahren und alle sportlichen Übungen, die viel Beinarbeit verlangen.

Fußpflege

Die Fußpflege beginnt mit den Schuhen; mit schlecht passenden Schuhen kann man den Füßen den größten Schaden zufügen. Ohnehin werden die Füße in den Schuhen eingesperrt, wie in einem dunklen, licht- und luftlosen Schrank. Je enger dieser Schrank ist, desto mehr haben die Füße darunter zu leiden. Eine weitere Sünde, welche die Fußatmung betrifft, sind falsche Strümpfe. Auch hier gilt die Regel, daß Luftdurchlässigkeit die bequemste Voraussetzung für die Füße bietet.

Wer die Füße berufsbedingt stark beansprucht, an kleinen Fußfehlern zu leiden hat, sollte sich passende Einlagen für die Schuhe vom Arzt verschreiben lassen. Es hat wenig Sinn, die

Einlagen nach Gutdünken zu kaufen, da der Arzt mit einem Gipsabdruck Fußfehler feststellen und durch die Einlage entsprechend korrigieren kann. Die Reinhaltung der Füße ist ein wichtiger Punkt in der Fußpflege. Schmutzreste an den Füßen sehen nicht nur unästhetisch aus, sie können zwischen den Zehen zu empfindlichen Entzündungen führen. Das abendliche Fußbad ist ideal für die Reinigung der Füße. Ein warmes Seifenbad zur Fußreinigung dient auch der Erweichung der Horn- und Nagelhaut. Steht statt des Fußbades ein warmes Wannenbad auf dem abendlichen Schönheitsprogramm, kann man trotzdem den müden Füßen einen Extradienst erweisen. Man massiert mit der harten Badebürste die Füße unter Wasser tüchtig durch, das durchblutet, kräftigt und löst auch überflüssige Hautschüppchen ab.

Zur speziellen Fußpflege eignen sich folgende Badezusätze:
Salzbad – Das Salzbad empfiehlt sich bei müden, leicht angeschwollenen Füßen und Fesseln. Man rechnet etwa zwei Handvoll Kochsalz auf eine Fußbadewanne voll warmem Wasser.

Essigbad – Zum Essigbad verwendet man den reinen Obstessig aus dem Reformhaus, eine Kaffeetasse voll für ein warmes Bad. Das Essigbad wirkt erfrischend, belebend und günstig gegen Fußschweiß.

Kräuterbäder

Ein warmes Kräuterfußbad kann gegen vielerlei Beschwerden eingesetzt werden. Von den hier angegebenen Kräuterzusätzen rechnet man eine reichliche Handvoll getrockneter Kräuter auf ein Fußbad. Man stellt einen Aufguß her, indem man die Kräuter mit kochendheißem Wasser übergießt und etwa 20 Minuten lang durchziehen läßt. Die abgeseihte Flüssigkeit wird dem Fußbad zugesetzt. Die Dauer des Fußbades soll 10 Minuten nicht überschreiten. In dieser Zeit kühlt das Wasser etwas ab, und da die konstant warme Temperatur zur guten Wirkung beiträgt, gießt man nach etwa 5 Minuten nochmals heißes Wasser nach. Es ist deshalb zu raten, die Fußbadewanne anfangs nur halbvoll mit Wasser zu füllen.

Vorschläge für Kräuterbäder

Beschwerden:	Kräuterbäder:
Müde Füße, müde Beine	Kamillenblüten, Kalmus, Tausendguldenkraut, Rosmarin, Pfefferminze
Gelenkschmerzen	Arnikablüte, Heublume, Rosmarin
Wunde Füße	Eichenrinde, Salbei, Zinnkraut
Heiße Füße	Pfefferminze, Hanf, Hollunder
Fußgeruch	Lavendel, Rosmarin, Thymian
Frostbeulen	Eichenrinde
Schnupfen und Erkältungen	Eukalyptusöl, Latschenkiefernöl, Salbei, Fenchel und Honig

Von den Ölen rechnet man etwa einen Eßlöffel voll; Honig eine halbe Kaffeetasse.

Nach dem Fußbad werden die Füße tüchtig frottiert, auch die einzelnen Zehen und die Haut zwischen den Zehen. Dann massiert man die Füße mit einer gehaltvollen Fettcreme ein: Fettende Cremes eignen sich besonders für die Fußpflege am Abend, zur Tagespflege kann man Toiletteessig oder Kräutertonikum verwenden. Verbinden Sie eine kleine Fußmassage mit der Einreibung, kreisen Sie mit der flachen Hand über den Fußrücken, die Fußsohle, massieren Sie mit beiden Händen den Fuß von der Zehenspitze bis zu den Waden.

Zutaten: 5 g Gerbsäure
30 g Talkum
10 g Bolus alba
5 g Zinkoxyd

Herstellung: Alle Zutaten in ein gut verschließbares Gefäß füllen und kräftig durchschütteln.

Anwendung und Wirkung: Fußpuder ist ein angenehmes Mittel, wenn man leicht heiße Füße bekommt, viel stehen oder laufen muß; wer in Bergstiefeln zum Wandern geht, Golf oder Tennis spielt, sollte die Füße damit einpudern, so vermeidet man das Anschwellen.

Bei der Behandlung des Schweißfußes empfiehlt es sich, den Puder über Nacht einwirken zu lassen. Durch das Einpudern kann die Flüssigkeitsabsonderung wirkungsvoll eingedämmt werden. Der Zusatz von Gerbsäure im Fußpuder bewirkt eine Abhärtung der meist etwas angeschwollenen Haut, womit auch eine Verminderung der Schweißsekretion verbunden ist.

13.
Spezielle Rezepte

Altersflecken

Etwa im Alter von 40 Jahren bekommt man sie leicht, die gefürchteten Altersflecken. Sie treten an den Armen und Händen, auch seitlich am Hals, an der Stirn und an den Schläfen auf. Sie sind meist hellbraun und von sehr unterschiedlicher Größe, durch den Einfluß von Sonnenlicht können sie stärker und dunkler werden.

Die Altersflecken sind absolut harmlose Schönheitsfehler; zur vorbeugenden Behandlung empfiehlt sich eine Vitamin-A-reiche Kost mit Karotten, Lebertran, Leber, Milch und Butter. Sind die Altersflecken einmal da, lassen sie sich kaum wieder entfernen. Allerlei Bleichmittel werden gegen die Altersflecken angeboten, die mit Vorsicht anzuwenden sind, da sie zu schweren Hautreizungen führen können. Wenn man sich trotzdem dazu entschließt, ein solches Mittel zu versuchen, sollte man eine Probestelle am Körper aussuchen und das Mittel nicht gleich im Gesicht anwenden. Wenn sich danach keine Hautrötung einstellt, kann man die Behandlung fortsetzen. Fast alle Bleichmittel sensibilisieren die Haut gegen Sonnenlicht. Wesentlich unproblematischer ist das Bleichen mit Zitronensaft. Man verwendet zur Abreibung die aufgeschnittenen Scheiben, die Anwendung erfordert allerdings viel Geduld, bis sich eine erkennbare Besserung einstellt.

Ein anderes altes Hausrezept gegen die Altersflecken, mit dem man eine ungefährliche Bleichung erzielen kann, ist der Meerrettichsaft. Man stellt ein Elexier damit her, indem man geriebene Meerrettichwurzeln etwa eine Woche in Weinessig ziehen läßt und die abgeseihte Lösung täglich einreibt.

Gesichtshaare

Gesichtshaare, auch »Damenbart« genannt, können vom zarten Flaum unter der Nase und auf den Wangen bis zur üppig sprießenden Behaarung im wahrsten Sinne des Wortes auswachsen. Das geschieht häufig dann, wenn man den zarten Flaum abrasiert und damit das intensivere Wachstum des Haars um so mehr anregt. Für die dauerhafte Entfernung des unerwünschten Haarwuchses sind Haarentfernungsmittel wenig geeignet, denn schon nach kurzer Zeit wachsen die Haare wieder nach, abgesehen davon vermögen diese Mittel bei empfindlicher Haut Entzündungen hervorzurufen.

Leichten Flaum auf der Oberlippe sieht man am wenigsten, wenn er hell ist. Man bleicht ihn am zweckmäßigsten mit folgender Mischung: ein Teil Wasserstoffsuperoxyd (5 %), ein Teil Salmiakgeist und zehn Teile destilliertes Wasser. Der Erfolg der Behandlung beruht auf geduldiger Anwendung: Morgens und abends werden die Härchen mit einem in der Lösung getränkten Wattebausch betupft, das hellt sie schonend auf, ohne der Gesichtshaut zu schaden.

Mit der sogenannten arabischen Methode entfernt man die Härchen, indem man einen Eßlöffel erhitzten Bienenhonig mit dem Saft einer halben Zitrone verrührt und möglichst heiß auf die behaarte Haut aufträgt. Man läßt die Paste eintrocknen und reibt sie nach dem Erkalten mit den Fingerspitzen ab.

Die Dauerepilation gilt als die einzige Methode, um unerwünschten Haarwuchs für alle Zeiten zu beseitigen. Die Epilation gehört allerdings in die Hände eines sehr guten Arztes oder einer spezialisierten Kosmetikerin, denn statt der Haare kann man sich leicht Narben einhandeln, wenn die Behandlung nicht mit der nötigen Sorgfalt durchgeführt wird.

Halsfalten

Falten am Hals müssen nicht unbedingt eine Erscheinung des Alters sein. Vernachlässigte Pflege des Halses hat meist frühzeitige Faltenbildung zur Folge. Die ersten Falten am Hals sollte man energisch bekämpfen, damit sie nicht zu tiefen Furchen werden.

Wechselkompressen sind ein gutes Mittel, um die Halsmuskulatur zu kräftigen: man legt dazu einen Wickel, den man jeweils dreimal in heißes, dann in kaltes Wasser getaucht hat, straff um den Hals.

Zur Erfrischung, Belebung und Kräftigung der Halsmuskulatur tragen auch Kräuterpackungen bei. Überbrühen Sie dazu zwei Handvoll getrockneter oder frischer Kräuter, zum Beispiel Rosmarin, Petersilie oder Brunnenkresse mit einem ³/₄ Liter heißer Milch und lassen Sie die Mischung eine Weile durchziehen. Tauchen Sie ein Handtuch in die abgeseihte Milch und wickeln Sie die Kompresse so heiß wie möglich um den Hals. Sobald sie abkühlt wird sie abgenommen und der Hals anschließend mit Hautcreme oder Weizenkeimöl einmassiert. Auch Gurkenschalen, in langen Streifen geschnitten, gelten als straffendes Mittel gegen die Halsfalten. Am zweckmäßigsten breitet man die langen Schalen dicht nebeneinander auf ein Tuch aus und wickelt sich die Packung wie einen Stehkragen um den Hals.

Ein hervorragendes Mittel gegen die Halsfalten ist Weizenkeim- oder Avocadoöl. Man trägt das leicht erwärmte Öl am Abend möglichst dick auf Hals und Nacken auf, deckt es mit Zellstoff ab und wickelt anschließend ein weiches Tuch um den Hals. Die Packung läßt man über Nacht einziehen. Die Ölkur sollte man möglichst häufig anwenden, wenn man schon einige Halsfalten hat, aber auch als vorbeugende Maßnahme ist sie von ausgezeichneter Wirksamkeit.

Hautgrieß

Als Hautgrieß bezeichnet man die kleinen grießkornartigen Knötchen, die unmittelbar unter der Epidermis sichtbar zutage treten. Sie sind von gelblicher Farbe und harter Beschaffenheit und befinden sich meist an den oberen Partien der Wangen. Der Hautgrieß entsteht durch eine Verstopfung der Talgdrüse und durch Ablagerung von Hauttalg in der geschlossenen Drüse. Das entstehende Knötchen wirkt wie ein Mitesser, es läßt sich aber nicht durch einen Druck mit den Fingerspitzen entfernen, weil die verstopfte Drüse abgeknickt ist.

Mit Schönheitsmitteln kann man dem Hautgrieß, medizinisch Milium genannt, nicht beikommen. Man sollte auch nicht versuchen, das Körnchen selbst herauszudrücken, da die Haut zuerst mit einem sehr feinen, desinfizierten Messerchen angeschlitzt werden muß, bevor sich das Körnchen herauslösen läßt. Bei der Eigenbehandlung ist die Gefahr der Infektion und die Bildung von Narben durch unsachgemäße Behandlung gegeben, man sollte deshalb den Hautgrieß von einer guten Kosmetikerin entfernen lassen.

Pickel und Mitesser

Einzeln auftretende Pickel behandelt man mit heißen Kräuterkompressen auf der Basis von Lindenblüten, Kamille oder Salbei; die heiße Kräuterkompresse sollte man mehrmals am Tag auflegen. Anschließend betupft man den Pickel mit Hamameliswasser oder Kampferspiritus. Sobald der Pickel reif genug ist, springt er entweder von selbst auf, oder er kann mit einem sehr leichten Druck entfernt werden. Um weitere Infektionen zu verhindern, betupft man die Stelle mit Alkohol oder Kampferspiritus.

Eine Schleifkur mit Heilerde hat sich bewährt, mehreren, dicht beieinander stehenden Pickeln zu Leibe zu rücken. Nachdem die Haut gereinigt wurde, erweicht man sie mit einer heißen Kräuterkompresse. Dann rührt man etwas Heilerde mit heißem

Wasser und einigen Tropfen Zitronensaft zu einem dicken Brei und trägt ihn warm auf die betroffenen Stellen auf. Sobald die Mischung fest angetrocknet ist, reibt man sie mit den Fingerspitzen ab. Anstelle von Heilerde kann man auch Mandelkleie verwenden.

Ein anderes gutes Mittel gegen die unreinen Hautstellen ist ungebleichtes Weizenmehl. Man verrührt es mit warmem Wasser und angewärmten Honig zu einem dicken Brei, trägt ihn auf die betreffenden Stellen auf und wäscht ihn erst nach dem Trocknen wieder ab.

Neben der äußeren Therapie kann man auch von innen nachhelfen, die lästigen Störenfriede zu beseitigen. Hier helfen blutreinigende Tees; Alant, Brennessel, Brunnenkresse, Klette, Thymian und Zinnkraut sind die bekanntesten Zusätze für den Aufguß.

SPEZIALSALBE GEGEN UNREINE HAUTSTELLEN

Zutaten: 30 g weiche Zinkpaste
15 g Heilerde (1 gehäufter Eßlöffel)
2 Tropfen Pfefferminzöl

Herstellung: Weiche Zinkpaste bekommt man fertig in der Apotheke zu kaufen. Auf dem kochenden Wasserbad lassen Sie zuerst die Zinksalbe völlig schmelzen. Sobald die Schmelze 60 Grad erreicht hat, vom Feuer nehmen. Die Heilerde zugeben und nun mit dem Handrührmixer rühren, bis sie sich in der Zinksalbe aufgelöst hat. Kurz vor dem Erkalten der Salbe das Pfefferminzöl zufügen und weiterrühren, bis die Salbe ganz erkaltet ist. In ein kleines Cremetöpfchen abfüllen.

Anwendung und Wirkung: Einzeln auftretende Pickel und Mitesser kann man rasch loswerden, ohne an ihnen herumzudrükken. Nach der Hautreinigung trägt man ein klein wenig Salbe auf die entsprechende Hautstelle auf und läßt sie über Nacht einwirken. Da die Salbe nur einzelne Pickel oder Mitesser zum Austrocknen bringen soll, darf man sie keineswegs über das ganze Gesicht verteilen. Will man größere Hautstellen mit der Salbe behandeln, kann man zunächst die Haut mit etwas Fettcreme vorbehandeln, bevor man die Heilsalbe aufträgt.

Sommersprossen

Zu den fleckigen Pigmentierungen der Haut zählen auch die Sommersprossen, kleine, rundliche oder unregelmäßig geformte Pigmentflecke von gelblicher oder bräunlicher Farbe. Sie entwickeln sich bereits in der Kindheit und treten im Frühjahr und Sommer unter dem Einfluß des ultravioletten Lichtes deutlich hervor, besonders am Nasenrücken, aber auch an der Stirn und den Wangen. Es ist schade, daß viele Frauen ihre Sommersprossen als Schönheitsfehler betrachten. Berühmte Schönheiten, wie Greta Garbo oder Joan Fontaine haben Sommersprossen. Sommersprossen machen gute Laune, das meinen die Mannequins und malen sich die Pünktchen mit viel Geschick auf die Nase.

In früheren Zeiten, als die Frauen weder lustig noch gesund, sondern bleich und fein aussehen wollten, verwendete man die verschiedensten Hausmittel, um die Sommersprossen zu bleichen. Buttermilch, verdünnter Zitronensaft, Petersiliensaft oder Gurkensaft sprach man mattierende Wirkungen zu. Ein anderes Hausmittel besteht aus unreifen Johannisbeeren, die man als Packung anwendet. Man nimmt dazu etwa 150 g unreife Johannisbeeren, zerdrückt sie mit der Gabel und fügt dem Brei einen Eßlöffel erwärmten Bienenhonig bei. Die Mischung wird auf die Sommersprossen gestrichen und muß mindestens eine halbe Stunde einwirken. Anschließend wird die Packung mit warmem Wasser abgewaschen und die Haut mit verdünntem Zitronensaft betupft.

Ein anderes Rezept verrät, wie man eine große Fläche von Sommersprossen so miteinander verbindet, daß der Eindruck einer vollkommenen Bräune entsteht. Man reibt die Haut morgens und abends mit frischem Karottensaft ein, und nachdem der Saft in die Haut eingezogen und getrocknet ist, massiert man etwas süßes Mandelöl ein. Die Kur wird vervollständigt mit einem Glas Karottensaft und einer Lebertrankapsel, täglich zweimal einzunehmen.

Es ist gewiß ratsamer, diese einfachen unschädlichen Mittel auszuprobieren, statt mit chemischen Bleichmitteln zu versuchen, die Sommersprossen eine Nuance heller zu machen, dafür aber die restliche Haut ruinieren. Immer wieder tauchen merkwürdige Mittel auf, mit welchen man angeblich die Sommersprossen für alle Zeiten entfernen kann. Dazu gehören beispielsweise die sehr giftige Karbolsäure, Quecksilber oder Wismut, Teer, Schwefel oder Jod. Vor der Anwendung dieser Mittel kann man nur warnen. Wenn man wirklich der Meinung ist, die Sommersprossen müßten auf Dauer entfernt werden, sollte man einen guten Hausarzt fragen, der feststellen wird, ob er eine Entfernung durch Ätzung vornehmen kann.

Sonnenbrand

Sonne und Luft sind Schönheitspflegemittel, die sich jeder leisten kann, es kommt nur auf die richtige Dosierung an.

Wer die Sonne als Schönheitsmittel einsetzen will, beginnt mit Luft- und Schattenbädern und höchstens 20 Minuten direkter Sonnenbestrahlung am Tag. Das Sonnenbad wird täglich um weitere 10 Minuten gesteigert, je heller und empfindlicher die Haut, desto sparsamer soll die Sonne einwirken. Für die Schönheit bringt sparsame Sonnenbestrahlung die verschiedensten Vorteile: sie regt den Stoffwechsel an, macht die Haut glatt und weich, gesundet und regeneriert den gesamten Menschen.

Hat man einmal zuviel Sonne abbekommen, spannt und brennt die Haut, lassen sich verschiedene lindernde Mittel zum Einsatz bringen. Man kann Einreibungen mit Zinksalbe vornehmen, das kühlt und heilt die strapazierte Haut. Gegen leichten Sonnenbrand wirkt am besten Buttermilch, heißt es in alten Hausrezepten. Entweder betupft man die Haut am Abend vor dem Schlafengehen mit frischer Buttermilch oder man stellt eine Essenz aus folgenden Zutaten her: eine frische Gurke wird gut gewaschen und mit der Schale in Stücke geschnitten. Anschließend in Buttermilch einlegen, bis alle Stücke gut bedeckt sind und ein paar Stunden durchziehen lassen. In die abgeseihte Gurkenmilch legt man eine Mullkompresse, drückt sie gut aus und legt sie am Abend vor dem Schlafengehen auf.

Ein englisches Rezept rät zur Einreibung mit Kuhmilch, in der ein Päckchen Bäckerhefe zerdrückt wird. Diese Lotion soll ebenfalls zur Kühlung und Linderung aufgetragen werden. Auch Umschläge mit süßem Rahm helfen die Haut wieder zu beruhigen und die Bildung von Falten und Runzeln als Folgeerscheinung des Sonnenbrandes aufzuhalten.

All diese Rezepte sind natürlich nur für die leichten Sonnenbrände gedacht. Bei schwereren Sonnenschäden muß man in jedem Fall einen Arzt aufsuchen!

Sonnenpflege

Als 1974 mein Rezeptbuch erstmals erschien, hatte die kosmetische Industrie gerade Sonnenschutzmittel mit Lichtschutzfaktoren populär gemacht, und ich glaubte, sie empfehlen zu können. In den vergangenen Jahren hat sich in der Fachliteratur die Kritik an den Lichtschutzfaktoren gehäuft. Dazu aus »Gift und Allergie in der Kosmetik« einen Beitrag von Dr. Michael Babor: »Eine weitere Quelle allergischer Erscheinungen sind die Sonnenpräparate mit den Lichtschutzfaktoren. Ihre Zahl sowie deren dermatologische Gefährlichkeit ist sehr groß. Die Rechnung wurde ohne die Sonne gemacht. Gerade weil der Lichtschutzfaktor das aktive Sonnenlicht resorbiert und für die Haut angeblich unschädlich macht, verändert er sich meistens auf photochemischem Weg zu einem Allergen. Die Haut bekommt zwar nicht unbedingt einen Sonnenbrand, aber sie bekommt auch nicht die volle Sonnenbestrahlung. Die Farbe dieser Faktorenopfer ist schmutzig gelbbraun und nicht gesund rötlichbraun. Am Anfang der Melaninbildung in der Haut muß ein leichtes Sonnenerythem vorausgehen. Solches verhindert weitgehend der Lichtschutzfaktor, der seinerseits zu einer gefährlichen Substanz für die von der Sonne strapazierte Haut werden kann. Die Abwendung von der Natur bringt dann Sensibilisierung und sogenannte ›Sonnenallergie‹, womit der Patient schuldig ist und nicht derjenige, der das Mittel empfiehlt.«

Hinzu kommt, daß Hautgifte, wie etwa Metoxyphenol, Benzoyloxyphenol, Hydrochinon, Brenzkatechin, in die Sonnenschutzmittel eingearbeitet werden. Es ist wirklich an der Zeit, beim Verbraucher ein neues Hautbewußtsein zu wecken. Und ich meine, als Verbraucher sollte man alle Kosmetika boykottieren, die hautschädigende Gifte und Schrittmacher für Allergien enthalten. Die komplette Auszeichnung aller in Kosmetika verwendeten Stoffe wäre daher dringend notwendig.

Manche pflanzlichen Öle enthalten natürliche Lichtschutzfaktoren, wie etwa das Sesamöl und das Avocadoöl. Greifen wir also lieber auf die guten Wirkstoffe der Natur zurück, die der Menschheit jahrhundertelang gedient haben. Das Sesamöl wurde bereits im frühen Altertum verwendet. Das aus den Samen von Sesamum indicum gewonnene Öl enthält Sesamol, einen Wirkstoff, der Oxydation verhindert und UV-Strahlen absorbiert. Natürliche Lichtschutzfaktoren enthält auch das Avocadoöl. In heißen Gegenden verwendet man es als Schutz vor klimatischen Einflüssen auf die Haut und spricht ihm die Fähigkeit zu, die Haut vor dem Austrocknen und Sprödewerden zu bewahren.

SESAM-SONNENCREME

Zutaten: 5 g Bienenwachs
15 g Lanolin anhydrid (1 1/2 gehäufte Kaffeelöffel)
40 g Sesamöl
40 g Orangenblütenwasser

Herstellung: Auf dem kochenden Wasserbad Wachs und Lanolin schmelzen. Dann das Sesamöl zugeben und die Schmelze auf 60 Grad erwärmen. Inzwischen das Orangenblütenwasser auf 60 Grad erwärmen. Die Fettschmelze vom Feuer nehmen, das Rosenwasser zugeben und mit elektrischem Handrührmixer auf kleinster Stufe kaltrühren. In Cremetöpfchen abfüllen.

Anwendung und Wirkung: Als schönheitsbewußte Frau werden Sie gewiß nicht zu jenen Damen gehören, die durch stundenlanges Grillen in der Sonne ihre Haut ruinieren und die frühzeitige

Faltenbildung systematisch vorantreiben. Die feine Sesam-Sonnencreme ist für aufgeklärte Frauen gedacht, denn sie schützt ausreichend, wenn man sich in der Sonne aufhält, aber nicht, wenn man sich zum Grillen hinlegt. Reiben Sie sich von Kopf bis Fuß mit Sesam-Sonnencreme ein. Die Creme schützt die Haut auch vor Austrocknung. Wer gern im Meer badet, sollte sich vor dem Bad mit Sesam-Sonnencreme einreiben.

SONNENÖL

Zutaten: 1 Teil Sesamöl
1 Teil Avocadoöl

Herstellung: Mischen Sie die beiden Öle miteinander, und schon ist das hautpflegende Sonnenöl fertig.

Anwendung und Wirkung: Für ein Sonnenbad in praller Sonne sollten Sie das Öl nicht verwenden, dagegen ist es als Hautschutz bei Luft- und Schattenbädern sehr geeignet.